"十二五"国家重点图书

34

财政政治学译丛

刘守刚 主编

上海财经大学
公共经济与管理学院

Small Change: Money, Political Parties, and Campaign Finance Reform

金钱、政党与竞选财务改革

[美] 雷蒙德·J. 拉贾（Raymond J. La Raja） 著

李艳鹤 译

上海财经大学出版社

上海学术·经济学出版中心

图书在版编目(CIP)数据

金钱、政党与竞选财务改革/(美)雷蒙德·J. 拉贾(Raymond J. La Raja)著;李艳鹤译. —上海:上海财经大学出版社,2023.12
(财政政治学译丛/刘守刚主编)
书名原文:Small Change:Money,Political Parties,and Campaign Finance Reform
ISBN 978-7-5642-3916-9/F.3916

Ⅰ.①金… Ⅱ.①雷…②李… Ⅲ.①财政制度-经济体制改革-关系-选举制度-研究-美国 Ⅳ.①F817.121②D771.224

中国版本图书馆CIP数据核字(2021)第273744号

图字:09-2018-708号

Small Change
Money,Political Parties,and Campaign Finance Reform
Raymond J. La Raja

Copyright © by the University of Michigan Press 2008.
Published in the United States of America by The University of Michigan Press.

All Rights Reserved. No part of this publication may be reproduced,stored in a retrieval system,or transmitted in any form or by any means,electronic,mechanical,or otherwise,without the written permission of the publisher.

CHINESE SIMPLIFIED language edition published by SHANGHAI UNIVERSITY OF FINANCE AND ECONOMICS PRESS,copyright © 2023.

2023年中文版专有出版权属上海财经大学出版社
版权所有 翻版必究

□ 责任编辑 刘 兵
□ 封面设计 张克瑶

金钱、政党与竞选财务改革

[美] 雷蒙德·J. 拉贾 著
    (Raymond J. La Raja)
    李艳鹤 译

上海财经大学出版社出版发行
(上海市中山北一路369号 邮编200083)
网　　址:http://www.sufep.com
电子邮箱:webmaster@sufep.com
全国新华书店经销
上海华业装潢印刷厂有限公司印刷装订
2023年12月第1版　2023年12月第1次印刷

710mm×1000mm　1/16　16印张(插页:2)　245千字
定价:69.00元

总　序

"财政是国家治理的基础和重要支柱",自古以来财政就是治国理政的重要工具,中国也因此诞生了丰富的古典财政思想。不过,近代以来的财政学发展主要借鉴了来自西方世界的经济学分析框架,侧重于财政的效率功能。不仅如此,在此过程中,引进并译介图书,总体上也是中国人开化风气、发展学术的不二法门。本系列"财政政治学译丛",正是想接续近代以来前辈们"无问西东、择取精华"的这一事业。

在中国学术界,"财政政治学"仍未成为一个广泛使用的名称。不过,这个名称的起源其实并不晚,甚至可以说它与现代财政学科同时诞生。至少在19世纪80年代意大利学者那里,就已经把"财政政治学"作为正式名称使用,并与"财政经济学""财政法学"并列为财政学之下的三大分支学科之一。但随着20世纪经济学成为社会科学皇冠上的明珠,财政经济学的发展也在财政学中一枝独大,而财政政治学及其异名而同质的财政社会学,一度处于沉寂状态。直到20世纪70年代,美国学者奥康纳在他的名著《国家的财政危机》中倡导"财政政治学"后,以财政政治学/财政社会学为旗帜的研究才陆续出现,不断集聚,进而成为推动财政学科发展、影响政治社会运行的积极力量。

当前以财政政治学为旗帜的研究,大致可分为两类:一类是从财政出发,探讨财政制度构建与现实运行对于政治制度发展、国家转型的意义;另一类是从政治制度出发,探索不同政治制度对于财政运行与预算绩效的影响。在"财政政治学译丛"的译著中,《发展中国家的税收与国家构建》是前一类著作的典型,而《财政政治学》则属于后一类著作的典型。除了这两类著作外,举凡有利于财政政治学发展的相关著作,如探讨财政本质与财政学的性质、研究财政制度的政治特征、探索财政发展的历史智慧、揭示财政国家的阶段性等作品,都在这套译丛关注与引进的范围内。

自 2015 年起，在上海财经大学公共政策与治理研究院、公共经济与管理学院支持下，"财政政治学译丛"已经出版了 30 本，引起了学界的广泛关注。自 2023 年 7 月起，我们公共经济与管理学院将独立承担起支持译丛出版工作的任务。

上海财经大学公共经济与管理学院是一个既富有历史积淀，又充满新生活力的多科性学院。其前身财政系始建于 1952 年，是新中国成立后高校中第一批以财政学为专业方向的教学科研单位。经过 70 多年的变迁和发展，财政学科不断壮大，已成为教育部和财政部重点学科，为公共经济学的学科发展和人才培养做出了重要贡献。2001 年，在财政系基础上，整合投资系与设立公共管理系，组建了公共经济与管理学院，从而形成了以应用经济学和公共管理的"双支柱"基本架构，近年来，学院在服务国家重大战略、顶天立地的科学研究和卓越的人才培养等方面均取得了不错的成绩。

我们深信，"财政政治学译丛"的出版，能够成为促进财政学科发展、培养精英管理人才、服务国家现代化的有益力量。

范子英
2023 年 7 月 7 日

致　谢

在做这个项目几年的时间里，我得到了很多朋友和同事的帮助。我特别感谢布鲁斯·凯恩（Bruce Cain）和纳尔逊·波尔斯比（Nelson Polsby），他们是我在加州大学伯克利分校的导师。我在政府研究所（IGS）当研究生时受到他们的指导，当时所形成的研究成果最终形成了本书。在布鲁斯和纳尔逊的领导下，政府研究所为研究生们提供了一个发展想法的绝佳地方，他们鼓励学生们带着想法去参加各种研讨会和非正式聚会，在更广泛的学者群体面前接受检验。他们为我提供了无数的机会去从事与研究相关的实地工作。他们使学术事业成为一种活跃的社会活动，而不是一种孤独的学术追求，这是最让人感到高兴也是最重要的。非常遗憾的是，纳尔逊·波尔斯比最近去世了！我将永远怀念他的慷慨和智慧。我还要感谢朱迪·格鲁伯（Judy Gruber），非常遗憾她也已经离开了我们。在我的研究生阶段，她给予了我很大的支持，我在给她做助研的过程中学到了很多东西。她审读了我的整篇博士论文，也是这本书的一部分。

我非常感谢马萨诸塞大学的杰里·米洛（Jerry Mileur），他阅读了整篇手稿。他非常了解美国政党，编辑技巧精湛，在他的帮助下，我理清了自己的论点并学会了从恰当的历史角度来看待这些问题。还有一些同事和朋友在阅读了本书的一章或几章之后，向我提出许多有价值的见解，我在这里向他们表示感谢！他们是赫布·亚历山大（Herb Alexander，政治金钱研究中心的主任）、多里·阿波罗尼奥（Dorie Apollonio）、乔纳森·伯恩斯坦（Jonathan Bernstein）、布鲁斯·凯恩（Bruce Cain）、乔恩·柯文（Jon Cohen）、迈克·汉纳汗（Mike Hannahan）、保罗·赫逊（Paul Herrnson）、萨德·寇瑟（Thad Kousser）、埃里克·麦基（Eric McGhee）、锡德·米尔克斯（Sid Milkis）、宾·莫斯卡德里（Vin Moscardelli）、鲍勃·马奇（Bob Mutch）、罗布·罗德里格斯理（Rob Rodriguez）、查德·斯金纳（Richard Skinner）、詹妮弗·斯蒂恩（Richard

Skinner)和克雷格·托马斯(Craig Thomas)。

　　本书中的一些研究也受到一些激烈辩论的启发,这些辩论来自竞选资金研究所(Campaign Finance Institute)和《选举法期刊》(*the Election Law Journal*)等组织的同行,这些同行经常在细节上与我有不同意见,但他们总是怀着善意和学术进取精神来与我讨论。他们迫使我认真思考我的分析,并让我对政治改革及其后果有了不同的、令人信服的看法。这些同行包括鲍勃·鲍尔(Bob Bauer)、吉姆·坎贝尔(Jim Campbell)、托尼·科拉多(Tony Corrado)、戴安娜·德怀尔(Diana Dwyre)、约翰·格林(John Green)、里克·哈森(Rick Hasen)、罗宾·科洛德尼(Robin Kolodny)、乔纳森·克拉斯诺(Jonathan Krasno)、丹·洛温斯坦(Dan Lowenstein)、迈克尔·马尔宾(Michael Malbin)、汤姆·曼(Tom Mann)、内特·珀西利(Nate Persily)、约翰·桑普尔斯(John Samples)和克莱德·威尔科克斯(Clyde Wilcox)。我也得到了联邦选举委员会(Federal election Commission)的鲍勃·比尔萨克(Bob Biersack)的帮助,这些帮助对我的研究非常有必要,他们为我提供了竞选资金数据,并对政治委员会的许多规章制度进行了解释。

　　我还要感谢马萨诸塞大学的同事们对我的研究的全力支持。受他们的启发,我萌生了研究竞选资金监管发展历史的想法,这也是本书的一个主要部分。感谢系部领导,特别是 M. J. 皮得森(M. J. Peterson)、乔治·苏森(George Sulzner)和约翰·海德(John Hird),他们为我提供了研究资源,也为我创造了完成本书的环境。特别感谢马萨诸塞大学的研究生凯特·朗利(Kate Longley)和内特·克拉夫特(Nate Kraft),他们通读了整篇手稿,做了大量的编辑和索引工作。同样感谢密歇根大学出版社的吉姆·瑞斯彻(Jim Reische)对该研究的热情支持,以及萨拉·雷明顿(Sarah Remington)的宝贵指导。

　　我很感谢我的父母,雷(Ray)和阿德里安娜(Adriana),他们鼓励我追求知识,并及时为我提供美味的饭菜、娱乐等,缓解我在研究生学习期间的压力。同样感谢我的岳父、岳母比尔·谢伊(Bill Shea)和伊莱恩·谢伊(Elaine Shea),他们对我所有的追求都给予了极大的热情和支持。这本书献给我的妻子泰伦(Taryn),感谢她无条件地支持我所做的一切——即使是在抚养三个孩子的喧闹中,她仍以无与伦比的方式帮助我拥抱生活中美好和重要的事情。

目　录

第一章　金钱与政治/001
　　一、一个从资源视角对政治改革进行解释的模型/004
　　二、政党竞选资金改革的过程及其后果/010
　　三、本书内容大纲/013

第二章　骑墙派改革与政党政治的衰落/017
　　一、骑墙派对政党势力的挑战/020
　　二、进步主义运动/026
　　三、早期竞选财务法规的长期影响/037

第三章　联邦竞选财务法规的改革历史/041
　　一、1907—1925年的进步时代改革/044
　　二、1939—1947年共和党的改革/056
　　三、1971—2002年民主党的改革/067

第四章　竞选资金改革与《跨党派竞选改革法案》的理论解释/085
　　一、改革理论的比较/088
　　二、党派论/090
　　三、政党派系主义与竞选财务法规改革/093
　　四、党派关系与改革时机/099
　　五、党派主义与改革设计/102
　　六、国会中的党派对改革的支持/106
　　七、对《跨党派竞选改革法案》的解释/110
　　八、《跨党派竞选改革法案》给民主党带来的竞选优势/115

第五章 竞选财务改革与政党竞选筹资方式/123
  一、政党与集体行动问题/124
  二、政党对竞选财务法规的应对方法/126
  三、1907—1974年的政党竞选筹资/130
  四、1976年至今的政党竞争筹资/146
  五、党派极化对政治献金的影响/150
  六、政党筹款能力的提高/156
  七、软性捐款/157
  八、结论/160

第六章 竞选财务改革与政党竞选支出/162
  一、政党组织为什么变得更重要/164
  二、共和党与民主党之间的差异/171
  三、《跨党派竞选改革法案》前后政党在总统竞选中的活动/173
  四、政党财政国有化/181
  五、《跨党派竞选改革法案》对州政党的影响/189
  六、软性捐款能增强政党力量吗？/193
  七、结论/200

第七章 《跨党派竞选改革法案》的长远影响/205
  一、主要发现/207
  二、《跨党派竞选改革法案》制度下的政党未来/214
  三、对政治体系产生了更广泛的影响/226
  四、政策建议/230

后记/239

附录/242

参考文献/244

译丛主编后记/245

第一章　金钱与政治

如何让金钱在政治中发挥合适的作用,是美国在近一个多世纪以来一直在努力解决的问题。许多公共辩论一直聚焦在政治捐款对候选人潜在的腐化作用上,并关注如何削弱富有捐赠者的影响。但这些辩论大多忽视了竞选财务法规的影响,这些法规对政治组织及政党竞选活动很重要,不仅可以防止索贿这种传统的利益交易,还会影响选举中的政治权力归属,比如竞选财务法规会使得有些政治组织和候选人更容易筹集和花费政治资金,从而左右进入公共部门的人选。

规范金钱在政治选举过程中的使用规则,不仅仅关系到腐败问题,在更广泛的意义上还关系到公平。本书主要探究谁会从竞选财务法规的改变中获利,以及这些法规又如何对不同的团体产生影响。与其他关注候选人或利益集团的研究不同,本书的主要关注对象为政党组织。本书主要考察了竞选财务法规对共和党全国委员会(RNC)和民主党全国委员会(DNC)这两个政党的影响,这两个政党是近百年来在美国政治运动中发挥显要作用的两个全国性政党组织。从狭义上来讲,本书是为了理解这些竞选财务法规对政党组织的活动及其效果的直接影响,以及对支持这些政党的团体和个人的间接影响。从广义上来讲,本节还致力于理解竞选资金改革发生的动力机制,即参与者推动改革的潜在动机,并考察改革的所有最终后果,包括有意后果及无意后果。本书将实际应用这一研究成果,评估2002年《跨党派竞选改革法案》(BCRA)

颁布后,各政党的活动受到了哪些影响。①

传统上的美国政党体系是分散型的。全国性政党组织虽然自19世纪中叶以来就存在,但一直处于弱势地位。其主要任务是组织每四年一度的全国政党会议,但在四年当中则几乎没什么存在感。在政党中最有影响力的通常是地方一级的政党领袖,他们控制着县或城市的选民集团,以及城市和州的赞助工作。但美国政党这种强烈的地方性质,在过去30年里发生了变化。全国性政党组织的力量在20世纪80年代和90年代越来越强大。他们开始拥有关键的选举资源,帮助候选人应付日益增加的竞选费用(Aldrich,1995;Cotter 等,1984;Herrnson,1988;Schlesinger,1984),能够影响总统和国会选举的结果。② 这两大政党均在华盛顿设置了永久总部,配备了专业人士,并控制着大量选民数据,聚集着强大的筹款人和专业人士。在2004年的大选中,全国性政党组织的花费超过了12亿美元,比国会和总统选举报告总支出的1/3还要多(Federal Election Commission,2005a)。而在30多年前的1972年,这一花费只有1 100万美元,在当年全国竞选总开支中的占比还不足5%(Alexander,1976:85—92)。

政治学家普遍认为,全国性政党组织的逐渐强大有利于民主的实现。事实也证明,政党是将公民与政府联系起来的可靠的协调机构。通过广为人知的政党标签,选民得以区分不同的候选人及其政策,并做出选择。通过政党的竞争选举,执政精英的责任感也在增强,如果他们不积极回应公众,则势必会在将来遭到反对党候选人的挑战。此外,至少从理论上来讲,政党要想赢得选举,就必须去动员那些缺乏制度基础支持的代表性不足的群体(Key,1942)。因此,为了在两党制下赢得选举,政党会通过相互让步建立联盟来团结各种利益。一个强大的全国性政党组织能够在一个共同的政党组织平台上,将地方、州和联邦候选人联合起来,从而使得不同的政治团体之间的联系得到加强。③

---

① 《跨党派竞选改革法案》颁布于2002年,又称麦凯恩—法因戈尔德法案,该法案以其主要发起者,参议员约翰·麦凯恩(John McCain,亚利桑那州共和党)和鲁斯·法因戈尔德(Russ Feingold,威斯康星州民主党)命名,于2002年11月6日通过。这项对政治捐赠做出限制的新法律在2003年1月1日开始生效。
② Hernson(1988)特别强调了这一点。
③ 这些是美国政治科学协会在1950年提出的关于政党的论点。

第一章 金钱与政治

虽然全国性政党在当代似乎正在蓬勃发展,但它们是在一个高度依赖资金的竞选环境中做到这一点的。与商业、媒体和非营利组织等其他社会部门一样,政治已经从一种由劳动力资源支持的活动转变为一种更依赖技术和资本的活动。政治选举通过鲜明强烈的广告和休闲娱乐争相吸引公民的关注。基于此,政治转向了游说和动员技巧来获取观众的支持。现代选举活动依赖的是大众媒体技术的密集使用,包括民意测验员、媒体顾问和直邮市场营销人员等的专业服务。

在过去的 20 年里,由于巨额的电视广告及相关费用的推动,联邦选举的花费已经超过了通货膨胀率(Ansolabehere, de Figueiredo, Snyder, 2003:105—130)。对普通美国人而言,政治选举消耗的资金非常惊人。2004 年总统和国会选举的花费已超过 40 亿美元,超出了海地的国内生产总值(World Bank, 2006)。金钱在选举中如此重要,以至于在根本上影响了美国民主制度的基础。从理论上讲,自 20 世纪以来,美国民主进程根植于"一人一票"的原则。但这一原则似乎被对政治选举捐款没有限制的竞选资金制度所破坏。富有的捐赠者可能有特权与立法者接触,或是在选举候选人方面拥有额外的影响力。更令许多人担忧的是,政客们可能会被巨额捐款腐化,他们可能会制定有利于捐款人的政策,以换取竞选资金,而非制定符合公众利益或支持自己的选民利益的政策。

在整个 20 世纪,潜在的政治腐败引发了无数的改革呼吁。自 20 世纪初的进步时代以来,标准的回应是"禁止主义"的做法:即寻求通过限制捐款或限制支出或两者兼而有之,来限制资金流向政党和候选人。改革公开宣称的目标是防止富有捐赠者与政府官员之间的权钱交易。进步派及其追随者们试图通过改革防止富人获得过度的影响力,以巩固选举制度的合法性。根据最高法院案件"麦康奈尔诉联邦选举委员会(2003)"(McConnell V. Federal Election Commission)记载,进步派改革家及政治家伊莱胡·鲁特(Elihu Root)认为"这种邪恶力量比美国政府建立以来的任何其他做法,都更容易动摇收入微薄的普通人对本国政治体制的信赖。为打击这种不断增长的邪恶力量,可以通过限制政治捐款来实现",而这一观点得到了当时大多数意见的支持。在鲁特与其他进步人士的共同努力下,联邦政府在 1907 年颁布的《蒂尔曼法案》中,第一次禁止企业和银行捐款。这一法案背后的基本原理也是21世纪以来包括禁止工会捐款以及限制富裕捐赠者捐款等改革的基础。

20世纪初的历史记载显示,美国各州在管制政治资金方面也做出了许多努力。这些努力极大地削弱了传统政党精英的影响。这些由传统政党精英控制的美国政党就是进步派的改革对象。进步派倡导将民主政治以党派忠诚为核心转变为更关注个性化、理性、"教育性"和无党派的政治参与(McGerr,1986)。进步派的改革目标就是为了降低政治竞选的党派性质,提高辩论质量,使之超越情感诉求,并在支持候选人的理由中降低物质性动机(如赞助)的重要性。对竞选资金的监管改革,虽然不是进步派改革议程的核心,但却是这项更广泛战略的组成部分。

在民粹主义者的帮助下,进步派通过了直接初选、创议、全民公决和竞选资金监管的立法。所有这些立法都对曾经控制着提名和其他重要政治资源的政党大佬造成了挑战。

一、一个从资源视角对政治改革进行解释的模型

站在历史的视角上,竞选资金改革就是政党改革,影响着美国政党在选举中的活动范围。这些法律的主要目的虽然是防止腐败,但依然对政党产生着其他重要的影响,尽管这些影响还需要有更多的研究来充分解释。竞选资金改革通常将资金从被改革的选举制度中"挤出",重新形成一种新的模式。更明确地说,这些改革将资源从政党组织这一核心政治角色中挤出,使它们流向候选人和利益集团。具有进步主义风格的竞选资金改革更是分散型的,加剧了政治资金的这种流动方式。这种改革的后果便是,政党虽然作为一种拥有广泛基础的组织,但要在选举中承担责任却变得非常困难。

然而,本书得出的结论认为:形成以候选人为中心的选举并不仅仅是由竞选财务法规导致的,技术、制度和人口等许多其他因素也起到了作用。但是竞选财务法规使得资源转移出正式政党组织,无疑鼓励和强化了政党政治转向个性化政治。

竞选资金改革对政党还有其他的影响。任何改革都会提高或降低特定选

举资源相对于其他资源的价值,从而有利于某一政党。[①] 在政党发展的漫长历史中,民主党和共和党分别拥有着来自不同选区的不同资源。很显然,受到商人和中产阶级支持的共和党,似乎更能接触到大的富有捐赠者群体。因此,若监管制度允许更加自由地运用资金,共和党全国委员会会比民主党全国委员会表现得更好。历史事实也表明,共和党全国委员会筹集的资金一直比民主党全国委员会多。然而,民主党全国委员会依靠着工会来动员大量支持者,这是民主党赢得选举的非现金资源。因此,民主党更倾向于限制现金资源。

但是,民主党人也需要承担额外的负担,他们要稳固政党,必须得维系更复杂、更多元化的联盟。拥有不同选民团体的支持,虽然会带来明显的选举优势,但也增加了组织成本。群体、种族、意识形态的不同,导致民主党比共和党更加分裂。民主党要建立一个强大的全国性政党组织尤其困难。不同于共和党,民主党一直是在各地方精英的引导下开展竞选活动的,这些地方精英与当地选民群体的联系非常紧密。民主党的竞选活动非常分散,往往导致不能最有效地利用选举资源。但这并不影响民主党通过保持联盟完整而赢得选举。民主党的分裂性特质,使得政党的忠诚更倾向于地方,其结果是民主党全国委员会很难集中筹集资金。鉴于这一相对于共和党的劣势,民主党倾向于支持鼓励分散的资金监管体制。而共和党则倾向于支持集中筹集资金的体制,我将在后面说明这一点。

除了对两大政党的影响不同之外,竞选资金改革对政党内部的各派系的影响程度也不完全相同。改革之后,政党内的某些派系会比其他派系获得更多的资源优势,政党内部的权力平衡也因之改变。举个例子,那些不鼓励现金捐赠的法规使得政党更加依赖一些外部组织,政党需要这些组织动员自己的成员直接代表政党作为候选人参与竞选。政党领袖在因法律变革而调整选举策略的过程中,或多或少地需要依赖政党内的某些派系,以利用他们特有的资源影响政治竞选结果。每个派系基于其拥有的关键选举资源所获得的讨价还价能力,使得政治改革带来了新的依赖关系,从而改变了政党派系之间的权力

[①] 关于政治中群体不平等的来源的经典讨论,参见 Schattschneider(1960)。

关系(Panebianco,1988;Pfeffer,Salancik,1978)。

在对竞选资金所进行的研究中,这些政党内部的问题很少被提及,但它们对我们如何看待选举改革有着重要的影响。这一过程充斥着为了政治利益而操纵规则的可能性。不同党派控制着不同的选举资源,当这些资源受到新规则的影响时,党派之间就会围绕规则产生争夺。改革可能会提高或降低他们所控制资源的价值,从而改变他们对选举的影响力。某些政治企业家,例如参议员约翰·麦凯恩(John McCain)还通过改革获得了政治利益。他们通过推动限制政党资源的法律,一方面获得了"改革者"的称号,带来了有利于他们的宣传;另一方面还削弱了对立的政党领导人以及其背后占主导地位的派系的权力。为了实现削弱党内主要派系影响力的目的,这些政治企业家会与两党中的不满派进行合作。

由于竞选财务法规会影响某一派系相对于其竞争对手的资源价值,本书将思考如何与党派战略联系起来讨论如何制定新的竞选财务法规。政党利益在过往改革通过中的作用已经得到之前大多数研究的承认。例如,从历史记录中可以看到民主党人如何反复试图削弱共和党人的现金优势,而共和党人又如何试图阻止无党派团体以实物支持帮助民主党人。但是,发生在改革过程中的政党内部斗争的故事还没有被研究讨论过。有些研究在对改革进行描述时,提到过通过立法时存在的派系操纵,但这仅仅暗示了派系斗争的存在,并没有对这种派系操纵如何导致改革进行理论阐述。例如,在 20 世纪早期,通过推动弱化传统共和党精英和企业利益之间的联系,进步派共和党人获益良多。[1] 同样,在民主党内部,南方民主党人为了限制代表工会和联邦工人的新政民主党人,转而拥护共和党人主导的新政改革。实际上,那些寻求比竞争对手(甚至是同一政党内的对手)施加更大选举影响力的团体,就是竞选财务法规的主要制定者。

这些围绕改革所产生的党间和党内的冲突,其影响远不止于此。由于这些法律是因政治竞争而产生的,使得政党在履行重要的综合职能方面更加困难。在选举中,这些法律激励着政党、候选人和联盟团体互相独立地竞选,不

---

[1] 参见 Dwyre,Farrar Myers,2001。

鼓励他们集体行动。竞选活动因此而变得分散,候选人不得不脱离政党或利益集团来独自对抗对手的负面竞选活动,政治问责由此降低。它还允许越战老兵寻求真相组织(Swift Boat Veterans for Truth)[1]或"继续前进"(MoveOn.org)[2]等利益集团,以自己的名义影响选举结果,而大多数公众并不知道这些组织的立场,也不知道他们代表谁。[3] 对于民主政治来说至关重要的是,政治团体能够表达对政府领导人的支持或批评,这是符合宪法的,也是完全合理的。但选举制度的运行需要集中资源,这就要求在制定竞选资金规则时,要考虑能够鼓励不同党派能团结在同一个政党旗帜下,而这样所培养出来的政治将是妥协互让的而非对抗的。但在政治中,只有对抗才能让选民相对比较清晰地了解主要政党之间的政策差异。另外,由于政党派系有强烈的动机去动员追随者关注热点问题,导致了政治派系的不确定性和易变性,政党派系还会迫使候选人专注于狭隘的道德议程,在这一方面,新的体制又助长了两党间的两极分化。

相比之下,如果竞选财务法规加强对政党角色的强调,则可能会增加公职人员的政治责任感。在大多数民主国家,政党都有被广泛公众认可的有意义的"标签",政党利用这些标签让公众进行投票。政党拥有过去、现在和未来,他们与许多来去匆匆的政治委员会不同,他们的行为受到广泛接受的政治规范的约束。在美国,这些规范也包括不能发布针对对手的严厉的负面广告,但只要这些行为与竞选公职的候选人密切相关,政党就不得不实施这类恶劣的竞选行为。不过,有一个问题是,美国现行的竞选财务法规推动着"独立"竞选活动的制度化,即限制政党和候选人的合作程度,促使各政党正式地将政党和候选人的竞选活动独立开来。因为最高法院没有发现任何表明不协调的竞选

---

[1] 由共和党资助的退伍军人组织,2004 年美国总统大选时曾诽谤民主党候选人约翰·克里。——译者注

[2] 1998 年由两位硅谷科技企业家创建,该网站通过各种新兴网络技术发起政治宣传诉求,试图与传统大财团游说组织对抗。——译者注

[3] The Swift Boat Veterans for Truth 成立于 2004 年总统竞选期间,该组织成员中有越南战争老兵。该组织的主要目标是通过政治广告阻挠约翰·克里(John Kerry)竞选总统,这一政治广告对他作为海军军官的领导以及他退役后反对越南战争的立场做出了尖锐的批评。MoveOn.org 是一个自我描述为进步派的政治团体,在网络上拥有广泛的线上成员。该团体在 1998 年出现,向国会请愿通过克林顿总统的弹劾听证会。它的创始人利用人数众多的线上请愿者,形成一个施压集团,游说国会并支持中意的候选人。

资金活动会导致腐败的证据①,从而法院也不会限制"不协调"竞选活动的支出。推行"不协调"的竞选活动,使得候选人在声称自己无法控制政党活动的同时,受益于政党的竞选活动。因此,"独立"竞选活动是一项限制政党和候选人合作协调的法律,这一制度将使得责任关系在美国竞选资金制度中变得越来越薄弱。

竞选财务法规对现任者和政治上根深蒂固的利益集团也是有利的。在大多数民主国家,政治资金通过政党流动,政党有招募候选人和组织竞选活动的动机,它们基于政党为未来的选举发展议题。但在美国则相反,法律鼓励富有的个人、机构,甚至小额捐款者向那些已经掌权的在任者捐款,本书之后将会详细阐释这一点。其结果是,竞选资金涌向在任者,使他们能够在竞选中抵御竞争,在竞选中处于弱势的在任者同派也会得到帮助。在任者对同派的帮助能使议题在上升到国会层面时获得支持。因此,在国会议员的日常生活中,金钱变得越来越重要。

这种以候选人为中心的竞选制度,促进了竞选捐款动力机制的形成,影响了利益集团的策略。为了最大限度影响公共政策,绝大多数利益集团都有强烈的动机通过其政治行动委员会,向在任者而不是挑战者捐款。他们不想让自己赞助的组织在现任总统获胜后受到惩罚,所以很少有政治行动委员会会冒险把钱捐给挑战者。与此同时,由于政治行动委员会仍然相对较少,且集中在少数几类利益集团中,他们很难代表一个公正中立的政治利益群体。商业公司和工会等组成政治行动委员会的团体,往往有专门机构来提供法律专业知识等支持。而拥有这样的资源来建立政治行动委员会的非营利组织或公民团体则很少,他们也不能利用向公职人员提供竞选捐款而获得战略优势(Apollonio,La Raja,2004:1159—79;Gais,1996)。

政党反过来为了维持生存,也会变得很依赖现任官员和强大的利益集团。例如,国会政党需要依赖现任执政者以获取资金(Malbin,2004:177—191),他

---

① 在1996年的"科罗拉多共和党联邦竞选委员会诉联邦选举委员会"一案中,最高法院认为,宪法保证政党有独立于候选人花费竞选资金的权利。在"联邦选举委员会诉科罗拉多共和党联邦竞选委员会"一案(2000)中,最高法院认为,政党为推选候选人的支出,如果是与候选人协商之后产生的,则应该受到限制。

们不愿意因支持众多挑战者而承担风险。他们将重心放在少部分结果难以预料的州的竞选,而不得不放弃在其他地区进行严肃斗争建设政党的机会。现任执政者是政党筹款能力的核心,但是执政者对政党的长期建设不感兴趣。他们只希望控制当下的国会,这是政党在国会中所面临的一个组织性问题。2006年中期选举中,国会的民主党领导人要求民主党全国委员会主席霍华德·迪恩(Howard Dean)将资源集中投入目标选区,他们认为在全美50个州推行支持地方政党组织的战略是不合适的。这说明,即使是民主党全国委员会,也很难推行政党的全面建设战略。

在这样的竞选资金环境中,两党的制度化程度都很弱,它们的行为常常像是"超级政治行动委员会",仅仅为竞争最激烈的选区提供竞选资源。它们不像变革性组织应该做的那样,增强补弱以增加政治竞争力。虽然有关竞选资金的法规,对政治捐款的来源和规模的限制有些不切实际,在很大程度上阻止了政党变得更加健全。而美国政党相对于其他民主国家的疲软状况不能仅仅归因于竞选财务法规。在《麦凯恩-法因戈尔德法案》下进行的改革,通过禁止软性捐款来限制政党捐款的规模和来源,使得两党几乎不可能遭遇到另外第三个党派的挑战。如果没有大赞助者愿意承担建立组织并维持其运营的巨额成本,即便具有广泛的群众基础,大型的以公众为导向的机构也很难出现。(Olson,1965;Walker,1991)

在美国这样的经济发达国家,政党需要丰富的资源才能变得强大,并具有选举竞争力。这归因于现代竞选活动越来越不强调劳动,转而强调资本密集型技术。在理想的情况下,资本资源应该来自不同的选区。否则,政党组织就没有动力进行联盟整合建设,也无法形成一个更广泛的政治体系并为其服务。出于这个原因,竞选财务法规是不可能给予国会竞选委员会特权的。这些委员会往往与地方政党和活动人士缺乏深厚的党派联系,除了赢得国会选举这一明确的目标,他们很难设定其他更广泛的目标。[①] 相反,两党全国委员会拥有来自地方和州的政党代表团的权力,并参加全国性的总统选举,因此更有可能履行一个强大的政党的职能。

---

① 这是涉及立法竞选委员会,即美国国会竞选委员会的一个很好的研究,见Shea,1995。

赢得选举显然是政党的首要目标,但正如 V. O. 基(V. O. Key)所认为的那样,一个强大的政党组织有能力从最早阶段的候选人招募和提名到选举后期的竞选广告等多个战线上促进这一目标的实现(1956:1—17)。政党在选举中的力量不仅在于其拥有的财富以及对突发事件和偶然机会作出反应的能力,更在于其在选举过程的各个阶段塑造其政治环境的能力。一个强大的政党,只要有足够的资源,就具备进行长远规划、吸引和留住人才、发展基层支持,并在所有州开展有效政治活动的制度能力。

正如我在本书中提出的,在过去的 20 年中,两党的全国委员会已经在朝着这个方向发展,但最近提出的《跨党派竞选改革法案》改革,却扭转了这种趋势,未来出现强有力的高度制度化的政党组织将更加困难。鉴于该法对筹资及支出的限制,政党往往会牺牲长期的组织建设,以满足现任者竞选连任的短期需求。此外,许多竞选活动将继续外包给顾问、利益集团和"影子"政党组织。

二、政党竞选资金改革的过程及其后果

与过去的竞选资金研究相比,这本书的创新至少体现在两个方面。

第一方面,是什么推动了竞选资金改革?既有的观点是公共利益论,本书则对改革的公共利益论解释提出了挑战。公共利益论认为,制定改善政治体系政策的是一群反对党派利益的政治改革者(Corrado,1997:25—60;Mutch,1988;Zelizer,2002:73—111)。他们通过推动对抗既得利益集团的艰苦斗争来改变体制。为了获得两党中温和派或独立派的支持,他们逐渐拼凑出了一个改革联盟。公共利益论还认为,改革进程的推进还需要有引发公众反应的丑闻发生,否则改革将停滞不前。在丑闻发生时,舆论浪潮义愤填膺,各色政客不得不纷纷表态赞成改革,这会使得改革问题变得非常重要,任何官员都不能再阻止改革进程。

然而,事实却是,大多数政治改革往往发生在没有丑闻的情况下。很显然,公共利益论不能很好地对这种现象进行解释。例如,《竞选资金公开法》奠定了公开政治资金的基础,该法于 1910 年颁布,据这一立法最近的丑闻是好

几年之前的纽约保险业和该州立法者卷入重大丑闻；1907年禁止公司捐款的《蒂尔曼法案》也已经通过好几年了。1940年规定竞选资金供给的《哈奇法案》的通过，也没有重大丑闻的推动。1971年，国会通过了包括总统选举的公共资金的重大立法，而彼时还没有发生水门事件。

历史记录显示，国会不断推出一轮轮改革法案，其间夹杂着涉及政治资金的丑闻，但改革与丑闻之间的因果关系似乎极为微弱。对公共利益论来说，更有问题的是，竞选资金改革本身很少是一个突出的公共议题。在民意调查中，民众通常比较支持改革竞选资金，但优先级一直不高，这表明政客们不必担心回避这个问题会引起公众反感。研究还发现，在政治改革投票前的几周和几个月里，竞选资金改革几乎不会受到新闻媒体的关注。

与公共利益论的解释不同，本书认为，将改革解释为在党派背景下对选举资源的争夺会更好。这里对选举资源的定义是广义的，不仅是金钱，还包括劳动力、专业知识和对不同阶层选民的影响力等。在一个政党的选举资源不确定时，政治改革更有可能发生。这种不确定性会在竞争对手拥有更重要的资源优势时增加。此时，资源贫乏的一方会寻求方法来约束竞争对手的资源。但改革要成功，需要与对手党内能从改革中获益的少数派系结成联盟。改革者通常能得到来自媒体、大学和基金会的舆论制造者的支持。这些舆论制造者深受进步主义世界观的影响，认为政治参与应该是个人主义的、无党派的、不受物质动机影响的。而这些试图限制金钱在政治中作用的改革，往往会削弱传统政党精英的利益，使得这些精英舆论制造者的影响力增强。

据我所知，虽然已有反对公共利益论的观点，但尚未有研究解释各大政党内部的派系集团在推动具体改革方面的作用。此外，一些知名学者认为丑闻是改革的直接原因，依然在继续夸大丑闻的重要性。虽然本书并不否认丑闻有时会起到催化剂的作用，但只有丑闻还是远远不够的。正如本书将论述的，改革往往是在没有丑闻的情况下进行的。对于政治企业家来说，丑闻通常是一个有用的背景，但很少是丑闻本身在促使政策制定者通过改革。

第二方面，竞选资金改革产生了什么影响？既有观点认为竞选资金改革对美国政党几乎没有影响。这个观点很流行，部分原因是大家认为在1974年的《联邦选举法案》修正案之前，竞选资金法没发挥什么作用。本书也对此观点做出了挑战,尤其是这一观点产生的原因也是一个未经检验的假设。① 虽然竞选资金披露不力,相关法规也缺乏强有力的执行,使得政治团体很容易逃避法律监管,但这并不意味着法规对政党行为没有影响。法律上的限制,无论多么容易被突破,都会极大地影响政党派系的相对影响力和政党组织的体制能力。正如本书将展示的,自20世纪早期以来,对政党开支的限制促使党派建立"独立"委员会,通过国家机构筹集资金,并激励候选人为竞选筹款承担更大的责任。自 2002 年《跨党派竞选改革法案》(BCRA)通过以来,也出现了类似的反应。两党在开展大部分的竞选活动时,都越来越依赖无党派团体和独立但隶属于政党的组织。

政治学家一致认为,美国政党具有高度适应性,熬过了战争、萧条、技术变化和人口快速变化,这无疑支持了"法律无影响"这一观点。然而,这种适应性的一个主要原因是,美国政党的制度化程度在实际上较弱,他们有适应环境的能力,从而为持续存在的挑战和任务创造长期的组织解决方案。为适应选举条件,满足短期选举目标,由精英领导的政党能够相对快速地进行变革。与大多数欧洲政党相比,意识形态和组织结构对美国政党的约束更少(Epstein,1986;Panebianco,1988)。② 但这些适应是有代价的,在 20 世纪,美国政党几乎无法利用组织来招募新选民并让他们参与有意义的政治工作,也无法通过组织来培养未来的候选人。事实上,美国的政治候选人为了赢得总统职位,甚至不惜反对自己所在的政党组织,这着实让许多外国观察人士难以置信。

因此,说政党适应和生存是一回事,说它们繁荣又是另一回事。在此虽有必要强调政党实力的细微差别,但更为核心的问题是,如果党派组织存在于诸如政党组织的正式架构中,或者通过包括候选人委员会、政治行动委员会、顾问和附属的利益集团的政党扩展网络发生影响,那么党派力量是否以及如何影响了选举制度。有些人认为,所有这些附属团体构成了政党(Bernstein、Dominguez,2003:165-169;Skinner,2006)。虽然这些团体可能有共同的目标和忠诚,但我认为,分散的党派网络给政治体系造成了切实的代价。事实上,这项研究的一个有争议的前提是,一个强大的正式政党组织能产生整个系

---

① 参见 Corrado,1997:25—60;Sorauf,1992。
② 根据 Aldrich(1995),美国政党精英的职能定位使得他们能够根据当时的监管和政治环境,利用或摒弃党派组织的各种模式。

统的选举利益。这些利益包括但不限于使选举变得更透明、负责任和竞争性。

竞选资金改革非但没有鼓励正式政党组织变得更强大,反而倾向于推进和加强以候选人为中心的选举和高度分散的党派选举活动。为了适应新的法律,党派会将资金转移从正式政党结构推到法律无法触及的附属委员会。其结果不仅是降低了选举过程的透明度,而且对现任官员、利益集团和媒体都产生了更大的影响。通过展示党派人士如何通过在党派网络中分散资源来试图阻挠法律实施,本书对广泛持有的假设,即"在20世纪70年代重大立法通过之前,竞选财务法规对政党组织几乎没有影响",提出了质疑。[①]

此外,本书还对共和党和民主党如何以及为何对竞选资金改革做出不同的反应进行了深入的研究,向前推进着这一领域的研究。虽然一些出色的研究表明,两大政党组织之间存在着关键的制度差异,但并没有研究把这些差异与对竞选资金制度的稳定偏好和反应联系在一起。此外,这些先前的阐释并没有说明两党如何以可预见的方式不同地适应着每一波改革浪潮。用政治学的术语讲,我认为"集体行动"的成本在两大政党之间并不一致。本书从组织理论的视角出发,解释了两大政党之间,特别是在国家层面上截然不同的制度化路径,如何影响他们(目前)对竞选资金改革法案的反应。特别地,本书显示,各政党对不同结盟派系的独特资源依赖如何反应并导致特定的选举策略。[②] 在阐述这些差异时,本书对目前两党如何适应新环境增加了新的理解(Aldrich,1995;Harmel、Janda,1982;Herrnson,1988)。

三、本书内容大纲

第一章、第二章简要介绍了竞选资金改革的起源历史。首先概述了骑墙

[①] 大多数关于竞选资金改革的历史叙述反映了先前的竞选财务法规没有起效的假设,完全跳过了1907年的《蒂尔曼法案》和1971年的《联邦选举法案》及其修正案中间的时期。

[②] 例如,由于无法调和其不同派系,民主党人依赖于更广泛的联盟,使之很难在全国范围内集中运作。他们忽略了部分州的政党建设,这些州可能会挑战利益集团如劳工、环境和提倡堕胎合法的组织的选民的影响。因此,联邦民主党倾向于关注短期、分散的战略,这些战略严重依赖候选人个人和利益团体联盟的努力以动员其拥护者。相比之下,共和党在全国和各州层面上都有较强的政党组织,因为历史上他们的选民主要是企业家,他们认为政党是推进他们利益的必要手段。这些差异对于理解为什么共和党和民主党在选举中对法律有不同的反应是至关重要的。我在书中探讨了这些结论。

派的政治思想。骑墙派发起的改革运动,将政治从根源于党派转移到为更加个性化和理性的公民参与模式。其次考察了美国各州出台的竞选财务法规,这些法规作为改革议程的一部分,通过削弱政党的中介作用来改变公民和政府之间的关系。第三章回顾了20世纪联邦层面上竞选财务法规的历史,并展示了进步主义的改革模板是如何在一连串的竞选资金法案改革浪潮中重复出现的。事实上,是党派为了寻求选举优势,利用了这一模式并对之进行了战略性的运用。第四章利用这些历史事实发展了一个关于党派改革的理论,并用以解释2002年颁布的《跨党派竞选改革法案》所引发的一个现象。因为《跨党派竞选改革法案》禁止了民主党严重依赖的软性捐款,传统观点认为这项法案对于民主党而言是一个"自杀法案",但奇怪的是,该法案通过后,反对这项法案的大多数却是共和党人,民主党人反而持支持态度。本书认为民主党对《跨党派竞选改革法案》的偏爱,反映了长达一个世纪的立法支持模式,这种模式发挥了民主党作为一个高度分散的政党的选举优势。民主党领导人们对《跨党派竞选改革法案》的支持,也反映了改革派活动人士的核心选区对禁止软性捐款的派系支持,这是民主党领导人无法忽视的。

最后3章谈到了竞选资金改革的后果。第五章重点讲述在每一轮改革浪潮中,各政党是如何筹集资金的。改革后的法律强调吸引小额捐赠者,这给基础广泛、原则性薄弱的美国政党造成了重大的集体行动问题。尽管他们努力从小额捐赠者那里筹集资金,但他们始终得依靠大额捐赠者来支付选举费用。在20世纪80年代和90年代,两党终于在技术的帮助下降低了从小额捐赠者处那里筹款的成本,从而获得了更大的成功。然而,另一个重要因素是两党的意识形态日益趋同。由于两党在政策上更加一致,潜在的捐款人开始将政党全国委员会组织视为促进其政策目标的组织。第六章讨论了不同竞选资金制度下的政党开支。着重讨论了两党如何利用资源赢得总统选举。本章研究表明,共和党和民主党的总统竞选策略存在一贯的差异。共和党倾向于将政党组织作为核心行动者,而民主党更多地依赖于无党派团体。本章还探讨了软性捐款在加强政党力量方面的作用,以及在2004年和2006年的选举中,政党如何适应《跨党派竞选改革法案》对软性捐款的禁令。第七章通过评估政党对《跨党派竞选改革法案》的长期反应来进行总结。由于新的法律生效后只进行了一次总统选举,这些结论只是推测性的,但它们显然是基于类似改革的历史反应模式。

这项研究的意义似乎很清楚。在可预见的未来,政治上的金钱问题仍将继续困扰我们。毫无疑问,一旦政治行动者获得了驾驭当前法规的能力,未来就会出现对政治资金进行监管的尝试。本书并不是质疑整个改革,而是鼓励对政治中的金钱问题进行重新构想。从历史的角度来看,虽然自进步时代以来情况已经发生了很大变化,但关于选举中的金钱问题和如何处理的基本理念并没有发生变化。这一理念就是进步人士推动制定法律,限制金钱流入政界,以消除权钱交易带来的腐败。如今,历史学家和政治学家越来越一致地认为,权钱交易带来的腐败不再像过去一样严重。[1] 然而,专家们普遍指出,竞选资金制度的改革并没有直接解决公平问题。在现行体制下,政治挑战者很难聚集足够的资源来组织有意义的竞选。在任者在支出上始终以压倒性的优势超过挑战者。此外,严肃的第三方候选人是一种反常现象,除非他们可以找到一个富裕的提名人,愿意自我融资,比如罗斯·佩罗(Ross Perot)。政治资金分配的不平等也很明显,因为这些资金主要花在摇摆州的竞选上,这往往会抑制其他地区的选民投票率。虽然本书没有解释选举中的财务不平等或选民参与低迷,但考虑到选举制度存在如竞选活动的碎片化和由此产生的政治弊病等其他问题,研究结果确实表明目前对防止权钱交易引起的腐败的关注可能是错误的。

本书还提出了有关改革过程的重要问题。对一些人来说,提出政治改革牵涉党派利益就是在陈述显而易见的事实。但在往往只有一小部分法律和选举专家参与的复杂政策辩论中,这一点通常被忽视。在修改或修补规则的过程中,部分人获得了相对于其他人的优势。谁赢谁输并不总是显而易见的,所以值得认真理解政治后果、承认权衡取舍,并寻求妥协。如果要援引专家或公共利益来证明政治改革的正当性,那么可以回忆一下麦迪逊(Madison)在《联邦党人文集(第十篇)》中关于派系本质的名言"派系斗争潜在的因素根植于人的本性之中",因此在这个过程中,要保持对人性的合理怀疑。要明确的是,这

---

[1] 参见 Anechiaric,Jacobs,1996。关于竞选资金制度中商业贡献的相对小的重要性讨论,请参阅 Mily,Primo,Groseclose,2000:75—88,或见 Ansolabehere,de Figueiredo,Snyder,2003。

里的主要论点不是说改革是不必要的,也不是说改革的动机不纯,而是说这些规则通过改变激励、行为和制度来改变政治权力的轮廓。鉴于这些潜在的后果,对理解改革的长远影响似乎是一个值得探讨的课题。

　　解释改革及其后果是一项艰巨的任务。政治是一件棘手的事。本书的两个研究主题——政党和竞选资金——在概念和分析上都是复杂的。鉴于此,本书论点有时看起来可能过于简化了因果关系,或忽略了重要的解释。当然,有人会有充分的理由反对本书结论。然而,为了扩大关于政治监管手段和目的的讨论,本书欢迎这样的分歧。至少,我相信本书没有歪曲事实,也没有提出与民主政治的基本价值不符的观点。

第二章　骑墙派改革与政党政治的衰落

在发达民主国家中，美国对其竞选资金体制管制得最多，但美国公民依然表示不满。民意调查显示，美国公民认为这些有缺陷的政党竞选资金体系，使得利益集团能通过政治捐款发挥超常影响。公民们看到了候选人在不断地积累着竞选资金，大量的政治行动委员会在华盛顿成立，一些从未听说过的组织所赞助的政治广告也在不断涌现。美国宪法鼓励不同的利益团体参与竞选活动，导致了这类行动的大量产生。与此同时，美国的竞选资金制度，使得政治活动高度分散，这对现任政客和富有的利益集团是有利的，却不利于处于挑战地位的政客和政党。传统上应是政党在选举中提供问责，但美国的竞选资金体系使得政党组织难以汇集资源和协调行动，从而缺乏改革者寻求的那种政治问责制。

这种支离破碎的政治资金体系是如何形成的呢？这个答案在一定程度上反映了竞选资金改革深刻的反政党特征，这一特征从骑墙派和进步时代就开始形成。对政治资金的监管法规，使得政党在联邦和州一级都很难积累足够的资源，因此他们难以在政治中发挥与其他政党全国委员会同等强大的作用。出于联邦制和权力分立等结构性原因，以及个人主义和多样性等文化原因，美国的政党体系一直是高度分散的。而竞选财务法规更是强化了这种地方主义，进一步导致了全国性政党组织的软弱。这些法律将政治资金从如政治党派之类的核心参与者身上转移到利益团体和候选人，实际上损害了问责性。

这一章的主题是联邦竞选资金改革的历史根源以及推动这些改革的政治理念。目前的监管框架形成于进步时代的一波反腐败和反政党的改革浪潮中。这些改革的灵感可以追溯到内战后的骑墙派改革。回顾这些历史,就能说明为什么进步主义者选择那样设计他们的改革。这些早期的进步主义运动对后来的政治资金管制也产生了影响。实际上,美国从来没有偏离最开始的改革初衷,即通过对政党施加各种规定,特别是与竞选资金有关的规则限制,来强调个人主义,反对结社政治。骑墙派—进步主义的思想是具有梭罗和爱默生式的美国式浪漫。这些思想家藐视组织化的社会,宣扬独立个体的自给自足和道德纯洁。19世纪末,他们的思想在受过教育的改革家阶层中引起了共鸣。通过政治改革,进步主义者寻求最大限度地扩大开明公民的参与,通过无党派的报纸为自我提供政治认识,鼓励公民避开政党等中间组织与政府直接互动。

本章从历史角度来理解竞选资金改革,在以下几个方面不同于传统说法:首先,历史分析发现,真正的改革之路并非始于1974年水门事件后那一场瞩目的改革。将政治活动的基本结构从以政党为中心的竞选转为以候选人为中心的竞选这一当代法律的基本轮廓,其实在早期的改革中就已经形成了。虽然大多数评论家声称早期的法律——如1907年禁止企业捐赠的《蒂尔曼法案》,或1910年限制政治开支的《公开法案》——是完全无效的,但它们还是对国家政治党派,以及更广泛意义上的政党制度的发展产生了重要影响。而事实上,《蒂尔曼法案》为我们当前的制度奠定了一个非常持久的基本框架,也明确了当代制度的基本特征,包括要求竞选资金活动公开、对政治献金和支出进行限制、强调小额的自愿捐献等。回顾以往在政治上对金钱进行监管的努力,就会发现2002年的《跨党派竞选改革法案》这一全国性的改革——与一个世纪之前美国各州通过的一系列改革之间有着密切的联系。

其次,历史研究发现的第二个特征是,需要在监管政党政治这一更大背景下来考察监管政党资金的努力。实际上,进步主义者对金钱的管制努力并不仅仅是为了解决腐败问题,而是为了削弱政党控制。早期对政治资金的限制是由政党控制的,它起源于19世纪骑墙派与进步主义者深刻的反党派情绪。可以肯定的是,许多改革者的最初动机不是为了反对政党本身,而是为了反腐败。他们对当时兴起的通过垄断企业支持政治的行为感到不安。由这些私人的、资本主义的机构来支付民主的成本,这引起了各个政治阶层中公民的警

第二章 骑墙派改革与政党政治的衰落

惕。资本主义与民主之间是存在着根本的紧张关系的,资本主义造成了巨大的贫富差距,而民主却是建立在政治平等思想基础之上的。

在寻求最小化金钱在政治中的作用时,许多改革者希望不受各政党影响,但他们实施的禁止主义策略,使这些影响不可避免。这些法律将一项日益重要的资源——现金从政党中夺走,鼓励将现金分散到候选人委员会、专业的"筹款人"和利益集团等较小的支流中。尽管竞选财务法规的文字表述一直是在强调惩治腐败,但最终却是对政治团体产生了不利影响。确实,相比竞选资金改革,政党改革被认为是应该更合适,因为这些改革改变了政党之间的关系和活动。在某些情况下,政党角色的弱化只是反腐败努力的副产品。但是,正如本书后来解释的那样,最开始进步人士发起的是一场更大的运动,目的是削弱政党在美国生活中的影响力,监管竞选资金只是其中的一部分。无论这些改革家是否真正的反对政党,但结果都是一样的:在整个世纪里,政党在为选举提供资金方面所发挥的作用越来越弱。

让人感到讽刺的是,虽然进步主义者试图让政党摆脱对现金资源的依赖,他们引入的其他一些改革却提高了金钱在选举中的重要性。例如,美国参议员的直接初选和直接选举制度,尽管只是增加了选举次数,就使政治变得更加昂贵。进步主义者的另一个理念——改变政党政治的情感特征,使政治更具"教育性"——在推动了改革的同时,也助长了金钱的重要性。改革实行比如澳大利亚式的秘密投票,鼓励公民将投票视为一件完全私人的事情,不需要再在喧嚣的政治庆典中公开展示政治身份,而要在庄严的展台上进行竞选和投票。随着选举日庆典活动对当地公民的社会影响越来越小以及政党忠诚度的下降,候选人和政党不得不花费更多资金来吸引投票者。选民对政党的依附度在不断减弱,政党组织也在萎缩,候选人将需要更多的资金来自己动员选民。

在这种更广泛的政党背景下考察资金的管制,可以明显发现,政党自身已经成为塑造竞选资金立法的重要角色。由于金钱在 20 世纪开始逐渐成为一个更加重要的政治资源,两大党派都开始利用竞选资金改革获取相对于对方党派的优势。多数通过的改革提案都是由议员组成的联盟提出的,他们的意图都是为了削弱敌对政党或者是政党内部敌对派系的资源,这种情况尤其发生在政党内的某派系在总统选举中获得了其他派系所没有的显著优势时。弱势党派往往以改革的名义联合起来,提出削弱对手资源优势的改革方案。以下章节将会提到,伴随着每一次竞选财务法规的重新建立,这种情况都会发生。

竞选资金改革的故事可以从骑墙派开始讲述。在19世纪70年代的内战后,骑墙派的思想得到了越来越多的支持,并逐渐体现在立法中。骑墙派提出了一个有力的理念,即政党应该受到管制,政党权力应该被显著削减甚至消除。骑墙派是中产阶级的共和党员,他们在东北部的势力特别强[①]。他们成功推动了公务员制度改革及19世纪80年代无记名投票改革(1888年马萨诸塞州第一个采用了秘密投票方式,到19世纪末所有州都采用了秘密投票),骑墙派的部分理念得到了民粹主义者的支持。民粹主义拥护直接形式的民主,他们认为政党作为挡在人民和政府之间的精英机构的角色应该被终结。但骑墙派-进步主义和民粹主义是截然不同的运动,它们来自美国不同的阶层和地区,对美国民主应该如何运作有着不同的理解。前者主要强调专家在民主管理中的作用,后者认可普通人在民主中的作用。然而,他们在反党派、反社团的政治观念上是一致的。

在19世纪90年代到20世纪20年代,骑墙派的反党派思想被进步主义者继承。进步主义运动以纽约和芝加哥为中心,他们在纽约倡导政府应采取管制商业的行动,而在芝加哥则与原民粹主义者相融合重点关注政治和民主。进步主义者创设了一系列新的选举形式,包括候选人提名和竞选资金的筹集,在多个领域削减政党的影响。而竞选财务法规只是他们防止政党领袖集聚权力的战略之一。虽然骑墙派已经积累了反对公共生活中出现政党偏见的案例,但进步主义者作为他们的追随者,通过一些具体政策,将选举制度带离了政党中心的根源。这些政策为当代规范政党政治的策略提供了依据。

一、骑墙派对政党势力的挑战

当代观察者很难理解的是,在19世纪40年代至80年代,政党组织在国

---

① 进步派通常在美国中西部的北部势力较强。

家政治中占据着主导地位。在美国政党的组织领导下,政治成为流行于地方小额捐献者之间的公共生活。政党控制着谁将竞选公职,还策划了选举过程中的所有活动,包括选票的印刷和分配以及围绕着竞选举办的各种大众娱乐活动。历史学家和政治科学家都认为,美国政党是通过选择候选人、安排竞选议程、动员选民投票等活动实现大众民主的。

但政党并不仅是组织投票的机构,在美国民主中,他们还是重要的社会化代理人,对公民进行政治教育、促进公民文化的形成及延续。例如,地方政党创造了麦吉尔(McGerr)所说的"关键民主舞台",使投票看起来像是一项很重要且有意义的行为。在选举前后,政党制造着声势浩大的活动来吸引选民去投票,并通过情感激发来吸引参与竞选活动(McGerr 1986)。通过火把游行、群众聚会及各种竞选俱乐部,政党激励的党派之争充满活力,激发着公民关注政治。

在那时的选举中,金钱的主要作用是为促进政党选举造势。当地精英作为政党的赞助人,会在选举之前花钱为游行队伍制作统一制服并组建铜管乐队。以前的业余生活不像现在这么丰富,这些游行队伍带着自由女神像及象征国家历史的马拉花车,非常多姿多彩,很能吸引人们的注意。在偏远农村,人们可以暂时摆脱黑暗夜晚,在夜间点燃烟花、畅快痛饮,还可以打着灯笼、举着火把加入欢快的行列中(McGerr,1986:37)。与这种节日气氛交织在一起的,是当地政党领袖激情的政治演讲,以及老百姓们在小酒馆里的政治谩骂。当时一项很普遍的消遣就是在酒馆里打赌谁会赢得选举。

此时政党活动的一项关键副产品,促进了跨社会跨地域的公众融合。普通公民通过壮观的集会,与更大的社区一起卷入了一场表示政党忠诚的仪式中。富人和穷人、市民和农夫在政党游行和集会中聚集在一起,就像在内战后形成了一个由社会各阶层组成的公民组织(Skocpol,2003)。虽然政治活动与地方事务密切相关,但政党却通过将公民与国家政治联系在一起,将自己与国家事务(如关税政策)联系在一起。通过建立政党标签,地方政府的候选人与国家层面的总统候选人以及曾经的政党英雄,如杰克逊或林肯,产生了联系。以这种方式,美国政党体系将政治带进了普通民众的家门,影响着公民的日常生活。西德尼·米尔科斯(Sidney Milkis,1999:6)说,政党培养了"积极而有能力"的公民,使他们在集体目标下而联合起来,促进了宪法的真正落实。通过这种方法,政党对公民进行政治教育,通过情感呼吁的方式激励他们积极参与国民生活。

但是在进步主义者发动削弱政党的改革之前,这些组织就因为其他原因开始失去影响力。19世纪的最后20年里,社会发生了剧烈的变化,最终改变了美国的政治制度。矿业、铁路和钢铁等行业的出现,造就了一大批与大型企业有关的新精英和工人。战后快速的工业化将数百万的农场工人和海外移民引向城市工厂。美国开始不可避免地从农业社会向工业社会转变。虽然美国大多数州在进入20世纪之时依然保持着乡村经济,但此时数百万的美国人正离开故土,到大型矿山和制造公司寻找工作,依靠非技术性劳动赚取工资。资本和劳动力的流动产生了可观的财富,但也在19世纪70年代中期至90年代中期那段时期,引发了银行倒闭、残酷竞争、裁员和萧条等社会的不稳定。

虽然当时的联邦政府还比较小,但经济的彻底重组促使联邦政府得在管理商业方面发挥越来越大的作用。尽管新经济精英鼓吹自由放任资本主义,但许多人还是认为联邦政府需要有足够的活力来应对这些快速的变化(Silbey,1991)。新经济精英作为企业的领导者,希望能得到政府的帮助,以避免灾难性竞争和导致严重经济失败的那种混乱。有些人认为,当时的政府制度是建立在分散政党制度基础上的,没有足够能力管理国家的经济。而政党领导人极力倡导的地方主义,虽然能激发公民对政治的兴趣,但却不能解决重大的政策问题。政党更关注的是分配政治,它专注于将来自捐献和政府合同的物质资源进行分配。

即使当政党就关税等重大经济问题提出政策时,他们表现出来的也只是代表部门利益。政党结构松弛,就很容易形成政党联盟使得相关事务的政策发生转换和改变,但一个强有力的多数党很难成长起来。比如在1896年的选举中,当时两党都非常分散,传统的地方主义力量强大,无法形成新的商业理念,围绕关税问题或金本位制产生了诸多争端,这些使得地方政党大受刺激。政党过于倾向于讨价还价,却非常损害政府的行动力。据历史学家乔尔·H.西尔贝(Joel H. Silbey,1991:227)观察:"他们为了实现无限可能,为了将选举事务放在首位,从而牺牲了正确的决策。"因此,越来越多的工业精英相信,要

第二章　骑墙派改革与政党政治的衰落

追求正确的决策,需要在行政体系中有一个较集权的政党体系,保证行政体系的决策不受议会决议的影响。

在汉密尔顿政府,一些商业领袖开始在经济事务上发挥主导作用,同时,另一群精英用他们的思想对新兴的制度秩序发起了更根本的挑战。在波士顿、纽约、费城这些东北部城市,这些"自由主义者"成了改革的先锋。一些藐视他们的人很贬义地将他们称为"Mugwump","Mugwump"这个词来源于阿冈昆,意为"大酋长"。然而,更有可能的是,这个政治用法来源一个"Mugwump"骑墙者的形象,左腿"mug"在墙的一边,右腿"wump"在墙的另一边,特指某个人没有主见,所以"Mugwump"又被称为骑墙派。"骑墙派"这个标签泛指那些在1872年反对格兰特连任的自由派共和党人,他们临时与民主党人联合,提名高龄的贺拉斯·格里利(Horace Greeley)为民主党候选人,并投票给民主党。新英格兰地区的骑墙派具有较大的影响力,包括亨利·亚当斯(Henry Adams)和哈佛大学校长查尔斯·艾略特(Charles Eliot)这样的名人,是典型的出身于老派家庭的知识分子[①]。

骑墙派的议程包括改革公务员制度、安抚南方、提高政府对经济的控制、净化政治生活等(Josephson,1938:159)。由于两党的力量很强大,改革者在早期很难组织独立的政治活动,但他们坚持通过杂志和报纸宣传观点。最终,在1884年,当共和党提名正统的詹姆斯·布莱恩(James G. Blaine)为总统候选人时,这些共和党骑墙派再一次与自己的政党唱了反调,宣布支持格罗弗·克利夫兰(Grover Cleveland)。

在骑墙派看来,新兴的工业秩序似乎为杰克逊式民主带来了最糟糕的过度行为。骑墙派,特别是坦慕尼协会的爱尔兰选民,对逐渐增多的移民浪潮感到忧心。他们认为国家的公共交通和政府合同都被心胸狭窄的掠夺者所占据,看到暴发户们对国家经济和社会的逐渐控制,他们感到很不舒服。在全国范围内,大的公司和基金会出于个人利益抢占着国家的自然资源,将人们从家庭和社会中拉出来从事卑贱低廉的工作。毫无疑问,来自古老家族的精英们,对社会快速变化将如何改变传统的顺从模式,从而影响他们自己在社会中的

[①]　其他骑墙派人士包括Charles Francis Adams Jr.、Josiah Quincy、Leverett Saltonstall、Thomas Wentworth Higginson以及纽约论坛报的助理编辑Whitelaw Reid(Sproat,1982)。

地位感到焦虑。

对于骑墙派来说,地方主义和政党政治固有的出于自利目的的妥协是政治的根本问题。政党领袖太过于关注本地利益,而没有意识到美国面临的问题的本质。骑墙派期望的是,要解决工业化带来的大量社会问题,应该建立一个强有力的国家政府,不要再继续依靠州政党领袖的幕后交易。奇怪的是,他们似乎并没有想到通过加强全国委员会的力量来集中政党权力和问责。这个问题一直到后来伍德罗·威尔逊为政党设计了一个强势的角色之后才得到解决。

但即使政党机构正在衰落,自由主义者依然面临着一场硬仗。《国家》《哈勃周刊》《北美评论》等杂志是自由主义者宣传改革思想的主要阵地,他们在这里表达着对党派政治的蔑视(McGerr,1986:44)。在他们写作的年代,党派之争在更广泛的文化结构上依然占主流,不仅体现在政治上,而且还体现在社会关系中。如历史学家迈克尔·麦吉尔(Michael McGerr,1986:44)所言:"独立投票的选民有可能失去事业和友谊,其个人形象也会受到影响。"然而,随着社会和经济的快速发展变化,党派文化逐渐兴盛,使得原来那些支持地方党派忠诚的社会结构遭到了破坏。

在乔治·华盛顿的告别演说中,他曾警告美国人民注意"派系",自此之后,这种反政党的情感就成为美国政治文化中的一股暗流。而此时商业精英和骑墙派改革者这两个截然不同的团体,使得这股暗流得以爆发。骑墙派及他们的追随者——进步主义者,利用历史上对派系的恐惧,成功地破坏了将政党忠诚作为政治参与的权威基准这一19世纪美国民主的核心原则。他们提出一个相反的原则,即公民应该对候选人及其执政理念进行理性评估,而非按照政党忠诚和情感诉求进行政治选择。简而言之,骑墙派复兴了一个公民神话,这个神话认为独立的人应该凌驾于政治之上。

在管理政党资源上,骑墙派取得了一些成功。一个间接的案例是公务员制度改革,要求对公务员候选人的能力进行考察,要求公务员通过相关考试来证明他们具有作为行政管理人员和专家的胜任能力,这一改革动摇了政党的赞助体系。在骑墙派的游说下,1883年《彭德尔顿法案》得以通过,这是联邦公务员制度的第一次改革。这次法案之后,设置了一些只能由通过考试的申请人担任的公务员岗位。公务员的晋升不再根据政治忠诚度，而是根据功绩考核和服务时间。这项法律不仅使政党更难分配赞助，而且还禁止政党代表向联邦雇员（公务员职位中的雇员）募集政治资金，这种做法在 19 世纪很常见。

自由主义者在政党方面取得的最大成功是投票改革，这项改革使得政府得以控制选举内容，为规范政党铺平道路。在整个 19 世纪期间，政党都是自行印刷并向投票者分发选票。这些选票往往具有不同的颜色，这样当选民将选票放进投票箱时，监票人是可以知道选民的选择的。为了拉票，投票站的党务人员会在投票前后以酒水饮料、香烟或其他一些小礼品赠予支持他们的投票人（Altschuler and Blumin，2000）。在某些地方，为了更有效率地拉票，他们甚至直接用现金换选票。然而，一旦政府对投票进行控制，将两党的候选人写在同一张纸上，党务人员就不能保证投票人是否按交易约定投票了[①]。19 世纪 90 年代，政府早期的竞选资金法律明确禁止党派的此类行为，开始大力管制政治资金，使得这种行为逐渐不再流行（Pollock，1926）[②]。

政党在 19 世纪 80 年代和 90 年代，想尽办法来抵制或逃避了许多这样的改革，但他们已经开始在理念上输给了骑墙派。在改革者的推动下，一种为政府干预政党事务提供合法性的监管模式得以确立。这些改革以骑墙派的观点为指导，认为公民身份是一种私人行为，应该是基于理性的决定，而不是受情感或私利约束的忠诚（McGerr，1986）。麦吉尔评论道：骑墙派将竞选从党派盛会中摆脱出来，变为受过教育的精英们所喜欢的公民行为，这一公民行为甚至不再耽误在自家享用早餐。但新政治也带来了一个较不幸的后果，即政党等传统的政治机构，越来越难以动员不同阶层的选民。为了吸引选票，像马克·汉纳（Mark Hanna）这样的政党领导人，开始向新兴的商业广告学习，但成本高昂。在竞选中的类似广告行为包括分发竞选刊物、海报等，汉纳为此预算了大量的资金。在 1896 年开始组织麦金利（Mckinley）的总统竞选时，党内的捐赠人都被汉纳的预算要求所震惊（Shannon，1959：32）。

---

① 政府对选票的控制使得主要政党相对于小政党更有优势，因为前者被授予自动准入，而小政党则必须发起请愿、收集签名。然而，政府的选票削弱了主要政党动员和控制选票的力量。

② 参见 Sikes，1928。

正是为了应对不断弱化的地方政党文化,汉纳才采纳了大众媒体的方式。中产阶级逐渐壮大,一些体现他们品味的新型娱乐形式开始出现,比如棒球和赛马等,那些由政党赞助的街头聚会在社区里不再流行(McGerr,1986)。这些新的情况改变着政党习惯的地区特征,党性宣示被边缘化。那些对政治有特殊偏好的人,即罗伯特·达尔(Robert Dahl)所说的"政治人"[①]开始越来越多地与没有政治聚会吸引就不再关注政治的人区分开来。拥有火炬游行的政党仪式在之前还有普通民众的参与,到世纪末已成为缅怀过去的回忆。西布里(Sibley,1991)认为,最后一次场面壮观的大规模政党运动出现在1888年,参加聚会的人们用"军队风格"表达着对党派的忠诚。而到后来,为了吸引选民注意,政党领导人不得不接受甚至拥抱逐渐兴起的大众文化,包括广告、图像以及体现中产阶级政治观念的符号。中产阶级的这些政治观念正是由骑墙派培育形成。换句话说,那时的美国社会正趋向大众文化,而大众文化更容易通过非人格化的广告传播。与骑墙派理念相伴随的是,通过政党忠诚的动员投票日渐式微,受过教育的个人选民在选举中越来越重要,由此政治开始变为一件很昂贵的事件。

19世纪与20世纪之交时,在地方政党的势力还没有遭到进步主义的削弱之前,其影响已经弱化,这在历史记载中也能发现很明确的证据。然而,由于政党过度活动仍然是当地文化的一部分、与中产阶级所追求的体面不相符,所以进步派对政治机器的反对使得公众无须过多想象,就会认为政党是腐败的机构。事实上,在很多地方,反对政党的运动,引起了不断壮大的中产阶级越来越多的共鸣,他们与那些不断从各种政党恩惠中受益的下层阶级不同,他们不认为自己的命运与政党的命运是联系在一起的。

二、进步主义运动

在骑墙派对镀金时代的政治提出挑战之后,政策建议的传播环境已经变

[①] 达尔提出的概念"政治人"(homo politicus)指将大量的注意力和资源投入政治的公民,与"市民人"(homo civicus)相反,后者不专注于政治,除非政府的行动威胁到他或她追求的非政治目标(Dahl,1961:223—228)。

第二章　骑墙派改革与政党政治的衰落

得可以接受政府改革。对进步派非常有利的是，自19世纪90年代开始精英阶层普遍支持变革，许多公民也认为传统的党派政治形式已经过时。随着精英阶层逐渐达成了"政治机构缺乏解决基本公共问题的能力"的共识，进步派获得了将他们从骑墙派那里继承的许多理念付诸实践的机会。有一群知识分子通过他们的写作和行动呼吁改革。其中包括赫伯特·克罗利（Herbert Croly）、简·亚当斯（Jane Addams）、约翰·杜威（John Dewey）以及其他如《新共和周刊》等自由派杂志的撰稿人。他们的观察深入人心，认为美国生活的希望（克罗利将其最著名的作品命名为"美国生活的希望"）与政治事务的现状之间存在巨大差距。

虽然很难确定进步主义者的核心原则，但他们潜在有一种重塑现代美国政治体系的热情。进步派与他们的骑墙派前辈们一样，都认为政府可以更理性地运转，于是开始寻求制度变革。他们认为，在官僚体系专家的支持下，强有力的国家行政部门可以取代政党拥护的地方主义，来实施以共同利益为目标的政策。他们试图用事实和分析来解决经济和社会问题，然后在全美范围内推出解决方案，这些解决方案可以由政府承担，也可以由私营部门中自愿的、无党派的协会来承担。他们还强调，公民参与的主体应是那些了解公共利益的知情选民。在他们改革美国政治的计划中，公共教育将发挥重要作用。

进步主义观点认为，知情公民不必依赖政党等中介机构来与政府政策和领导人相联系。公民与政府政策及领导人之间可以建立更直接而不受约束的联系。因此，对进步派来说，制度改革的关键是削弱政党对权力的掌控。最重要的是，进步派力图避免现有的政党政治将正确的决策与来自科学分析的真正行动路线相偏离。虽然在美国向大众民主过渡的早期，政党政治起到了正面影响，但这些机构现已失去作用，变成国家的寄生虫（Croly, 1910, 1965）。很多事实证明，是政党阻碍了政策专家利用知识追求公共利益。

在骑墙派的思想基础上，进步派推进了一系列的选举改革和行政改革，成功地对政党政治进行了改造。在行政方面，他们建立了由专家组成的监管委员会，将决策权力由选举官员转移给任命官员，把决策过程与混乱的政治斗争隔离开来。在选举方面，他们试图通过一系列强调直接民主的体制改革，包括主动权、罢免、直接预选和直接选举国家参议员等制度来削弱政党的力量。他

金钱、政党与竞选财务改革

们还推动了地方层面的无党派选举,要求候选人不能与选票上的政党结盟。这些改革共同将权力从传统的政党掮客手中转移给精英阶层。这些精英阶层主要通过报纸、杂志,以及后来的广播等媒体来影响公众舆论。

竞选资金改革并不是进步派的主要关注点,但它同样与其他改革一起重塑了美国政治。政府印刷办公室发行了参议员罗伯特·莱瑟姆·欧文(Robert Latham Owen)的小册子《人民法则》(the Code of the People's Rule, 1910),其中有一句宣言是"为了终止对机器政治的滥用",这一宣言将竞选资金改革与从创制和公投开始的其他一系列进步改革联系在了一起。"机器人会自杀吗?"欧文问道:"他们剥夺了自己控制选举的手段,也就是说,通过欺诈登记、欺诈投票、腐败地使用金钱、贿赂、胁迫、恐吓,以及各种巧妙的机器政治手段。"欧文是来自俄克拉何马州的民主党参议员(1907—1925年),他把民粹主义和进步主义的言论结合在一起。一旦"人民"可以通过创制权和全民公决来控制法律,他们就可以为"终结腐败政府、打倒职业政客"而立法来管控政治资金的使用(4)。他的小册子囊括了全美各地最好的改革实践,尤其关注俄勒冈州这样的进步州。在俄勒冈州,法律要求公开政治资金、限制竞选捐款和支出。①

其他改革者也认识到了,改革政党的一种重要手段是管制政党资金。堪萨斯州的报纸编辑威廉·艾伦·怀特(William Allen White)被称为"恩波利亚的圣人",他对竞选财务法规在全美各地的迅速普及充满了乐观,因为这将带动政党改革。在他看来,这些法律是政治法规的一部分,将会极大地削弱政党力量。他写道:

通过使政党成为合法的国家机构、将国家税收支付给初选人、要求初选的候选人将其费用账户和捐助者名单送交备案(如在一些州所做的),同时限制花费的数额(如在某些州所做的那样),并保证秘密投票和公正统计,国家粉碎了金钱在政治中的力量。

……现在,政治机器正以一种公平的方式,随着人民的崛起而沦为政治废铁。(White,1910:47—61)

当时的政治科学家也将竞选财务法规和当时的反党派运动联系起来。编

---

① 根据 Owen(1910),扩大人民的规则最重要的法律是合乎需要的登记制度、直接初选、公开竞选捐款、反腐败竞选行为的法令、创制权、全民公决、罢免权,以及最后对少数官员的选举。

第二章 骑墙派改革与政党政治的衰落

纂了首个竞选资金综合研究的詹姆斯·波洛克(James Pollock),在1926年出版的书中将正在进行的竞选资金改革与更广泛的净化政党政治的尝试联系在了一起,宣称"当美国各州通过法律结束无记名投票时,也标志着推动竞选财务法规的有效运动尚未结束"(Pollock,1926:21)。同当时的其他学者一样,波洛克认为竞选资金改革源于进步精神,这一点与重塑党派政治是相同的。①

与进步派其他改革相伴的还有对政治资金的关注。为削弱政党,进步主义者试图从政党领导人手中拿掉对提名、选票和赞助控制权等关键资源。在这一过程中,进步派注意到无法忽视现金在组织选举和激励选民中的重要性。事实上,《国家》提到,在1888年大选之后,政党在全美范围内的财富增加,正让国家"向获胜政党的全国委员会购买整个政府的可能性又迈进了一步,现在更明显了",这一点很让改革者们担心。②

矛盾的是,金钱的重要性是在之前的改革中逐渐被增加的。例如,要支付直接初选的额外选举需要增加现金;而公务员改革不能再像之前那样用获取工作的激励去动员"自愿无偿"党徒的支持,也需要增加现金。此外,随着骑墙派和进步派政治"教育"观念的传播,以及政党集会活动的逐渐减少,选民越来越有兴趣接受那些形式复杂而昂贵的政治游说活动。

1896年的选举更是证明了所有的这些观点。共和党全国委员会主席马克·汉纳组织当时全美范围内最大规模的政治竞选活动。为了开展他的政治教育运动,汉纳知道他需要投入大量资金。他用自己在俄亥俄州做生意时习得的商业技巧来集中筹集资金。据其传记作家克罗利(Croly)所述,汉纳在竞选活动中运用了新的行政和营销手段,借此改变了政党政治。在筹集政党资金时,汉纳将目标锁定在商业公司,根据总资本来为各公司估算出一个固定的捐赠额。克罗利(Croly,1965:220)写道:"汉纳先生总是尽其所能,把(筹款的)从政治乞讨和捐赠的做法,转化为根据个人和机构的手段进行系统化的评估的行为。"根据克罗利的说法,汉纳有条不紊的筹款计划使共和党全国委员

---

① 在研究这个问题之后,Pollock(1926)承认,与金钱有关的政治问题的许多方面被错误地理解,过分强调了无法强制执行的捐款和支出限制。在竞选资金改革领域的政治科学家中,他开启了强烈的怀疑主义的先河,Louise Overacker、Alexander Heart、Herbert Alexander 和 Frank Sorauf 等学者延续了这一传统。

② 《国家》1888,428,如 Marcus,1971:138 所引。

会最终花费了大约 350 万美元（按 2000 年的美元计算是 6 840 万美元），根据路易斯·奥弗拉克（Louise Overacker）估算，这达到了共和党在上次选举中花费的两倍（Overacker,1932:73）。①

汉纳成功的一个关键在于组织：他在纽约进行集中运作，尽可能有效地协调全美的活动。他利用社区基金的筹款模式，在所有州建立了地方共和党财政委员会，为每个委员会设定一套从该地区富人那里筹集资金的指标配额。资金最后都上交给了共和党全国委员会，随后被转移分配到重要的选举州，比如纽约州或宾夕法尼亚州。② 汉纳购买了外语报纸上的广告，购买了数百万张麦金利平版印刷画，也购买了以强调精辟口号的政治漫画（例如"满满的饭盒"）(Pollock,1926:64—65)。最重要的是，他专注于宣传共和党候选人，突出候选人的人格而不是党派问题。虽然过去也有类似行动，但汉纳将个性化的政治提高到了一个新的水平。汉纳对商业营销在政治上的广泛运用，使得后来同样推崇这种新风格的拥护者西奥多·罗斯福惊呼"他像宣传一种专利药那样在宣传麦金利"（Shannon,1959:33—64）。③

汉纳采用的竞选手段预示着新的变革。总统选举中的广告风格适合集中组织，精心制作候选人形象并向全美的目标选民进行宣传。19 世纪 30 年代以来，政党通常是依靠党派团结来获取选举胜利的，但汉纳并没有这样做，他并没有完全依靠地方政党组织，而是为候选人麦金利建立了更多的个人支持。如麦吉尔（McGerr,1986）所言，这种新的政治迎合了新兴中产阶级，他们认为旧时竞选中为体现政党忠诚而进行的公开表态是肤浅的，是对理想化的思想独立的选民自我概念的侮辱，他们不愿意再这么做下去。

可以想象的是，新的竞选方式提高了增强全国性政党组织力量的可能性。

---

① 事实上，国会记录的第 45 卷显示，共和党人花了 1 650 万美元，而在 1892 年，他们只花了 180 万美元。Overacker(1932)认为这些估算是不可靠的，因为他们不认同 1912 至 1913 年间，参议院对全国政党竞选资金的调查中 Clapp 委员会收到的证词。根据联邦选举委员会，与当时的花费形成对比的是，共和党在 2000 年大选中支出了 7.15 亿美元。

② 贯穿其历史，政党一直是商业和非营利部门的借款人。许多政党的募捐者都有作为慈善家为志愿机构和非专业机构筹集资金的经验。

③ 也见 McGerr,1986:144—145。美国人可能并不习惯在竞选期间看到总统候选人有如此多相似之处——像 1896 年的大选中一样。正如 George F. Will 所观察到的，"前 15 任总统中的大多数和第 16 任及之后的某些总统，比如林肯，可以走在美国大部分街道上而几乎不被人认出"（2004:70）。

第二章 骑墙派改革与政党政治的衰落

在汉纳的领导下,共和党全国委员会依靠现金并利用新的游说技术,成为了一个具有潜在影响力的竞选工具。而在以前,全国委员会只不过是一个临时的筹款组织,负责从富人那里筹集资金,然后送到州和地方的政党领导人那里。相比之下,这样的广告方式,需要更多的是来自中央的协调,不仅仅是为了筹款,还为了开展竞选活动。

约瑟夫森(Josephson)对1896年竞选活动的描述,尽管可能夸大了政党全国委员会在这一时期的突出地位,但抓住了汉纳的企业精神。据约瑟夫森描述:

> 汉纳为现代政治斗争建立了一整套机制。他领导的共和党全国委员会,不再是一个清算机构,而是一个中央机构(主要接收关心各自选区的州领导人的资金诉求),变成了整个军队的总参谋部。它的命令由州委员会自动执行,就像它们是集中且现代化的石油、钢铁或制糖工业托拉斯的一个分支办公室。一个由共和党地区领导人及其依附者形成的松散联盟被组建成了一个机器一般的军队,一个领导统管一切,给从上至下的所有人灌输信心和决心。(Josephson,1938:695)

汉纳的这个做法为建设一个更强大的全国性政党组织奠定基础,但他的继任者发现很难将他的做法制度化。事实上,共和党全国委员会要想再次发挥这种组织影响力,恐怕要花上将近一个世纪的时间。民主党面临着更大的障碍——根源在于他们派系的多样性,因而几乎从未成功地建立一个强有力的制度化全国组织。[①]

进步派人士非常热衷于阻止政党和企业利益之间出现邪恶联盟。主要出于两方面的担忧:一是企业提供政治资金会导致政客腐败;二是会破坏一人一票的基本原则。改革者们担心,这种联盟可能会催生一种新型的非地方性的全国性政党组织机器。汉纳已经告诉我们可能会发生什么。进步人士的目的是将政治提高到国家层面,这样紧迫的公共问题可能会得到更全面的解决。但强大的集权政党会给予国家行政人员更多超越政治的权力,同样也会危及进步派战略,因此政党组织的全国化会特别麻烦。正当进步派破坏政党政治的努力在地方上取得了一些成功的时候,汉纳建立一个强大的全国政党组织

[①] 主要政党之间的这些差异将在第三章中讨论。

的实验,试图将政党政治在华盛顿制度化。各州政党政治所造成的政策"漂移",可能会在国家层面上再次出现。

大多数进步派人士希望通过一个充满活力的国家政府来重塑政治,这个政府将为了公共利益而制定合理的政策,对抗那些基于纯粹的私人利益制定决策的大型垄断企业。像罗斯福一样,许多进步派人士相信,只有大型的公共机构才能抵挡不断增长的私人机构的影响。但是如果集中的私人财富与政党永久地联系起来,就会失去重塑政治的机会。克罗利表达了对政治可能陷入泥潭的担心,他称企业和政党之间的关系是"美国公共事务领域中独立而协调的两股力量的联盟"(1910:123)。

在强调政党与企业之间的财务关系时,进步派利用了民粹主义对这两个组织的担忧,这两者分别因在政治上和经济上的权力集中而处于危险境地。正如杰罗姆·米洛尔(Jerome Mileur,1999:265)所观察到的,"这一对毒瘤分别是政党领袖及其政治机器、强盗资本家及其垄断机构,它们因利益上的互助而联合在一起:政治机器需要金钱和赞助,垄断机构需要立法机构和法院的偏袒"。通过竞选资金改革,进步派可能促进解决这两个组织的可怕问题。

随着政党从党派竞选集会活动转变为教育政治的时代,在政治中对金钱的监管又增加了一个维度。与人力相比,资本正成为选举中日益重要的资源。此外,与依靠缴纳会费的欧洲政党不同,美国政党的干部型结构不得不依靠公司或富有的赞助人来维持组织的运行,特别是在公务员制度改革削减了从公务员那里收取的日常捐款的情况下。[①] 因此,管理竞选经费成为进步派议程的一个重要方面。当然,改革者们担心政治资金交换的腐败问题,但他们也担心,即使通过其他法律来削弱政治机器,政党也会通过企业资源重获新生。有了资金的流入,即使在新的教育型竞选方式的影响下,新的政党也可能有足够的资金发展壮大。[②]

[①] 正如我稍后将解释的,直至近年的20世纪、21世纪之交,美国政党才能够通过自愿的"会员"捐赠者来维持自身运转。

[②] 过去,当地的政党采用了一系列选择性的激励措施来吸引追随者——对工作、服务、合同和其他额外待遇的承诺。随着进步派的公务员制度改革,这些资源逐渐减少,政党需要靠另一种形式的物质利益来诱导追随者帮助自己。从 Duverger(1954)对两种不同政党、干部党和群众党的理解来看,美国无疑是前者。作为干部党意味着他们不能像群众党那样,依靠支付会费的会员制来维持组织运行。由于提供的就业机会更少,他们需要提供物质激励来吸引政党的工作人员。

第二章 骑墙派改革与政党政治的衰落

如许多政策一样,竞选资金改革运动是从美国州级层面开始的。监管政治资金的法律浪潮曾在进步时代席卷全美。虽然近年学者的研究发现,这些早期的改革力量是零碎的,但奥弗拉克(Overacker)和与她同时期的学者描述了一场,用她的话来说,即一场由国内催生出的"浩浩荡荡"的法律改革运动。到了1928年,随着进步时代的结束,当时的48个州中,至少有44个法律在某些方面对政治资金有所管制。只有3个州——伊利诺伊州、密西西比州和罗得岛州没有在他们的法律中提及政治资金。但即使是这样,这些州也有禁止贿赂、恐吓和其他类似滥用权利的行为的法规(Overakcer,1932:294n6)。可以肯定的是,许多州的法规都很初级,且大多数没有得到很好的执行。[①] 但是在进步时代美国几乎所有州的详细法规中,可以看出政治资金应该受到监管的观念得到了广泛的公众支持。

回顾各州在这一时期的竞选财务法规,我们会发现其覆盖范围之广令人瞩目。法规涵盖了竞选活动的所有方面,甚至包括最微小的细节。图2—1显示了截至1928年,各州竞选法中规定的几个维度及其在各州法律中出现的频率。[②] 传统上认为,限制捐款来源和规模是防范候选人腐败的第一道防线;与此相反,早期的州法律显示,人们普遍关注的是资金的支出,而不是资金是如何及从哪里筹集的。根据奥弗拉克的报告,在1926年,只有马萨诸塞州和内布拉斯加州两个州有法律限制个人捐款的数额。相比之下,3/4的州对州长在选举中资金支出的总量有限制。对政治支出的关注,反映出人们对政党如何利用金钱贿赂选民的担忧,而不是捐助者如何贿赂政客的担忧。

为了减少对选民的贿赂,法律经常规定哪些竞选费用是合法的。不少于2/3的州对政党和候选人如何支配政治资金有规定。在像艾奥瓦州、内布拉斯加州、内华达州和俄勒冈州这样的州,这些法规针对政党过去的做法,明确了禁止委员会分发酒精饮料、雪茄和其他烟草(Overacker,1932:305)。也许是因为该州西部的农民种植烟草,马萨诸塞州在法规中提到了购买雪茄和烟草是允许的,但购买"酒精饮料"则不合法。其他州对政党的一些做法提出质

[①] 考虑到信息收集的高成本和当时的较为薄弱的监管状况,在这一时期制定竞选财务法规的工作难度是不可低估的。

[②] 这些数据的来源是 Sikes 在1928年的研究。

金钱、政党与竞选财务改革

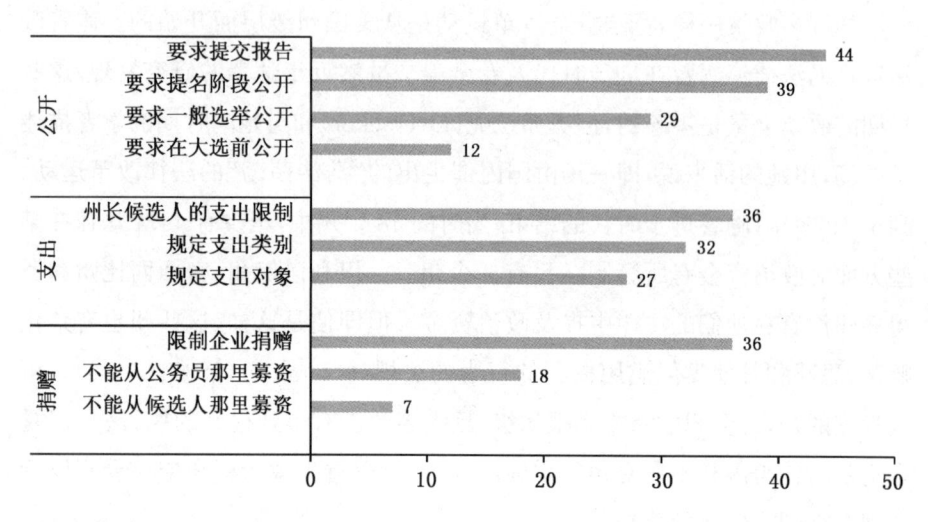

公开	要求提交报告	44
	要求提名阶段公开	39
	要求一般选举公开	29
	要求在大选前公开	12
支出	州长候选人的支出限制	36
	规定支出类别	32
	规定支出对象	27
捐赠	限制企业捐赠	36
	不能从公务员那里募资	18
	不能从候选人那里募资	7

资料来源：Sikes，1928。

图 2—1　四十八个州的竞选财务法规，1928 年

疑，规定地方委员会不得赞助选举投注。他们也不能支付潜在选民的入籍费或人头税。在 11 个州，甚至将选民运送到投票站也是被禁止的。[①] 在最极端的情况下，像俄勒冈州、北达科他州和威斯康星州等州在选举日禁止所有的"拉选票"行为，这意味着他们不能有偿使用工人来动员选票（Overacker，1932：307）。[②]

这些控制政治支出的规则旨在防止选民腐败，在规范公民参与选举方式中贯彻着进步主义理念。他们致力于推动一种特定的投票方式，为公民应如何做出政治选择建立新的规范。

进步主义理念认为，用物质奖励或充满感情的呼吁来操纵投票是最令人厌恶的。物质的交换侵犯了个体的尊严，剥夺了公民在投票时考虑公共利益的可能性。政党工作人员在社区里走动并发放现金，使得移民、穷人、酗酒者和对政治不关心的人极容易受其影响。[③] 另外，为了提高竞选宣言的质量，一

---

① 这十一个州分别是亚拉巴马州、亚利桑那州、阿肯色州、加利福尼亚州、堪萨斯州、蒙大拿州、路易斯安那州、北达科他州、得克萨斯州、威斯康星州和怀俄明州（Overacker，1932：306）。

② 他们引用了威斯康星州的详细法条。

③ 在众多关于埃德加·爱伦·坡（Edgar Allen Poe）之死的推测中，有一种说法声称他死于饮料中毒，饮料是在选举日由政党工作人员为他购买的（Thomas，Jackson，1987）。

第二章 骑墙派改革与政党政治的衰落

些改革者甚至试图禁止使用负面广告。例如,在进步主义运动影响力较大的五个州,"传播影射候选人形象的文学作品"是非法的。[①] 我们在当代的竞选财务法规中,还能看到早年限制使用政治广告这一努力的持久影响。许多人认为,政治广告就是候选人之间无谓的互相抨击,以影响公民在选举中做出的选择。[②] 然而最近的研究显示,政治广告会影响那些平常对政治不感兴趣的市民,使他们在选举来临前对之有所关注。[③]

进步主义理念的另一个宗旨是强调政治透明度。人们自然认为,通过提供尽可能多的有关候选人的资料,选民就有能力做出明智而理性的决定。公开竞选资金报告成为政治资金管理各个方面的核心。在进步时代,只有4个州不要求政治委员会或候选人提交报告。至少有12个州规定,在选举前必须提交报告,改革派希望这种做法能鼓励候选人在财务方面更加谨慎,避免权钱交易。有趣的是,要求在初选公开财务信息的州(39个)多于在大选中公开财务信息的州(29个)。毫无疑问,这反映了南部各州的情况,在那里,初选即是大选。但另一个事实是,对于个别候选人而言,金钱在初选中比在大选中更为重要,因为他们需要在不依靠政党帮助的情况下,凭一己之力赢得提名。而在大选中,竞选活动的大部分费用将由政党承担。

虽然大多数州未能建立向公众提供可获得的准确信息的管理制度,但这一时期明确确立了一项规范,即要求政党和候选人报告财务信息是一项合法的政府职能。但政治家并不愿意给予一个可能损害其选举前景的机构足够的资源或权力,这使得各州没有建立起收集和传播报告所必要的机构及机制。特别是考虑到大多数州的技术可及性和相对薄弱的行政能力,进步主义者显然低估了提供选举相关信息的成本。尽管如此,但财务信息披露的概念在美国被各个政治派系所接受,即使其他民主国家回避这方面的法律。[④] 进步派

[①] 这些州分别是加利福尼亚州、马萨诸塞州、密歇根州、明尼苏达州和威斯康星州(Sikes, 1928: 275—78)。

[②] 具有讽刺意味的是,最近的研究表明,电视广告提供了丰富的信息来源和情感上的推拉,吸引了对选举本不感兴趣的公民的兴趣(Freedman, Franz, Goldstein, 2004: 723—41)。

[③] 关于竞选支出对于帮助选民做出决定的重要性,请参见 Coleman, Manna, 2000: 757—89。关于负面广告对于选民获取信息的重要性,参见 Geer, 2006。

[④] 例如,根据1883年开创性的《反腐败法案》,英国不要求政党汇报政治财务。该法案除此之外的其他方面被美国各州效仿(Pollock, 1926)。

对透明度关注的一个长期影响是,很少有国家能像美国那样对政治活动提供更好的报告。

信息公开法案的详细程度表明,进步主义者们感兴趣的不仅仅是反腐败。改革家们希望信息公开能改善问责制,并提高竞选的质量。例如,各州法律试图阻止政党成员在竞选期间伪装自己的身份,或将政治广告冒充新闻报道刊登在日报上。在26个州,海报和广告的赞助商被要求公开这些海报负责人的姓名和地址。在22个州,法律要求报纸上的政治广告注明性质,以防止它们伪装成真正的新闻或是中立不带偏见的评论。① 在最近通过的《跨党派竞选改革法案》的规定下,我们观察到这些在当代竞选活动中"排挤"党派和改善政治话语的努力的相似之处。《跨党派竞选改革法案》要求各团体在播放政治广告时进行自我识别,候选人在竞选广告中宣布他们"同意这个广告"。②

关于政治捐款——这是一个在今天备受关注的话题——进步派改革的主要目的是限制资金来源,特别是企业提供给政党和候选人的资金。③ 对捐款数额的限制似乎不是一个大问题,这可能是因为进步派相信,脱离团体利益的个人捐款自然就不那么腐败了。到进步时代结束时,3/4的州对企业捐款进行了管制。在一些州,法律还试图剥夺政党利用传统竞选资源的机会。例如,18个州禁止公务员捐款;7个州禁止政党向候选人索要捐款。这些法律在一定程度上是为了保护个人免受政党的剥削。同样,一些人认为,禁止公司捐款是为了防止公司滥用资金伤害股东利益(Winkler,2004:871—940;Joo,2002:361—372)。然而,这些禁令也根植于对组织的不信任和一种持久的进步主义理念——具有公民意识的个人将通过自愿的政治捐款来支持民主制的成本。在第5章中,我将讨论这一理念的错误前提以及政党集资的后果。

---

① 进步派为揭示报纸广告的党派起源而做出的努力是培养无党派媒体的更广泛的议程的一部分。和其他地方一样,美国的报纸,至少自杰弗逊雇佣菲利普·弗伦诺(Philip Freneau)编辑《国家》时起就产生了党派偏见。进步派试图通过培养中立的新闻机构、给予丑闻曝光的发挥空间来减少党派对报纸的控制,这是一种采取额外的手段来让政治家们负起责任。竞选财务法规偶尔被用来在政党成员和新闻界之间建立一堵防火墙。例如,在9个州,根据竞选财务法规,购买编辑支持是违法的。

② 期望的情况是政治委员会,特别是候选人,当他们被迫将自己与广告紧密联系时,会避免表现出负面形象。

③ 工会最初并没有被禁止捐款。当时,工会在选举中的参与度远低于现在。实际上,当时工会运动尚处于起步阶段,由塞缪尔·龚帕斯(Samuel Gompers)领导下的美国劳工联合会主导,推行的策略是政府不介入劳资双方的讨价还价。

三、早期竞选财务法规的长期影响

与本书密切相关的是,骑墙派的进步派政治理念为我们当前的政治资金监管体系奠定了基础。这些早期监管政治资金的手段,为后来的改革界定了边界,被管制团体的反应模式也得以显现。始于进步时代的监管制度经过了一个世纪的统治,使得政治行动者已经适应了由候选人竞选委员会、政治行动委员会和政党结构组成的制度化行事方式。

通过对政治史的深入研究,我们发现,1974年颁布的《联邦竞选法》并不是对竞选资金进行全面监管的第一次尝试。如果扩大考察的范围和广度,可以发现,在国家法律中开始强调关注政治资金的严肃行动在19、20世纪之交就已经出现。当时的改革者在规范政治资金方面所确定的一个基准是1907年颁布的《蒂尔曼法案》(Tillman Act of 1907),但当时美国各州出现的控制资金来源和可使用的法律有很多,该法案只是其中的一个组成部分。仅仅几年过后,《蒂尔曼法案》的补充法规就在联邦层级上获得了通过,对信息公开和竞选开支做出了规定。本书将在下一章中阐述相关内容。

当代的理解倾向于认为,早期法律仅狭隘地关注通过监管政治中的企业财富来防止腐败。[①]但事实上,这些法律还有更广泛的议程,它们还限制了传统党派精英的权力,重塑美国政治。虽然规范竞选资金在进步派改革议程中只是一个次要部分,但它同样受到了进步运动的情感和哲学基础的影响。除了打击腐败,最早的竞选财务法规还强烈地表达了关于政治实践方式的规范性主张。早期法律对资金使用方式的限制,使得某些竞选活动比其他类型的竞选活动更容易开展。

防止行贿受贿固然是这些法律的主要关注点,但这些法律也同时试图阻止其他企图操纵选民的尝试,比如在选举中诉诸情感。出于这个原因,一些进步州,如俄勒冈州,为政府分发的反映政党政纲的小册子的出版提供了部分费用补贴。政党很少利用这类部分补贴,因为他们认为这并不是吸引选民的有

[①] 参见 Corrado,1997;Mutch,1988。

效手段(Pollock,1926:104—106)。① 通过强调公开披露政党财务状况,进步派努力提高着透明度在政治实践中的重要性。在新政治下,对传播包括政党活动财务报告等的政治信息提出了要求。这些信息将帮助公正、负责任的公民评估政治家,并做出独立的判断。法律的首要逻辑是强调政策导向的诉求。最能接受这种竞选风格解释的是受过教育的中产阶级选民。

通过减少政党资金的传统来源、淡化党派的情感诉求,以及给予个人捐赠者足够信任,这些改革阻碍了政党竞选活动向新兴的以现金为基础的转型。当其他类型的组织——商业公司、宣传团体、新闻机构——在20世纪变得国有化和官僚化的时候,政党委员会仍然显得本土化严重和制度化薄弱。诚然,联邦制和分权制的宪政设计使得中央组织管理困难重重,但各政党在20世纪后期克服了这些障碍。正如保罗·赫恩森(Paul Herrnson)在1988年出版的专著《政党竞选》(Party Compaigning)中所阐释的那样,政党全国委员会最终适应了这个处于变化中的选举制度,利用新技术建立了强大的中心组织机构。

根基于反党派的竞选财务法规,是全国性政党组织迟迟未能成为稳定竞选组织的原因之一。即便其他类型的政治组织正在形成强大的国家机构,由于一些无法完全由宪法制度解释的原因,全国政党组织仍处于停滞状态。在写到世纪之交党派变革的关键年代时,罗伯特·马库斯(Robert Marcus,1977:252)写道:"美国生活已有的官僚化和集权化几乎完全消解在政党政治中。"竞选财务法规扰乱了从分散式竞选向集中式竞选的过渡。作为共和党的领袖,汉纳已经指明了方向,尽管他的方法显然缺乏合法性。从强盗资本家那里讨取他们的部分利润来为政治埋单显然不是一种可接受的方式。

当然,在进步主义对美国的制度和公众态度的深远影响之中,竞选财务法规只是一条小脉络。正如詹姆斯·Q. 威尔逊(James Q. Wilson)于1962年在书中指出的那样,汉纳时期之后,进步派很快推出了其他改革——如无党派选举和直接初选——所有这些都降低了出现强大的国家或全国性政党组织的可能性。在金钱成为日益重要的资源,且国家政治与美国人民的生活的关

---

① 州政府支付小册子的装订和分发费用,而印刷费用则由政党承担。允许各政党印刷不超过24页的册子。

系越来越密切的时候,对政党资金的监管成了一种额外约束全国组织的限制。

正如之后将会提及的,政党人士通过数目庞大的地方政党委员会或者建立"独立"的非党派的委员会来输送捐款,从而应对进步派的法案。在每次新的改革之后,他们还试图收集大量的小额捐款来支持他们的活动,尽管用处不大。随着来自自愿捐赠者的现金成为竞选活动中日益重要的资源,各政党的力量日渐萎缩。不仅仅是法律使他们在新的竞选活动中很难筹集、花费资金,这些组织还存在与候选人和利益集团相关的结构性缺陷,在随后的章节中我将会讨论这一点。

要想把竞选财务法规在竞选活动中对政党和候选人的影响独立开来,几乎是不可能的。然而,可以从英国对政治资金的监管模式中得到启发。在19、20世纪之交,英国的竞选活动从以候选人为中心的制度,转变为以政党为中心的制度,其中政党组织控制了几乎全部政治资金。在英国模式中,核心党派在竞选经费方面几乎完全不受监管。他们可以筹集和花费资金,即使候选人在筹集和支出资金方面受到严格的限制,英国政党也不需要公开报告他们的财务活动。矛盾的是,在进步时代,美国各州和国会借鉴了英国1883年出台的《反腐败法》,拟建立他们自己的竞选资金制度,不同之处是美国政党通常受到严格监管,而英国政党却没有。在英国模式中,规则适用于候选人而不是政党。

尽管学者们一致认为美国政党适应性很强,但对美国政党的严格监管使之相对于欧洲的政党力量较弱。例如,当利昂·爱泼斯坦(Leon Epstein, 1986)声称,美国政党的"多漏洞"特性使他们能够成功地适应不断变化的选举环境时,他也承认政党的制度化程度低。竞选财务法规通过切断潜在的资金来源,使得政党全国委员会制度化程度较弱。在地方层面,一些城市的政治机构通过寻找新的赞助来源来维持选区并赢得选举(Erie, 1988)。然而,到了20世纪中叶,政党萎缩到引发政治学家们呼吁的地步,这种独特的呼吁希望刺激更强大的政党组织以提升政党的地位(*Committee on Political Parties*, 1950)。他们提出的建议包括放松对政党财政的限制以及在国家一级为政党提供更多筹集和支出资金的机会。由于公众抱有的进步主义心态,认为金钱在政治中的负面作用以及政党的角色是邪恶的,这些建议基本上没有受到重视。

自从骑墙派时代和进步时代以来,政党领导人在一种不信任政治资金的政治文化中,定期利用竞选资金改革作为一种战略工具,来获得对竞争对手的相对优势。他们一直寻求法律来改善他们政党相对于对手政党的前景。事实上,两个主要政党都在进行一场伏击游戏,试图让对方更难筹集和花费资金。通常是为了追求短期利益,两党在竞选资金改革上的冲突,为各种层面上政党建设带来了长期的不良影响。下一章将会讲述,受到党派政治影响的规章制度是如何渗透到控制选举资金的进步主义模板中的,对政党制度产生了重要的影响。

第三章　联邦竞选财务法规的改革历史

　　前一章从历史的角度阐述了 20 世纪初的反腐败改革,是如何在一个更广泛议程的框架下来削弱党派政治的影响,为现代政治提供新的方向的。进步人士希望重新调整政治合法性的标准,改造政治文化。进入 21 世纪后,党派政治将不再是评估政策或候选人价值的基准。相反,进步人士寻求强调由专家定义的公共利益,并得到思想自由、知情公民的支持。从基于党派的政治转向基于公众利益的政治这一改革努力,把权力转移到了一群不同的精英手中。传统党魁和民选官员的影响力被削弱,以大学、基金会、新闻机构和政府官僚机构为基础的知识分子的影响力逐渐加强。

　　遏制党派政治需要对竞选资金进行监管。资金流入政界不仅可能会导致狭义上的腐败,党派也会通过获得的资金而满血复活,从而对遏制党派政治这一进步主义目标构成挑战。随着竞选活动从党派之争转变为教育竞选活动,政党也需要必要的资金以向现代政治过渡。新政治非常重视通过各种形式的大众媒体宣传候选人。从更广泛的意义上说,金钱会"腐蚀"政党,因为政党可能会利用金钱扩大政治机器在全美的影响力,使他们能够与揭发丑闻的报纸、期刊和其他无党派信息来源相抗衡。进步人士推动变革美国政治文化,美国公民开始支持比如直接初选、无党派的市政选举等激进的反党派改革。同时,渐进式的改革也为规范竞选资金制度扫清了道路。

　　然而,党派人士很难在改革政治资金的努力中袖手旁观、无所作为。他们不会听任规章制度在无视党派目的的情况下对他们施加影响。由于进步文化的力量,国会议员不能忽视两党新进步派来自外部的政治改革压力。在 20 世纪出现的改革主义浪潮中，议员们也做出了反应，战略性地支持促进党派和派系利益的法规。国会中的政党领导人承认，他们虽然需要作为"改革的政党"而获得合法性，但他们也在寻求有利于自己一方的改革。虽然竞选财务法规是以公共利益的名义推行的，但党派目标依然是立法设计动机的不可忽略的组成部分。

在推进改革的过程中，在职官员倾向于坚持"首先，不要伤害自己"这一希波克拉底式的利己主义原则。国会议员一定不会通过会损害他们自己连任前景的改革。他们呼吁进行联邦竞选资金改革，似乎是为了限制政治领域的资金流动，但却在实际留下了规避这些规则的空间。新规定一定会使竞选变得更加复杂和昂贵，但这些额外成本对于挑战者来说通常比在位者更大。挑战者在筹集和花费资金上遇到的困难，在事实上使得在任者获得了更多的积累优势。[1]

我的观点是，改革除了保护在位者自己的地位之外，还有其他动机。每个人也有动力去提高他们政党的地位和他们在党内派系的影响，因此改革的动力机制呈现出多层次性。每个主要政党都拥有来自不同选区的独特选举资源，政党领导人必须确保这些资源不受"有害的"改革的影响的同时，再强制推行那些会削弱其他对手政党资源的规章制度。也有人采用这种党派视角对不同背景下的改革进行了解读[2]，但我认为，这对理解改革是如何以及为什么获得通过还远远不够。

这些先前的阐述遗漏了围绕着改革所进行的党内斗争。鉴于两个主要政党内部均是由不同派系组成的联盟，各派系为了争夺对政党走向的影响力，他们之间也会发生改革之战。不同的改革措施会给某个或某些派系带来优势，所以各派系倾向于采用不同的改革手段进行党内斗争。总统选举所需要的资源尤其多，且涉及多个选区，因此总统选举中的党内斗争尤为强烈。为了在选举中获得最好的结果，各派系都在致力于通过提高自身独特资源价值的改革。改革带来的这些优势将使他们在选举中拥有更大的影响力，从而在党内占据

---

[1] 见 2006 年的例子，它认为政治改革的首要目标是使挑战者更难发起有效的竞选活动，从而实现在任者的自我保护。

[2] 例如，Abrams 和 Settle，1978：245—257；Regens and Gaddie，1995。

更高的地位,包括民主党和共和党。

党派和派系操纵竞选资金改革的一个重要后果是加剧了政治竞选的分裂趋势,尤其是在总统选举中。党派战略性地使用新法规来抵消竞争对手的选举优势,导致很难组织连贯的全国性竞选活动。而且,对于政治献金和政治支出(尤其是对政党委员会的政治献金)的重重限制,使得政党的全国委员会几乎不可能像其他民主国家那样开展竞选活动。许多联邦竞选法还带来了其他意外的后果,致使资金和活动被分散,而候选人和那些在法律上与正式的政党的全国委员会截然不同的"影子"政党团体间是主要的承接方。

我将在随后的章节中更深入地阐述这一理论。在本章中,我将通过描述过去百年间的竞选改革历史,为这一理论奠定基础。这一叙述充实了立法主体、党派背景和改革的潜在动机。这份叙述与以往的历史描述不同,不是对国会立法记录的全面记录,而是对从19世纪开始的逐渐增强的联邦监管的剖析。其他多数研究大多选择从1971年和1974年的《联邦选举法案》开始讨论竞选资金改革,而对于1907年的《蒂尔曼法案》中对禁止企业捐款的早期努力,仅仅表示敬意。其他一些研究看起来更有见地,但也仅仅是对以前"失败"改革的努力进行了粗略剖析的报道,并没有深究改革背景以及这些所谓失败的努力造成的实际后果。这些研究有意无意地表示《联邦选举法案》才是第一部有约束力的法律。但本书所收集的证据表明情况并非如此。虽然20世纪早期的改革看起来是无效的,因为它们几乎没有采取任何阻止资金流入政治或使政治捐款对公众更加透明的措施。但正如我将在第5章和第6章中所解释的那样,这些改革确实对人们的行为产生了影响。

在这一章中,我试图以党派派系引发的立法模式为标志描绘出不同的改革时期,这不同于从正统角度对改革进行解释的研究。改革的正统解释主要关注公共利益集团的作用。在这些正统解释中,公共利益集团有助于在丑闻后形成联盟,从而通过更严格的竞选财务法规(Corrado,1997:25—60;Mutch,1988;Teliult,2005;Zelisher,2002:73—111)。然而,我的论点是,党派人士以及其背后的公共利益集团,利用进步人士的语言,来推动以牺牲竞争对手为代价的,并且有利于自己选举利益的规则。从党派解释的视角来看,2002年的《跨党派竞选改革法案》改革设计与之前的改革一样具有党派色彩。事实上,两大政党所支持的不同的改革方案都清晰地反映了之前改革的努力。

20世纪的竞选资金改革可以分为三个不同的时期。第一个时期始于进步党,大约于1925年结束。这一期间,对政治融资进行监管的提案是包含在一场更广泛的政党改革运动中的。民主党人利用改革对共和党的筹款优势进行攻击。在接下来的1939—1947年,支持民主党的劳工运动成了新政联盟中最强大的选举力量,所以共和党拥护削弱劳工运动的法案。在南方反工党的帮助下,共和党通过了限制工会捐款的法律,使得迅速壮大的联邦劳工队伍难以全面参与竞选过程。最后,在20世纪60年代,随着电视广告的成本迅速增加,民主党再次成为主张改革的政党。这也再一次暴露出,相对于共和党,民主党在筹集资金方面存在结构性弱点。

在每一个改革时期,主要政党都倾向于推行削弱竞争对手实力的改革:共和党寻求改革是为了最大限度地减少民主党的实物支持来源;民主党寻求改革是为了减少共和党在筹集资金方面的优势。两党内部的派系为了能够对党内其他派系施加影响,也在设计改革时积极发挥重要作用。在随后的章节中解释政治改革的理论时,我将会完善这些论点。

一、1907—1925年的进步时代改革

泰迪·罗斯福(Teddy Roosevelt,美国第26任总统)是许多渐进式改革的拥护者。在1904年他竞选总统时,得到了起亚信托负责人的财务支持。在选举日的几个月前,他让一个名叫E. H. 哈里曼(E. H. Harriman)的华尔街信托金融家,帮其筹集额外的竞选资金(Morris,2001:359—360)。在竞选接近最后几周时,罗斯福就被民主党候选人奥尔顿·B. 帕克(Alton B. Parker)指控,说他被信托公司收买了,尽管帕克本人也从大笔捐款中得到了好处。这一指控出现在了《纽约时报》和其他报纸的社论中,并在选举后的几个月里一直被作为新闻进行报道。1905年,纽约报纸再次关注了关于政治金钱的故事,当时某州参议院调查委员会揭露大型保险公司为了获得政策利益的回报,

经常向政客付款①。

　　罗斯福认为那些"丑闻揭发者"过分夸大了竞选活动中的资金问题,但他一当选就毫不犹豫地呼吁改革(Corrado,1997;Mutch,1988)。他需要信誉来发起全美公众进行经济改革运动,因此他对公众关于腐败的看法很敏感。由于罗斯福与工业及金融巨头关系过于密切,他很有可能失去作为小人物保护者的形象。他作为总统的发言将缺乏信服力,除非人们认为他会超脱于政治之上。罗斯福公开反对企业政治献金,希望借此压制对罗斯福的立法造成阻碍的参议员本·蒂尔曼(Ben Tillman)等民粹主义民主党人。

　　在1904年大选后的第一次国会咨文中,罗斯福敦促国会通过一项法律,要求政治委员会和候选人披露他们竞选资金的来源和使用情况。② 共和党主导的国会对此表示了反对。第二年,罗斯福又呼吁禁止企业政治献金。③ 国会又一次没有做出回应。最后,在1907年,他更进一步呼吁采取由公共资金支持政党的激进措施。④ 实际上,罗斯福也很怀疑执行政治金钱管制的可行性。事实上,他呼吁公共资金支持主要政党的行为反映出他的担忧:如果其他人没有足够的竞选资金,"有钱的人"可以通过收买入主白宫,同时再没有披露公共资金信息的要求,将不会发现这类"无良者"。他对公共资金的呼吁,也反映出他相信政治是需要花大钱的:人们不能既要求"满足对大政党全国委员会进行彻底组织和建构的需要",又舍不得花钱(Roosevelt,1907)。罗斯福与大多数希望限制政治支出的进步改革者不同,他支持从供给方提出解决方案,这意味着,他认为民主的成本需要大量支出,而这些支出可以通过公共财政来支持。

---

　　① 调查着眼于相互保险公司、公平保险公司、审慎保险公司和其他 RMS 如何利用保单基金来实现政治目的,尤其是通过向政党做出政治献金。调查委员会的首席律师是 1916 年成为共和党总统候选人的新穆罕默德·查尔斯·伊万·休斯。他对公司高管的无情盘问迫使他们承认他们曾希望他们的付款能使公司通过有利于他们的规章制度。根据穆奇(1988)的观点,此时公众舆论开始围绕着竞选改革问题展开。然而,纽约州1890年初已经通过了《州腐败法》,该法案规定了政治委员会和候选人开支(Pollock,1926)。
　　② 国会记录 1904:17。
　　③ 国会记录 1905:96。
　　④ 国会记录 1907:78。最终,除了公共补贴给两党,他的所有建议将被纳入法律。3/4 个世纪后,联邦政府才默许使用公共资金进行竞选活动,且这仅仅是限于总统选举中。

金钱、政党与竞选财务改革

然而，罗斯福呼吁改变的这一制度并没有成功。即使是在纽约发生的丑闻，再加上竞选期间对罗斯福的指控，也无法让国会的共和党人支持竞选资金改革。虽然共和党是呼吁改革的大本营，但党内的中坚分子并不准备放弃日益增长的资金优势，尤其是当时已经进入了新兴的政治环境，强调教育式竞选比地方宣传更有用，也需要花更多钱。从1896年的选举开始，时任共和党全国委员会(RNC)主席马克·汉纳制定了一套完善且详尽的制度，用以评估美国企业的竞选献金在公司利润中所占的比例。他严格地遵守这些制度，给那些没有支付他们"公平份额"的公司去信，还把资金返还给那些支付过多的公司(Croly, 1965: 326)。汉纳是出身于新兴企业的精英分子，他认为这些公司从共和党推进国家繁荣的政策中获得了收益，他们的献金水平应与获得回报成正比。汉纳认为从公司利润中抽取一部分进行捐赠，是模仿了之前政党从政府工作人员的工资中抽取一定比例进行扣款的做法。这两种做法的基本前提是一样的：那些受益于该党的人应该为支持政党连任而努力。

在新的政治环境下竞选活动变得越来越昂贵，同时公务员制度的改革使得传统来源的资金越来越少。汉纳的做法正是对这个新政治环境的适应。1867年，联邦第一次通过了关于金钱与政治关系的立法，涉及的对象是南北战争期间海军造船厂的工人。法律规定不能评估这些人的政治捐款行为。1883年通过的《彭德尔顿法案》，将这一原则扩展到了所有联邦雇员。《彭德尔顿法案》反过来也为未来的改革奠定了基准，逐步改革了公务员制度，推进了绩效制度，使赞助政治在部分程度上得到削弱。许多州都进行了类似的改革，目的是防止州和地方政党利用密集的政府赞助网络谋取钱财。

虽然早在1896年以前，共和党就接受了来自公司的"礼物"，但是汉纳第一次在麦金利·布莱恩(McKinley Bryan，美国第25任总统)竞选中的努力成果，超过了此前所有在共和党全国委员会下制定集中筹资战略的筹资额。1896年的选举，在事实上标志着早期依靠地方竞选活动的时代的结束。在这一点上，汉纳开创了今天我们熟悉的教育式大众竞选运动。汉纳认识到，当选民们有其他休闲活动可追求时，他们对地方游行和请客等传统党派盛会就表现得不那么感兴趣。投票改革也迫使两党逐一宣传他们的候选人——针对每一个职位逐个竞选——而不是通过政党打包的方式集中竞选。① 以候选人为中心的竞选活动由此开端。

汉纳似乎是理解这种新型政治的。他当然也明白这需要前所未闻的巨额资金。尽管这些诉求的规模和刚性使有些人感到震惊,总体上共和党企业家对汉纳的资金诉求还是持开放态度(Shannon,1959:32)。据他的传记作家赫伯特·克罗利(Herbert Croly,1912:219)估计,当时筹集到的资金大约为350万美元。虽然在接下来的几十年里选民们又团结起来,为共和党提供可靠的优势,但汉纳的策略一直在被共和党全国委员会主席们效仿,当然后来的筹资规模不能与1896年的关键选举相提并论。根据路易斯·奥弗拉克(Louise Overacker,1932:73)的研究,罗斯福在1904年为了保住候选人资格,所挑选的政党主席乔治·科尔特鲁(George Cortelyou)也采用了汉纳的方法,但仅筹集到了200万美元。尽管如此,以历史标准衡量,这仍然是一笔可观的数目,几乎是民主党为其提名人奥尔顿·帕克法官所筹集资金的三倍。

罗斯福执政后,民主党在1908年的选举中忧心忡忡。共和党人看起来在总统竞选中是不可战胜的,尤其是在他们能够获得稳定的企业资金供应的情况下。② 但共和党赚钱机器面临来自两个民主党派系的挑战:以南卡罗来纳州参议员本·蒂尔曼(Ben Tillman)为代表的以农业为主的南部派系,和以佩里·贝尔蒙特(Perry Belmont)为代表的北部建制派,贝尔蒙特是一位与民主党全国委员会关系密切的纽约人。

民主党人得到了共和党中进步人士的帮助,这些人反对党内领导人并支持竞选财务改革。禁止企业献金一直是许多进步共和党人的长期目标,其中包括政治家伊莱胡·鲁特。早在1894年的纽约州制宪会议上,他就敦促尽早通过禁止企业政治捐款的禁令。鲁特宣称"政党越来越需要巨额的金钱利益支持,为了得到资金来履行执行党派斗争的必要职能,政党每年都

---

① 党务工作者面临着说服公民为参选政党投票的艰巨任务。即使政府发行的选票的设计允许选民通过职位而不是政党来选择候选人。如秘密投票(澳大利亚)这样的改革使政党动员更加困难——因为党内投票观察员再也不能准确地确定谁在为党投票。

② 正如我在第5章所展示的那样,民主党也从企业捐赠者那里获得资金,但这些捐赠者不太可能来自大企业的内部圈子。通常民主党捐赠者的业务更多的是地方性的或区域性的。

得向那些能够提供资金的人还债"。这项禁止企业政治献金的修正案的目的,是希望通过制定一个简单的规则,在可能的情况下,终结美国政治的"巨大罪恶"(Jessup,1964:172—79)。① 在他各种改革努力中,鲁特得到了主要揭露丑闻的报社以及纽约知名人士的支持,包括 C. H. 帕克赫斯特(C. H. Parkhurst)博士和哥伦比亚大学校长赛斯·洛(Seth Low)(Jessup,1964:192—93)。

国会中,在这一问题上领头的共和党人是参议员威廉·钱德勒(William E. Chandler)(新罕布什尔州共和党)。他自1901年起一直试图通过一项关于禁止企业捐助选举的禁令。但几乎没有媒体关注他,同事们对他的支持也非常有限。在输掉当时竞选美国参议员的州议会选举后不久,他以落选议员的身份提出了他的 1901 年法案。② 他的议案呼吁禁止从事州际贸易的企业或得到联邦政府特许经营权的企业参与任何级别的竞选活动(Mutch,1988:5)。尽管作为参议院特权和选举委员会的主席,他在向委员会报告该法案时几乎没有遇到什么困难,但该法案却一直没有在参议院投票通过。新英格兰铁路利益集团通过他们在新罕布什尔州立法机构的影响力,策划让钱德勒离开了参议院,因此钱德勒的法案可能反映了对他新英格兰铁路利益集团的报复行为。在推动他的法案时,钱德勒声称,他试图保护股东的资金不被企业官员挪用于支付政治费用(Shannon,1959:38;Winkler,2004)。③

自从钱德勒离开参议院后,他无法让他的共和党同事重新提出他的议案,于是他去找本·蒂尔曼做他的盟友(Mutch,1988)。令人奇怪的是,蒂尔曼的兴趣被钱德勒这位曾经的"激进"派共和党人调动了。④ 而蒂尔曼虽然自称是

---

① 鲁特(Root)是纽约州改革派共和党人之一,他们反对共和党参议员 Thomas C. Platt 领导的州共和党机器。他在纽约建立了公民联盟,推动了无党派和非周期性的市政选举(将州选举和全国选举分离)、初选和其他改革,削弱了 Tammany(纽约市民主党组织)和 Platt(共和党)组织的掌控力。在激烈的进步中,他强烈反对妇女参政,主张"在政治上有斗争、纷争、争吵、痛苦、心碎、兴奋、骚动,一切违背女性真实品质的一切"(Jessup,1964:178)。

② 第十七修正案对美国参议员的直接选举做出了有关规定,但直到1913年才开始生效。在此之前,美国参议员是由州议会选出的。

③ 在1868年和1872年的竞选中,他曾是一名令人敬畏的共和党筹款人。在此之前,他长期为包括铁路公司在内的企业利益游说。

④ 激进的共和党人支持对内战后的南方进行强有力的联邦干预。尽管钱德勒年轻时自称是激进分子,但他显然与蒂尔曼建立了亲密的友谊。

代表普通人反对企业和银行家的斗士,但他不太可能成为一名改革者。在他早期的政治生涯中,他帮助剥夺了黑人选民的选举权,从而赢得了1890年的州长竞选。V.O.基在他对南方政治的经典报道中把蒂尔曼称为"煽动家"和"黑人毒饵"(1984:142—144)。显然,他对竞选资金改革的兴趣与传统的政府进步人士截然不同。

　　蒂尔曼看到了一个让共和党人难堪的好机会——利用了民众反对改革的情绪,破坏罗斯福更广泛的立法议程(Epstein,1968;Mutch,2002;Silkes,1928;Simkins,1944:408—418)。他在很多问题上都是罗斯福的强烈反对者,其中最激烈的是在"黑人问题"上。蒂尔曼还经常批评罗尔斯打击托拉斯的努力,他指出,总统政府的成员经常离开政府,去为他们一直在监管的企业工作。奥尔顿·帕克指控罗斯福的连任是由企业捐款促成的,这让蒂尔曼有机会提出决议,要求财政部长去调查国家银行的政治捐款。当什么也没有发现时,蒂尔曼断言这些报告是伪造的,并要求参议院特权和选举委员会展开调查。在听证会上,他几乎没有做任何功课来支持他的观点(尽管后来的调查发现了大量捐款的证据)。然而,让他感到失望的是,尽管所有人都承认竞选捐款的"罪行",但参议院委员会似乎不屑于进行调查(Simkin,1944:413—414)。

　　作为南方人,蒂尔曼抱怨北方企业及银行的利益对于他来说并没有什么损失。此外,即使在北方,民主党对他的提议也没有什么可担心的,因为该禁令不适用于以州为基础的政党委员会。因为共和党人倾向于利用共和党全国委员会从企业集中筹集资金(汉纳风格),而民主党倾向于通过地方和州委员会筹集资金。民主党的这些委员会在很大程度上依赖于政府雇员和试图获得市政合同的当地企业的捐款。虽然可以肯定的是,民主党全国委员会也从企业那里获得了一部分资金。但这些捐赠者不太可能属于大企业的核心圈子。事实上,企业对民主党全国委员会的捐赠似乎更多的是基于个人关系和地方关系,而不像共和党人的天性那样是基于"商业利益"政策。[1] 詹姆斯·波拉克(James Pollack)的研究也表明,向民主党全国委员会捐款的是富人本人,而

---

[1] Overacker,1932:157(68)观察到,两个政党的全国委员会都获得了来自企业的捐款(通过个人捐款),但是银行和制造商更支持共和党人,而民主党的捐款者更多样化,倾向于给地方政党捐款。

不是公司。①

通过蒂尔曼的努力,参议院特权和选举委员会在1906年4月提交了一项禁止企业政治献金的议案。但委员会的报告并没有对这一问题做很多的调查研究,报告声称这一问题的性质是不言而喻的。该报告表明了委员会对这项举措的良好动机的支持,并评论道:

与政治选举有关的金钱使用弊病已被普遍承认,因此委员会认为没有必要为这项改革的一般目的进行任何辩论。它符合"健康"政府的利益,并有助于促进公职人员选举的纯洁性。②

共和党人在国会中成功地反对了最初的议案,并削弱了该法案的效力,使其只适用于政党的全国委员会。该议案的原始版本声明,基于州际贸易条款,国会有权在包括州和地方的任何选举中禁止企业献金。在法案通过投票表决之前,参议院特权与选举委员会主席约瑟夫·E.福拉克(Joseph E. Foraker)(俄亥俄州共和党)明确表示该议案不允许国会对州选举进行干预。福拉克还坚持认为,该法案不能对州特许公司,以及那些从事州际贸易的公司进行监管。他认为,国会只拥有在国会选举中监管联邦特许公司的权力。

毫无疑问,他和其他共和党人都很清楚,企业可以继续为州和地方政党的立法选举进行捐款,而参议员就是在州立法选举中产生。他们可能也明白,没有什么可以阻止政党全国委员会的代理人在州内设立委员会来为选举筹集资金。此外,个别企业高管仍然可以向政党的全国委员会提供资金,并由公司报销。通过这些修改,参议院和众议院几乎没有任何争议就通过了1907年的法案。③ 共和党人显然认为,把企业政治献金从社论中拿出来比打这场仗更重要(Mutch,2002:10)。考虑到共和党的集中筹款机制,他们适应新法律的需要比民主党更迫切。法案很容易就通过了,他们似乎也接受了这一事实。然而,这项早期竞选筹款法还有一个意外结果,就是导致了政党筹款的分散,尤

---

① 在20世纪90年代,存在着同样的筹资模式,共和党人越来越依赖于企业软性捐款,而民主党则从沿海主要城市的富裕自由主义者那里获得资金(Pollock,1926)。
② 美国国会、参议院1906。
③ Mutch(1988:7)报告说,众议院的两名成员原则上反对公司与个人享有相同的权利。参议院通过的4563号法案于1907年1月26日签署为法律,成为第36号公法。虽然它通常被称为《蒂尔曼法案》,但其官方名称是《禁止公司为政治选举捐款的法案》。

其是对共和党人而言①。我将在第5章关于筹款的部分详细讨论这一后果。

在蒂尔曼正在推动禁止企业捐款的同时，民主党的另一派系则正在推动促进竞选资金公开的立法。由于许多富有的捐赠者更愿意匿名，这使得资金分散到许多州和独立委员会。这项改革是由一个名为"国家公共法律组织"（NPLO）的组织发起的，该组织是"共同事业组织"等当代公共利益团体的先驱。虽然NPLO的成员似乎是跨党派的，但它是由民主党全国委员会的前财政部长佩里·贝尔蒙特创立的。②

贝尔蒙特在1904年大选后开始着手竞选资金改革，并为《北美评论》写了一篇关于政治金钱的文章（Pollock，1926：10）。他相信竞选资金的披露会解决许多与政治筹款相关的问题。但是作为一名忠诚的民主党人，他为共和党全国委员会在1904年选举中的支出是民主党的三倍而担心不已。贝尔蒙特希望通过一项公开法案，使得股东和公众看到是谁在为选举提供资金，进而削减企业的捐款。显然，他并不反对那些来自包括他自己的兄弟奥古斯特（August，一名曾在1904年大选中向民主党全国委员会捐款25万美元的纽约金融家，这笔捐款约占民主党全国委员会资金的1/3）在内的富人们的大笔捐款（Overacker，1932：141）。

《联邦腐败行为法案》（FCPA），也被称为《1910年公开法》，它在民主党和反叛的共和党人的全力支持下得到通过。这些反叛的共和党人在不久之前反对了众议院议长乔·坎农（Joe Cannon）的铁杆统治（Milkis & Young，2003）。③ 该法案在被共和党的保守派大大削弱了之后，最后获得了他们的投票。这是第一部为影响美国众议院选举而要求披露捐款的法律。《1910年公

---

① 这对民主党国会选举筹款的影响较小，尤其是在南方，初选作为必不可少的选举将不会受到影响。蒂尔曼不信任联邦政府插手国家事务，他强烈反对罗斯福扩大国家政府的政策。他特别不喜欢罗斯福对黑人的友好，当总统邀请布克·T. 华盛顿（Booker T. Washington）去白宫吃晚饭时，他感到愤怒，并声称"罗斯福总统招待黑人的行动将迫使我们在南部杀害一千名黑人，然后他们将再次了解他们的位置"（Morris，2001：55）。

② 它的成员包括来自两党的杰出改革者，如查尔斯·伊万·休斯（Charles Evan Hughes）、塞思·劳（Seth Low）和威廉·詹宁斯·布莱恩（William Jennings Bryan）（Overacker，1932：235）。在成立国家组织之前，佩里·贝尔蒙特（Perry Belmont）在纽约州成立了一个类似的组织，该组织成功地利用了对纽约保险业调查的启发，促使纽约1905年通过法律要求披露政党和候选人报告。

③ 参见 New York Times，1910。

开法》将在两个或两个以上州运作的委员会定义为政治委员会,并要求政治委员会的财务主管在选举后 30 天内将收支记录递交众议院书记员。① 1910 年的《公开法案》并未要求在选举前公开,这可能迫使竞选者避免那种吸引负面宣传的大额捐助(Overacker,1932:238),这一点更为重要。

民主党在 1910 年的选举中控制了众议院,使得他们又有了一个加强监管的机会。他们在 1911 年敦促修改《公开法案》,要求政治委员会至少在选举前 10 天内公布资金,并将政治委员会的报告要求扩大到所有候选人(包括仍由州立法机关选举的参议员候选人)。不过,许多类型的候选人竞选支出可以免于报告。② 更重要的是,只要保证候选人不知情,其他团体还可以为其提供经费,从而扼杀新的公开法案。共和党人试图通过将公开要求扩大到初选,这使得南方民主党人在通过这一修正案时有些畏缩不前。而南方民主党人试图将这一条款排除在一揽子计划之外,但他们无法阻止共和党和北方民主党联合起来通过这一条款(Mutch,1988)。

该法案最重要和最具争议性的方面是众议院民主党人的一项提议:该提议将众议院候选人的竞选开支限制在每次选举 5 000 美元(相当于 2004 年的 10 万美元)。根据罗伯特·马奇(Robert Mutch)的说法,参议员詹姆斯·里德(James Reed)(密苏里州民主党)在辩论中将这部分法律写了下来,并匆忙地附了在立法上(1988:14)③,即使是当时不那么支持改革的《纽约时报》也说,支出上限是"彻底且严厉的"(*New York Times*,1911)。对于当时的大多数选举活动来说,国会选举相当便宜,因此 5 000 美元的上限几乎不起作用。但是一些较大的州的时任州长会抱怨这个上限太低而不切实际。

---

① 若每位捐款人捐款额为 100 美元或更多,则财务报告必须包括每位捐款人的姓名和地址。在这项法律通过之前,民主党人试图将竞选议题公开化。他们在 1908 年的丹佛公约中宣布,他们将确保选举前和选举后的资金宣传。提名人布莱恩(Bryan)要求民主党全国委员会在 10 月公布所有贡献额在 100 美元以上的捐款人名字。他还表示,他的竞选团队要把个人捐款的规模限制在 1 万美元(差不多相当于 2004 年的 20 万美元)。共和党大会否决了公开的建议,但塔夫特(Taft)在接受提名的演讲中说,共和党全国委员会财长将在选举后 20 天根据纽约州的法律披露收入和支出。

② 1911 年《公开法案》非常引人注目,它详细说明了免于报告的候选人支出和由此产生的支出限制。候选人不必报告"个人开支、独自旅行、旅行和生活、文具和邮费、书写或印刷(除报纸)和分发信件、通告、海报、电报和电话服务等项款","不应被视为在本节的平均开支"(Pollock,1926:183)。实际上,候选人的开支限制并没有触及竞选活动的重要方面,也就是候选人的广告宣传。

③ 参阅国会记录 1911:3005。

第三章 联邦竞选财务法规的改革历史

为了进一步规范政治中的金钱,国会在1911年之后考虑了各种改革建议,但下一批改革方案直到1925年才出现。在此之前,因为政党的全国委员会可以通过州和地方党获取资金进而规避新法律,一些提案呼吁将法规扩展到州和地方委员会。在1913年,第十七修正案针对国会在管理参议院选举,特别是初选方面权力范围是否违宪提出了问题。这些问题最终在"纽贝里诉美国政府案"(Newberry v. United States)(1921)中得到解决。

曾在罗斯福政府任职的共和党杜鲁门·纽贝里(Truman H. Newberry),在密歇根州的参议院初选中,与汽车大亨亨利·福特(Henry Ford)展开竞争。虽然福特在初选中败给纽贝里,但他后来获得了民主党的提名,并在大选中对阵纽贝里。福特指责他的主要竞争对手的收支资金超过了1910年和1911年法律所规定的数额,违反了联邦竞选财务法规。纽贝里承认他花费了近180 000美元,其中他的家庭贡献了一大部分(Mutch,1988:16)。

地方法院做出了有利于福特的裁决,但纽贝里向最高法院上诉,最高法院推翻了该裁决。争论的焦点是国会是否有权力监管初选。在这个非常复杂的裁决中,法官们认为国会没有权力将1910年和1911年的法律(这两项法律早于第十七项修正案)延伸到参议院初选。然而,这并不意味第十七修正案这一新的法律不能通过。[①]

在立法提案讨论纽贝里案件的同时,1924年的蒂波特山丑闻促进了进一步改革的必要性。[②] 参议院在对辛克莱石油公司租赁石油储备进行调查的过程中,发现了该公司向政府行贿的证据,证据显示亨利·辛克莱(Henry Sinclair)本人曾在1920年的选举中用贷款为共和党全国委员会的债务提供了担保。[③] 威廉·E. 博拉(William E. Borah)(爱达荷州共和党)主持了一项密

[①] 当纽贝里在法院获得通过时,共和党人得以让纽贝里继续在参议院任职三年,直到他在面临越来越多来自密歇根选民的公众压力后决定辞职。在选举结束后,美国参议院发出警告:"代表或不经他所知和同意的候选人的过度开支,与健全的公共政策背道而驰,危害参议院的荣誉,是对自由政府的永久性威胁,这类过度支出在此有几个谴责和反对。"参阅国会记录1922。

[②] 1923年的参议院调查显示,哈丁(Harding)的内政部长受贿,将政府石油储备租赁给了一些石油公司。直到1928年,丑闻才得以结束,前国务卿艾伯特·福尔(Albert Fall)被免职,并判处一年徒刑和十万美元罚款(Columbia Electronic Encyclopedia,2004)。

[③] 据Overacker(1932,149)所述,直到1928年,也就是1925年法案颁布很久之后,才得以公开,辛克莱向共和党提供贷款却从未得到偿还的情况才被公开。

切关注1924年选举资金的平行调查。博拉是一名坚定的进步主义者,他强烈反对哈丁(Harding)和柯立芝主席(Coolidge)让共和党恢复"常态"的做法。1924年,进步派再次与共和党决裂,支持罗伯特·拉福莱特(Robert La Follette)以第三党身份竞选总统。在大选的几周前,博拉委员会发布了一份言辞激烈的报告批评库里奇竞选团队,指责他们利用贿赂资金收买选民,将共和党变成了"富人俱乐部"(*New York Times*,1924b)。当然,民主党人对博拉在1924年竞选期间的调查很感兴趣。① 民主党在总统选举中再次被彻底击败,他们寄希望于博拉的报告来阻碍库里奇的竞选。选举结束后,进步派和民主党联合起来,推动在《博拉法案》(Borah bill)下修改联邦竞选财务法规。

博拉在1925年提出了一项对1910年的《反海外腐败法》(FCPA)进行修改的法案。在送交会议委员会之前,《反海外腐败法》一直是《邮政加薪法》的一项附加条款。② 众议院的民主党领导层非常渴望与进步派一道批准这项附加条款,但是议长尼古拉斯·朗沃斯(Nicholas Longworth)(俄亥俄州共和党)用另一项由众议员约翰·凯博(John Cable)(俄亥俄州共和党)发起的弱化了的附加条款取而代之(*New York Times*,1924a)。众议院议员随后被告知,除非附加条款被包括在内,否则不得批准《邮政加薪案》。国会记录中并没有解释,因此也无法搞清楚围绕着附加条款的修正案取代《博拉法案》的决定是怎么产生的。但博拉显然对这个变化不满意,有八位参议员对《反海外腐败法》的最终版本投了反对票,他是其中之一。③

1925年的法案在三个重要方面整合了联邦以前有关竞选和修改条款的法律。首先,考虑到纽贝里案的裁定,法律只适用于大选。对这一变化,南方人很高兴,这表明他们已经击败了共和党人试图将初选囊括其中的所有努力。其次,该法案规定了向众议院书记员提交报告的日期,来改进财务信息披露的要求。④ 最后,法案提高了参议院候选人在大选中的资金花费限额,大州的候

---

① 据纽约时报(1924C)报道,在选举前一周,共和党已经为总统竞选筹集了大约370万美元,而民主党只筹集了55万美元。然而,共和党人声称,他们遵守了竞选时的承诺,将开支限制在300万美元以下,努力进行一场"经济"的选举。共和党全国委员会将约800万美元转移到各州用于竞选活动。
② 该法案的实际版本实际上是众议院版本(Mutch,1988:19—21)。
③ 国会记录1925,2631,3431,3487,3828,4654,4707。
④ 这些报告始于选举年3月。随后的报告应在6月、9月和选举日前10—15天及选举前5天提交。他们要求任何支持两个或多个州候选人的委员会都须遵守此要求。

选人拥有了一些灵活性。根据修订后的法律,根据各州的规模,候选人最多可以花费 25 000 美元(相当于 2004 年的 27 万美元),而不是以前的 10 000 美元。同时,众议院候选人的支出仍为 5 000 美元。[1]

一直到 1971 年新的《反海外腐败法》通过为止,1925 年颁布的《反海外腐败法》成了美国在随后 50 年里规范政治资金的基本法。1925 年的法案概述了后来改革所遵循渐进式方法,强调公开信息披露,并对政治中的资金设置了限额。但由于没有形成提供和维持公众获得报告的制度化渠道,法律的执行力很弱。然而,候选人、政党和利益集团不得不适应其条款以规避制裁。为了避免超过支出限制或规避对选举活动的汇报,这些适应调整在多数情况下主要采用形成影子委员会代表候选人竞选的方式。

考虑到改革历史中对蒂波特山丑闻的关注,1925 年的《反海外腐败法》竟然被隐藏在一份旨在提高邮政费率和工资的提案的附加条款中,这令人感到惊讶。更奇怪的是,这并未引发国会的辩论,《纽约时报》也没有对这一腐败行为立法的通过进行报道。与传统的改革叙述相比,在推动 1925 年的法案中,丑闻发挥的作用似乎比较温和。事实上,来自为寻求削弱共和党保守势力的进步派以及在总统选举中连续受挫的民主党人的党派动机,在推动这项法案中的作用更为重要[2]。

《反海外腐败法》的通过标志着联邦竞选资金改革第一个阶段的结束。下面对这一时期的立法主要内容进行概括总结。

1907—1925 年竞选资金立法的主要条款:

1. 禁止国家银行和公司向任何两个或两个以上国家委员会捐款(1907)。
2. 信息公开披露要求。

---

[1] 该法采用人均法来确定支出水平。例如,参议院候选人在上次大选中每投一票可花费 1 万美元或 3 美分,但不能超过 2 万 5 000 美元。在众议院,候选人可以为上次大选中的每一张选票花费 2 500 美元或 3 美分,但不得超过 5 000 美元。几十年后,《联邦选举法案》将使用类似的人均方法来在不同的州为总统提名设定支出限额。这项法案扩大了《信息披露法》,要求所有参众两院的候选人及多州的政治委员会进行包括 100 美元或更多捐款的季度报告,即使是在非选举年也是如此。总统候选人不必报告收入或支出。

[2] Overacker(1932)认为,法律的实施是为了澄清纽贝里发出的混乱,这完全是合理的。虽然以前的法律从未真正实施过,但纽贝里强调,竞争对手可能会列举竞选财务法规在选举中攻击他们。会员们认识到必须更好地界定法律,为竞选活动提供安全港。

- 公开政治委员会对两个或两个以上州选举联邦候选人进行资助的信息。
- 委员会财务主管必须向众议院书记员提交详细的收支报告。
- 相关报告必须在选举前10至15天及选举后30天内提交。
- 必须公开每个捐款100美元及以上的捐赠人的姓名、地址和金额。
- 选举后15个月后报告将作为公共记录存档。

3. 支出限额
- 支出限于国家法律允许的数额。
- 无论各州法律如何规定，众议院提名和选举的上限都为5 000美元；参议院候选人的竞选经费上限为2万美元。
- 支出限额的扣除项包括个人旅行花费、邮资、印刷（除报纸）、信件分发、电报和电话等费用。
- 如果违反以上规定，处以不超过1 000美元的罚款及一年以下的监禁，或两者兼有。

二、1939—1947年共和党的改革

20世纪30年代和40年代对竞选立法的修改与之前的改革基调相同，但此次改革的根源是围绕新政展开的党派斗争。虽然第一部联邦竞选资金立法是受进步运动的启发而制定的，但1939年到1947年的变化，则是由共和党和南方民主党人对日益强大的民主党劳工运动的担忧所推动的。罗斯福政府的政策重塑了联邦政府的角色，并相应地改变了政治派系间的权力分配。随着罗斯福第三个任期的临近，他的政治对手试图削弱工会支持他的能力。为此，一个反新政的议员联盟在这一时期制定了三项独立的法律，以最大限度地减少劳工运动的选举影响力，并防止政府利用其迅速壮大的联邦工作人员来对抗反新政的政治家。[①]

这一议程的三项立法包括1939－1940年的《哈奇法案》(The Hatch

[①] 正如我在第五章和第六章中所解释的那样，共和党人会为推动这些改革付出代价，因为法律会使他们在全国范围内难以建立强有力的组织。

Acts,1939、1940)、1943年的《史密斯-康纳利法案》(the Smith-Connally Act,1943)和1947年的《塔夫特-哈特利法案》(the Taft-Hartley Act,1947),其目的都是限制资源流向新政民主党人。正如民主党人在世纪之交时担心马克·汉纳这个拥有大量企业资金的共和党人的主宰一样,共和党人也担心联邦救济工作者和工会所支持的民主政党组织的复兴。在20世纪30年代,劳工组织通过政治捐款和令人印象深刻的投票动员活动,对民主党的支持越来越多。而在此之前,许多劳工领袖都避免参与选举政治,尤其是公开的党派竞选活动。他们即使捐款,也主要捐给工人的无党派联盟,用于支付邮资、传单和演讲等费用(Overacker,1946:50—51)。美国劳工联盟(AFL)是20世纪初美国最大的劳工组织,在其领导人塞缪尔·龚帕斯(Samuel Gompers)的领导下,明确地奉行无党派的政治策略。龚帕斯认为,政府应该置身于商业劳动关系之外。

然而,罗斯福政府的干涉主义政策使权力从管理层向工会倾斜。更为激进的工会认识到罗斯福继续执政的好处,开始放弃无党派策略,转而公开支持新政民主党人。20世纪30年代,美国服装工人联合会(Amalgamated Clothing Workers of America)的西德尼·希尔曼(Sidney Hillman)和美国矿工联合会(United Mine Workers)的约翰·刘易斯(John Lewis)等新一代工会领袖,通过各自的产业工会积极推动党派政治。尽管劳联领导层对参与选举政治仍持谨慎态度,但各产业工会并不回避。例如,1936年,约翰·刘易斯带着一名摄影师和一张25万美元的支票急切地出现在白宫(Kennedy,1999)。[①]来自产业工会的领导人想宣传一个事实,即他们是一个正在崛起的民主联盟的重要组成部分。[②] 路易斯·奥弗拉克说,1936年之前,工会对政治的贡献"很少而且零星"。之后它们开始迅速上升。工会在竞选中的支出在1936—1944年间几乎翻了一番,从大约77万美元增加到130万美元(相当于2004

[①] Overacker(1946)声称工会至少为民主党全国委员会提供了75万美元。
[②] 包括罗斯福在内的大多数民主党政客,都淡化了工会的作用,以免冒犯党内联盟中的其他人。作为精明的政客,罗斯福拒绝接受刘易斯带来的25万美元支票,但依然表示了感谢,说:"不用了,约翰,留着吧,如果有什么小需求,我会去拜访你。"不久之后,刘易斯收到了来自民主党全国委员会主席法利(Farley)和几个独立的罗斯福集团的资金请求。刘易斯最终的贡献是他在白宫提供给罗斯福的两倍。刘易斯后来在1940年选举中最终支持威尔基(Willkie),但他在1938年的"清洗"运动中,帮助罗斯福摆脱了那些不是非新政支持者的民主党人(Shannon,1959:54)。

年的1 410万美元)(Overacker,1946:59)。这些数字很可能并不包括工会通过工会"动员选民进行投票活动"等实物支持。

当共和党人对工会和民主党日益亲密的关系而感到不安时,保守的南方民主党人也不高兴了。工会对控制南方政治的传统精英们构成了严重威胁。回顾这个时代,V.O.基观察到,在佛罗里达州和得克萨斯州等州,工党偶尔会在派系斗争中发挥决定作用。劳工的力量可能会培养反建制派系,对大佬和其他地方精英的权力构成挑战。迪克斯和其他地方的保守党民主党人,可能也担心政党全国委员会的左倾会危及他们与那些所在州支持民主党的商业精英的关系(Key,1984:673—674)。当然,国会中许多保守派民主党人,并不同意罗斯福与强大的独立组织和联邦工作人员建立关系来改变政治和政府权威的重心。新政的批评者认为,劳工组织和政府工作人员组成了一个现代化的塔姆尼协会,它将独立于州和全美范围内地方政党组织的运作(Milkis & Young,2003:50—51)。像前一个阶段的改革一样,在这一情况下,多数党中的一个不受控的派系——这个例子中是民主党中的保守派,为少数党提供了一个机会来发起运动削弱多数党核心集团的资源优势。

甚至一些与城市机器联系在一起的北方民主党人也感受到了工会日益增长的威胁。北方政党的大佬们仍然组织起来为他们忠实的支持者争取工作和合同。他们的谋生之道仍然是政治赞助。然而,一场独立的劳工运动对当地的机器提出了挑战。20世纪30年代的劳工领袖并不反对放弃不支持自己的民主党人,转而支持自由派共和党人,甚至不反对尝试建立自己的政党。由于担心工会权力和劳工可能组建自己的政党,坦慕尼派(Tammany,纽约市民主党组织)于1938年在纽约州议会中提出一项法案,阻止工会向政党捐款(New York News,1938)。罗斯福计划通过他的新政建立一个联盟,从而缓解劳工和北方城市机器之间的紧张关系,这对于两个群体都有重要的好处(Milkis,1993)。

两党中的传统精英都试图破坏新政支持者的利益,这并不令人惊讶。他们担心新政政策通过救济项目会为罗斯福创造一台个人联邦机器,使成千上万的选民获得联邦政府资助的工作岗位。新政拥护者们对利用强硬政策来挑战现状的做法似乎越来越有信心。最有争议的也许是"清洗"运动,它试图推翻阻碍政府政策的南方民主党人,这些人被罗斯福称作"铜头党"。① 赫斯特(Hearst)报纸上的一系列文章更是加剧了南方的担忧,这些文章声称公共事业振兴署(Works Progress Administration,WPA)和民用工程管理署(Civil Works Administration,CWA)的工人正在通过政治捐献和政治传单支持"新政"候选人,以帮助白宫赢得连任。② 罗斯福在内战事件中的牵扯,以及他对南方民主精英的政治挑战,激起了一场反向动员(Milkis,1999:91)。1939年通过的《哈奇法案》(The Hatch Act)正是源于罗斯福对南方政治的干涉所引发的愤怒,以及共和党对民主党劳工运动影响的担忧。

(一)1939—1940年《哈奇法案》

参议员卡尔·A.哈奇(Carl A. Hatch)(新墨西哥州民主党)除了他支持的一项将使参与政治的联邦工人失去工作的法案,基本上是一个不知名的立法者。③ 尽管他似乎赞成新政府的做法,但他在许多政策问题上还是保守的。一方面,他支持联邦最低工资,并推动国家公园系统的扩张;另一方面,他也支持不受工会欢迎的贸易自由化。然而,许多人怀疑副总统约翰·南斯·加纳(John Nance Garner)是《哈奇法案》的幕后推手(Alsop & Kintner,1939)。加纳是得克萨斯州农村人,曾任众议院议长,很可能是罗斯福在1940年的竞争对手。他对新政的拥护并不忠诚,他认为联邦计划只是失业的临时补救措施(Kennedy,1999:60—61,124)。《哈奇法案》是加纳在副总统任上唯一公开支持的法案。可以从白宫的立场上预测,如果不通过它,国会将不会在1939年休会(Krock,1939)。《哈奇法案》中一个肯定会对加纳有所帮助的条款是禁止联邦工作人员参加党代会。法案中这一模糊的细节将降低罗斯福获得前所

---

① 罗斯福对"铜头党"这个词的使用是经过了修改的。最初,它是反对内战的北方民主党的派系的名称。罗斯福用它来形容反对他政策的民主党南方派系。在这两个意义上,这个词都被用来表示对联邦的不忠。

② 罗斯福政府创立的工程振兴署在1935年到1943年在全国范围内雇佣美国人从事建筑和美化工程(Shannon,1959:55),参见《纽约时报》,1939。

③ 1934年11月,山姆·布拉顿(Sam Bratton)辞职后,哈奇(Hatch)当选并接管了他的席位。他在1936年和1942年选举后任职,在1948年选举中没有竞选公职。

未有的第三任期的可能①。

然而,《哈奇法案》的首要目的是限制联邦工作人员的党派政治参与②。该法案将"防止有害政治活动法"作为正式标题,明确表示可以将政治活动划分为善与恶。它禁止任何类型的联邦工作人员参与或参加总统或国会提名和选举。因此,公共事业振兴署的官员不能通过承诺工作机会、晋升、财政援助、合同或其他任何好处来强迫工人的竞选捐款或政治支持。③

为阻止该法案的通过,国会中的新政支持者提出了奇奇怪怪的修正案,这充分说明了该立法具有强烈的党派性质。反对党领袖劳德·帕森斯(Claude Parsons,伊利诺伊州民主党)提出了一项修正案,禁止报纸接受候选人的付费广告,并禁止编辑或记者就政治主题和候选人发表意见(Dorris,1939)。另一个"玩笑般"的修正案是由利昂·萨克斯(Leon Sacks)(宾夕法尼亚州民主党)提出的,规定政党提供"向任何人承诺任何事"的平台是非法的。同样出于嘲讽,密苏里州众议员理查德·邓肯(Richard Duncan)(密苏里州民主党)提议禁止候选人"发表声音清晰的演讲、做出手势或其他影响选举的行为"(Dorris,1939:4)。

1939年8月2日,在忠实的新政拥护者们的极力阻止下,《哈奇法案》依然通过了两院,罗斯福不情愿地签署了该法案(Krock,1939)。特别是,罗斯福希望两院都保证这项法案不违反人权法案。罗斯福总统可能希望这次会议成为立法记录的一部分,以应对法庭的挑战,也可能在为组织法案中没有提到的未来政治活动提前寻找避风港。政府中的许多的新政拥护者敦促罗斯福否决这项立法。白宫方面起草了一项反对声明,对该法案没有禁止所有私人捐款和将公款用于政党这两方面进行批评(Milkis & Young,2003:54)。

改革者的任务还在继续,《哈奇法案》推出一年后紧接着又出台了《州廉洁

---

① 根据Milkis和Young(2003,51)的说法,1936年民主党代表大会的代表中大约有一半是联邦工作人员。

② 《哈奇法案》之后的《拉姆斯佩克法案》(1940)将公务员资格制度扩展到近20万个以前在《公务员法》中得以豁免的职位。罗斯福支持这项措施,因为它有效地覆盖了新政的忠实支持者,以前未经分类的工人被给予民事保护(Mikis,1993:132—33)。

③ 忠于政府的民主党人试图获得许多联邦资助职位的豁免,但没有成功。例如,他们寻求免除对美国地方检察官、邮政局长和执法官的任命。这些都是传统上控制行政部门的政党获得赞助人的丰富来源。

条例》，被称作《哈奇法案Ⅱ》。这些对《哈奇法案》的增补将政治活动的禁令扩展到了州和地方的工作人员，这些工作人员部分通过联邦项目获得报酬。共和党人想要阻止民主党人绕过《哈奇法案》，利用州工薪阶层的工人的帮助赢得选举。民主党中的温和派，尤其是一些参议员也加入了他们的阵营，他们担心《哈奇法案》会把权力拱手让给那些控制非联邦政府雇员的政府。几位民主党参议员在关于《哈奇法案Ⅰ》的辩论中曾争论说，因为州的工作人员并没有被包括在内，禁止联邦工作人员活动的法案会使州长在州政党中拥有更大的影响力。①

罗斯福的顾问们付出了大量努力来制定扼杀或大幅削弱《哈奇法案Ⅱ》的战略。例如，哈罗德·伊克斯（Harold Ickes）起草了一项反对声明，呼吁采取更严厉的措施打击共和党人和南方民主党人。他提议将政党开支上限设定为300万美元，并将个人捐款限制在5 000美元（Ickes,1953—1954:226）。由于共和党全国委员会的支出通常超过民主党全国委员会，这个上限对共和党人更为不利。相比之下，民主党比共和党更依赖地方政党和工会来动员选民，这些组织大多数不会受到《哈奇法案》的影响。②为了让南方民主党人反对该法案，政府鼓励哈奇将《反海外腐败法》扩大到初选，这在参议院引发了强烈抗议。

伊克斯在回忆录中承认，他的计划也是短期竞选策略的一部分，目的是凸显1940年选举中两党间的差异。他认为，限制全美政党支出并把捐款限制在5 000美元的立法推动，使得温德尔·威尔基（Wendell Willkie）（共和党总统候选人）与华尔街的联系浮出水面，同时也看出了共和党比民主党多花了多少钱。③

---

① 例如，肯塔基州参议员阿尔本·巴克利（Alben Barkley）反对这项法案，称这项法案将"在政治上阉化"为联邦政府工作的选民。他最担心的是，州长可以轻易地在党代会中安排本州的工作人员以赢得提名。参议员哈奇回答说："有没有理由这么说，因为有国家政治机器，我们就应该有联邦机器吗？"(纽约时报,1938)。

② 与先前的腐败行为法案一样，《哈奇法案》并不影响在一个州运作的政治委员会。

③ "我敦促在本次会议上提出一项法案，为埃德拉政府的联邦竞选活动提供资金，并对可能花费的金额加以限制。总统说这样的议案是不能通过的。我的反驳是，通过与否并不重要。这项法案的提出将引发对威尔基已经花了多少钱以及可能花了多少钱的讨论。换句话说，它会把资金的问题纳入竞选，这是很重要的。"(参见Ickes,1953—1954:226)。

罗斯福政府引进毒丸修正案以阻挠《哈奇法案II》的策略并不奏效。参众两院的立法策略都异乎寻常,这正是政治的风险所在。在众议院,为使该法案脱离司法委员会,发生了呼吁秘密委员会投票、要求法案发起人释放请愿书等艰难的斗争。与此同时,参议院随后采取了一系列拖延战术,以阻止对该法案进行表决。由于民主党内部激烈的斗争,多数党领袖阿尔本·巴克利(Alben Barkley,肯塔基州民主党)甚至威胁要辞职(Hurd,1940B;*New York News*,1940C;Hurd,1940A)。参议员乔赛亚·贝利(Josiah Bailey)(北卡罗来纳州民主党)代表南方人发言,称这项法案是"恶毒的",是对联邦制度的攻击。他指责这项法案"放松了对吉姆·法利(Jim Farley)(民主党全国委员会主席)的公开表态的限制,却将这种限制施加在县级首长",他补充说,"共和党人正在玩一场精明的游戏,对此他们应该受到赞扬"(*New York News*,1940a)。最后,共和党战胜了分裂的民主党:89名民主党人支持共和党(120名民主党人反对),而只有1名共和党人投了反对票(*New York News*,1940b)。罗斯福于1940年7月19日签署了该法案(Ongressional Record,1940c)。

由于共和党妥协接受了民主党的许多修正案,《哈奇法案》的最终版本对各政党的影响比想象的要大。虽然改革者派并没有打算这样做,但该法案的条款加速了政治资金向名义上独立的政治委员会的分散(Overacker,1946:25—48)。国会第一次将政治委员会的捐款限制在5 000美元(相当于2004年的6.5万美元)①。但是,有钱的捐款者们很容易规避这一限制,他们可以将捐款分别捐赠给几个委员会。此外,联邦的捐款限制并不适用于州和地方政党或独立委员会,因此越到地方,捐款者越可能很容易想捐多少就捐多少。来自这些限制的分散效应对共和党来说更不利,因为共和党人很大程度上依赖于一个全国委员会的机构来收集和分配资金给各州。因此,《哈奇法案》迫使共和党在各州设立额外的委员会,并从法律上独立于共和党全国委员会。

在同意5 000美元的上限后,共和党人认为这一上限应该也适用于工会

---

① 这是参议员John H. BankeheadⅡ(亚拉巴马州民主党)提出的,他是新政的坚定支持者,他认为这项措施会使该法案不受共和党人欢迎,从而扼杀该法案(Tanenhaus,1954:441—471)。国会候选人已经有了开支限制,取代了参议院的2.5万美元及众议院的5 000美元。

的捐款。事实上,这是保守的马里兰州民主党人米勒德·泰丁斯(Millard Tydings)的明确目标,他提议将矛头指向工会,作为罗斯福清洗运动的目标(Milkis & Young,2003:56)。当众议院司法委员会首次加入5 000美元的上限时,共和党人就对"人"进行了广泛的解释,包括"个人""伙伴关系""委员会""协会""公司"以及任何其他组织或团体。① 这个解释意味着像矿工联合会这样的工会向委员会和候选人提供的捐款将被限制在5 000美元以内。在随后的立法斗争中,民主党人明确了措辞,以确保工会和其他捐款者能给任意数量的候选人和政治委员会的每个人捐款5 000美元。这一修正案保留了工党捐赠资金的能力,但他们不能再像过去那样一次性向政党全国委员会提供捐款。因此,工会可以将他们的捐款进行集中,使他们对个别候选人有更多的影响力,同时绕过政党的筛选。工会也可以向不受该法案限制的州和地方委员会提供不限额的资金。

毫无疑问,《哈奇法案》增强了工会和其他非政党组织对两党的影响力。对政党全国委员会来说,最具毁灭性的打击是伊克斯提出的300万美元上限,当初提出这一低得离谱的上限就是为了阻挠法案通过。自1928年以来,两党的全国委员会在每次选举中的支出都远远超过了这一数额;实际上,共和党在1896年和1900年的选举中花了同样多的钱(Overacker,1932:73)。即使在1936年的大萧条时期,两党的合计支出仍超过了1 400万美元(Overacker,1946:17)。《哈奇法案》出台之时,广播在竞选活动中越来越多地使用,导致竞选成本迅速上升。奥弗拉克认为,这项条款比其他任何条款都更能鼓励众多利益集团和政党代理人在竞选活动中增加外部开支(Overacker,1946:25—48)。

共和党人勉强默认了这一上限,因为他们认识到它只适用于全国委员会,而不适用于州和非政党委员会。由于共和党全国委员会为总统选举组织和集中筹款,这一上限对他们而言更为不利。但很明显,他们相信通过使用正式政党结构之外的党派组织,他们也能够适应。

同样值得注意的是,总统比国会更加需要政党全国委员会。国会议员主

---

① 国会记录,1940a。

要依赖州和地方政党组织（如果他们完全依赖他们）。因此，300万美元的上限可能会影响到共和党未来的总统候选人，但对国会议员的连任前景影响不大。因此，狭隘的利己主义使得民主党人更容易咽下所谓的"毒丸"，伊克斯和新政民主党人为了对付共和党人将这些毒丸混入了《哈奇法案》。国会的共和党人并不关心如何保护共和党全国委员会的资源，而是对如何防止新政工作人员在竞选与自己竞争更加上心，反对新政的南方民主党也不例外。

就像之前各个版本的《反海外腐败法》一样，《哈奇法案》执行时变成了一场党派间的消耗战。双方都在寻求针对对方短期和长期的战略优势。当时的专栏作家也承认该法案的党派性质。据《华尔街日报》的弗兰克·肯特(Frank Kent,1940:4)说："共和党的支持是一种幸灾乐祸的、虚伪的利己主义，这表明政治优势比内在美德更能影响他们的态度"。共和党人利用民主党的分裂通过了自己政党的立法。然而，令最初的改革者没有预料到的是，《哈奇法案》严重阻碍了两党国家组织的发展。这些条款加大了政党组织在总统选举中控制财政资源的难度，并刺激了非政党组织的激增。

(二)1943年《史密斯-康纳利法案》

两项对竞选筹资产生重要影响的立法发生在这一时期，主要目的都是为了削弱工会的影响力。民主党在选举资金和实物支持方面严重依赖于工会，因此，其结果对民主党来说更为不利。与过去一样，为了削弱党内领导派系的关键竞选资源，立法支持者抓住时机推动改革。

当1943年矿工罢工时，国会迅速通过了《史密斯-康纳利法案》，也被称为《战时劳工纠纷法》，该法案规定没收因工人罢工而停工的工厂。[①] 支持者声称，该法案将防止工会利用战争局势通过罢工增加他们的议价能力。反劳工组织认为，工会推动提高工资损害了战争。1942年，罗斯福要求冻结工资增长，遭到了美国劳工联盟(AFL)和工业组织协会(CIO)的强烈反对。《史密斯-康纳利法案》赋予了总统接管战争设施并起诉罢工者的权利，但罗斯福声称他已经基于行政命令拥有了这项权力(Peters & Woolley,2006)。罗斯福声

---

① 调查工会活动的国会委员会早在1936年就建议FPCA将禁止公司政治献金的范围扩大到工会(Sousa,1999:374—401)。

称该法案实际上会引发更多的罢工,进而反对该法案。

《史密斯-康纳利法案》比政府干预停工更进一步。该法案被福雷斯特·哈尼斯(Forest Harness)(印第安纳州共和党)代表全体委员会进行了修订,禁止劳工组织通过收取成员工会会费进行政治捐赠。国会议员杰拉尔德·兰迪斯(Gerald Landis)(印第安纳州共和党)是这项议案的共同作者之一,他说,该法案将"将工会置于多年来企业那样完全相同的基础之上来处理工会财务活动"。① 兰迪斯的观点是,工会和企业一样反映了经济力量的集中。出于这个原因,《蒂尔曼法案》的禁令也可以扩大到工会。

《史密斯-康纳利法案》不顾新政民主党人的反对,通过了该法案。民主党人声称该法案歧视工人,不应该将工会与商业企业进行比较,因为工会是不同于公司的个人的协会。② 1943年6月,罗斯福在未签字的情况下将法案提交到国会。随后参众两院均以2/3的多数通过了这项法案,从而该法案在总统否决的情况下依然成功生效成为法律。根据《史密斯-康纳利法案》,工业组织协会(CIO)在1944年成立了第一个政治行动委员会,为罗斯福的连任筹集资金。因为政治行动委员会的资金来自工会成员的自愿捐款,而不是工会的一般资金,所以并未被《史密斯-康纳利法案》禁止。当然,工业组织协会(CIO)和其他工会也继续代表民主党候选人在党外进行竞选活动。工会在选举中的适应能力引起了共和党人的担忧,他们担心没有任何竞选资金法可以阻止工党的影响力。共和党人甚至考虑立法,禁止工会在选举中花费任何金钱。1944年的一份众议院报告提出了以下质疑:"禁止直接向候选人捐款,却允许在他代替候选人进行支出,这样的法律有什么实际作用?"③在参议员罗伯特·塔夫特(Robert Taft)(俄亥俄州共和党)推动下,一个竞选支出特别委员会对1944年选举中工业组织协会(CIO)成立的政治行动委员会进行了调查。塔夫特被工业组织协会(CIO)散发反对他连任的小册子激怒了。劳工领袖认

---

① 正如最高法院多数意见所引用的,美国诉美国汽车工人案(1957),参见美国国会、房屋劳动委员会,1945。

② 工会在美国诉工业组织协会(CIO)(1948)和美国诉汽车工人(1957)中都未能成功挑战这些法律。然而,在这些决定中扩大企业对工会的捐款禁令的逻辑并没有得到充分的解释(Mutch,2006)。有关竞选财务法规反映相对经济实力这一论点的分析,见Sousa,1999:374—401。

③ 美国国会,白宫,1945:36—37。该报告澄清了将禁止哪些开支,包括"组织者的工资,购买无线电时间,以及组织被禁止与选举有关的其他支出……"无论是否得到候选人的知情或同意。

为,这些支出是对言论自由的行使,受第一修正案的保护。作为应对,共和党参议员试图扩大该法案的范围,使其超越他们所认为的政治献金的狭隘司法定义,但并未成功。

(三)1947年《塔夫特-哈特利法案》

1946年国会选举之后共和党掌权,国会通过了塔夫特-哈特利的劳工法案,使战时临时立法《史密斯-康纳利法案》永久生效,并修改了1935年的《瓦格纳法案》①。共和党人试图改变《反海外腐败法》第313条,将某些支出明确为用于支持候选人的捐款。《塔夫特-哈特利法案》(Taft Hartley Act)的发起人、参议员塔夫特(Taft)大力推动了该法案的通过,他引用了竞选改革家们常说的话:"我们所做的一切都是在填补漏洞。"②共和党控制的国会很快就推翻了哈里·杜鲁门(Harry Truman)总统的否决,通过了《塔夫特-哈特利法案》。工会在法庭上对《塔夫特-哈特利法案》提出异议,但法院支持该法案的条款,然而与结社权利和言论自由有关的基本宪法问题并没有得到解决③。

归根结底,罗斯福新政期间通过的竞选资金改革反映了那个时期党派之争的加剧。罗斯福为强大的民主联盟奠定了基础,但它内部却充满了权力斗争。共和党和南方民主党人联合推进了公务员制度改革和反劳工法(竞选财务法规仅仅是其中一部分)。

讽刺的是,这些法律使得民主党在选举中更加依赖工会。他们加大了工会向民主党捐款的难度,从而鼓励劳工组织从更基础的层面上发展动员

---

① 《塔夫特-哈特利法案》涉及了劳工和管理实践的许多方面。关于财政补贴的条款是削弱工会的泛战略的一个组成部分。

② 塔夫特说:"如果捐款并不意味着支出,那么一个候选人可以让他的公司朋友在选举前一个月每天在报纸上刊登一个广告给他。我认为法律并没有考虑到这样的事情,但它声称它做了,至少其适用于劳动组织时。所以,我们在这里所做的就是堵住这个漏洞。"参见国会记录,1947。

③ 在《塔夫特-哈特利法案》通过后不久,工业组织协会(CIO)批准了一位在马里兰州特别选举中竞选公职的国会候选人,对反对政治支出的条款提出了直接挑战。法院同意 CIO 的意见,而不直接面对政治支出限制的合宪性。参见美国诉工业组织协会(CIO) 1948 案。后来,最高法院推翻了下级法院在美国诉联合汽车工人(UAW)中允许 UAW 购买媒体时间以支持国会候选人的决定。最高法院基于其对国会防止腐败的权力或选举中出现腐败的决定。然而,法院没有解决第一修正案的问题(Sousa,1999)。

选民。这一安排削弱了民主党加强自身选举机制的动力,使该党将不可避免地依赖劳工的选举力量。《哈奇法案》规定了政党开支上限,使得全国委员会需要分散其活动,而《史密斯-康纳利法案》和《塔夫特-哈特利法案》在无意中奠定了未来竞选体系的基础,其中政治行动委员会在其中发挥了重要作用。工会最早发展了这些委员会,后来商业利益集团也逐渐学会如何利用这些组织形式。

综上所述,共和党时期的改革在竞选规则上发生了如下重大变化:
1939—1947年竞选财务法规的主要条款
◆ 禁止联邦政府雇员和部分使用联邦资金的非联邦工人参与选举活动(《哈奇法案》)。
◆ 禁止为联邦政府工作的个人和企业的捐款(《哈奇法案》)。
◆ 个人每年向联邦候选人或政治委员会捐款限制在5 000美元(《哈奇法案》)。
◆ 在两个或两个以上州的政治委员会的开支限制在300万美元以内(《哈奇法案》)。
◆ 禁止工会的政治捐款(《史密斯-康纳利法案》和《塔夫特-哈特利法案》)。

三、1971—2002年民主党的改革

直到20世纪中叶为止,一小群进步的立法者一直在探索着对竞选资金制度进行改革,但两党都没有兴趣组建一个全面改革联盟。20世纪60年代,民主党意识到他们与共和党人在总统选举中的竞争输在了金钱方面。正如他们在1907年通过的《蒂尔曼法案》一样,民主党人再次决定,他们需要通过对政治捐款的规定来限制共和党的筹款。与此同时,他们试图通过公共补贴来扩大对民主党的资金供应。

20世纪60年代之前,竞选资金制度似乎达到了一种平衡,两大政党都认为他们可以筹集到必要的资源来互相竞争。尽管国会在20世纪40和50年代进行了大量的调查,普遍认识到时行法律阻碍了对政治资本进行真正的公

开披露和问责,但几乎没有认真努力来改变竞选资金制度。1951年,一份特别委员会报告指出,"候选人不可能在现有的限制范围内进行国会或参议员竞选",而且"目前对竞选捐款和支出不切实际的限制可能导致犯罪"(Alexander,1972:201)。①

然而,只要萨姆·雷伯恩(得克萨斯州民主党)还是众议院议长,竞选资金改革就不会引起重视。他在参议院的助手林登·约翰逊(Lyndon Johnson)(得克萨斯州民主党)对改革也没有那么热心。这两个德州人都知道,轻松获取竞选资金是帮助他们在国会领导层中走得更高的宝贵资源。② 因此,他们两人不会考虑任何对初选进行规范的法案,任何形式的法案都很少通过两院的委员会。国会的这种态度在1956年参议院对丑闻的反映中得以体现,当时的参议员弗朗西斯·凯斯(Francis Case,南达科他州共和党)获得了2 500美元的竞选资金,以投票支持一项天然气法案(Morris,1956)。愤怒的参议员敦促领导人林登·约翰逊(Lyndon Johnson)和威廉·诺兰德(William Knowland)(加利福尼亚州共和党)提出一项最终包括83名共同发起人的改革法案。然而,这项提案未在参议院得到表决。参议院竞选资金专家赫伯特·亚历山大(Herbert Alexander)讽刺地指出:"法案失败有几个原因,其中最可能的是,由于有这么多支持者,如果法案被提交了,它将不得不获得通过。"(1972:202)

1960年的选举促使民主党人认真对待改革。总统选举花费巨大。当民主党人关心的政党债务,在选举后已经膨胀到接近400万美元(相当于2004年的2 700万美元)(Alexander,1962:13)。民主党人担心,他们无法跟上总

---

① 该委员会建议在初选中开展财务活动,并要求在选举中花钱的外部团体须获得候选人的书面授权。一项由迈克·曼斯菲尔德(Mike Mansfield,蒙大拿州民主党)主持的参议院对1952年选举的特别调查,提出了类似的建议,并推动进一步厘清对候选人和政党的5 000美元捐款限制,因为它鼓励委员会的激增。曼斯菲尔德委员会还建议将政党开支上限从300万美元提高到1 000万美元。

② 根据约翰逊的传记作家Robert Caro的说法,他曾依靠轻松获取的竞选资金来在参议院经营人脉。在20世纪80年代希尔委员会出现之前,约翰逊是一个先驱,他利用竞选资金作为一种资源来赢得参议院同事的支持和忠诚。正如Caro所透露的,他经常派他的助手到得克萨斯,从生意上的朋友那里获取现金,尤其是布朗(Brown)和鲁特(Root),然后存放在他所控制的各个委员会,包括民主党竞选委员会,作为他的个人竞选账户来帮助忠诚的同事以及从他们那里得到未来的承诺(Caro,2002)。在约翰逊的总统任期内,他可能不想被一套削弱他筹资能力的新规章制度所束缚。

统选举成本不断上升的步伐,尤其是由于电视广告突然变得重要。在选举的最后两个月内,两党在广播电视上的花费约为1 420万美元,比1956年高出44%(Alexander,1962:34)。

共和党人发现他们虽然筹集资金比较容易,但也担心是否有足够的资金来改变他们在国会中的少数党地位。20世纪60年代初,有建议提出要寻找合法途径扩大获得资金的渠道,以支付日益增多的电视宣传投入。这一对增加竞选资金供应的关注,标志着竞选资金改革从以往限制供给的战略开始转变。

肯尼迪总统在当选总统后不久就成立了选举费用委员会,抓住竞选资金改革的主动权。上一个这么做的总统是半个世纪以前的西奥多·罗斯福。具有讽刺意味的是,他们都是富人,或许他们对那些关于他们收买选举的指控很敏感。他们也是非常依赖公众声望来在华盛顿获得影响力的总统。如果人们普遍认为他们经常追求巨额资金,那么金钱的污点很容易削弱他们与公众联系的能力。

该委员会由两位政治学家牵头,试图改变先前通过捐款和支出限制来减少竞选资金数额的改革重点。① 最终报告侧重于通过税收减免、扣除和配套资金等公共补贴以鼓励小额捐款,来加强资金供应。② 不同于以往的做法,该委员会建议政党接受公共资金,并提议取消对政党开支的所有限制。它相信这将增强政党全国委员会的影响力,并在竞选活动中增强政党的一体化。另一个重要的创新是成立一个叫做选举财政登记处的独立机构,负责处理信息披露。1962年肯尼迪委员会向国会提交了建议,但改革在肯尼迪去世后停滞不前。③ 亚历山大提到,唯一严肃的院外活动是来自反对修改《联邦通信法

---

① 亚历山大·希尔德(Alexander Heard)是委员会主席,赫伯特·亚历山大是执行董事。希尔德出版的《民主的代价》(1960)一书,深入研究了当时政治中的资本。作为研究生的赫伯特·亚历山大在这项研究中放了大量的调研工作。在公民研究基金会赞助下,希尔德最近开始了他四年期的关于全民选举研究的丛书。
② 委员会还建议对涉及个人、企业和工会的选民登记和筹资活动在内的两党活动进行税收减免。这些建议后来导致了两党筹款实验的失败。
③ 作为总统,约翰逊两年来完全忽视了任何改革建议。约翰逊成为总统后,他可能不想让人们聚焦在竞选议题上,因为这很可能会使他改变立场。当然,一些媒体已经批评了他的总统俱乐部,该俱乐部从有钱人那里筹集资金。

案》的广播业。① 十年之后,在1971年的《联邦选举法案》和1974年的修正案中,肯尼迪委员会提出的许多想法才得以实现。

在寻求公共补贴这一方面,民主党的各派系可能是团结一致的,但对于如何分配公共资源,他们产生了巨大分歧。劳工领袖反对肯尼迪委员会的建议,即把资金拨给各政党的全国委员会和由全国委员会指定的各州政党委员会。他们认为补贴应该提供给非政党组织,并且反对将公共资金提供给由反劳工派系控制的各州政党委员会。工会也反对对政治捐款使用税收减免,因为这一方案更有利于富有的捐款人。反之,他们希望将抵税额用在对包括工会在内的所有政治组织的捐款上。政治学家亚历山大·希尔德(Alexander Heard)认为,劳工领袖不愿意支持改革与一个战略考虑直接相关,即这些改革可能会加强民主党,使其不依赖工会支持来赢得选举。② 而更少的依赖将意味着劳工派在党内的影响更小。③

1964年约翰逊当选后,两起丑闻引起了公众的注意,这促使他和国会领导人试水改革。第一起丑闻涉及年轻的参议院多数党秘书鲍比·贝克(Bobby Baker),他是在参议院为约翰逊工作时迅速崛起的。华盛顿人想知道的是,一个靠参议员微薄的薪水生活的人,是如何积累超过250万美元的净资产的。在参议院的调查中,贝克很明显在利用他与约翰逊及其他权利掮客的关系来进行商业投资。据《纽约时报》报道,贝克"建立了一个商业和金融帝国",

---

① 在一个颇具争议的举措中,委员会建议1934年《美国联邦通信法案》第315条在每次总统选举前暂时中止。这一部分通常被称为"等时"条款。在实践中,这意味着广播公司必须给候选人提供平等的机会。如果他们允许一个候选人购买时长或提供免费时间,他们必须允许所有竞争者,包括第三方候选人购买同样的时间。其目的是阻止广播公司提供任何时间。著名的尼克松-肯尼迪辩论是允许的,因为国会暂时中止了第315条款,允许两个主要政党候选人面对面辩论,而不是为第三方候选人开放论坛(Alexander,1972:205,259—264)。

② 这是委员会主席希尔德的政治观点。希尔德表示:"总统的税收优惠政策未得到劳工领袖的支持,可能是因为对劳动政治委员会的捐款不符合获取该福利的条件。如果政党的筹资能力提高,劳工对民主党候选人的帮助相对重要性可能会减弱,从而削弱了它的战术地位。"引用Alexander,1972:208。

③ 还有一种担心是,如果政党的全国委员会控制资金,只有政党常客才能获得资金,一些现任者欢迎这种做法。在该委员会任职的赫伯特认为,国会议员抵制立法,因为立法将为政党组织提供资金,使其无法成为候选人。在明白白宫不会为他们努力的情况下,国会的不情愿加上工党的反对导致了主要的改革法案被提出仅供记录(Alexander,1972:210)。

包括汽车旅馆、餐馆、自动售货机公司、房地产控股公司和抵押保险公司。①另一个丑闻涉及参议员托马斯·J. 多德(Thomas J. Dodd)(康涅狄格州民主党),他将他的竞选资金用于个人用途(New York News,1966a)。

共和党人利用民主党的这些丑闻,推动制定旨在破坏民主党主要以年度晚宴为基础的国会筹款规则。1966年,国会通过了威廉姆斯修正案(Williams amendment),限制在政党聚会时分发的党刊中刊登企业广告。参议院财政委员会的参议员约翰·威廉姆斯(John Williams)(特拉华州共和党)起草了一项法案,该法案将取消在任何党派出版物中购买广告的公司的税收减免。1965年,民主党通过在一家政党杂志上向公司出售广告,筹集了100多万美元的资金。民主党人称这本杂志是为了"选民教育",尽管它只是一本向第89届国会民主党成员发表的乏味的致敬年鉴(Morris,1966)。威廉姆斯说,这些党派参与了对与联邦政府有业务往来的公司的"勒索"(Herbers,1966)。在1968年选举前夕,这项修正案在实施一年多后被民主党控制的国会废除了。

尽管废除了《威廉姆斯修正案》,但民主党仍然处于财政困境,因为选举成本大大超过了他们惯常筹集的资金。考虑到政党的不同特点,民主党缺乏全美范围内的捐款者(我将在第5章中提到的话题)。尤其是在最近民主党被爆出丑闻之后,他们不能再依靠老办法来筹集资金。尽管共和党人在1964年惨败,但共和党全国委员会和戈德华特选举委员会还是设法从激进保守派手中筹集了惊人的1 850万美元。赫伯特·亚历山大(Herbert Alexander,1966:70)估计,他们大约从65.1万名公民那里小额筹集到了大部分资金。考虑到这一点,约翰逊总统可能鼓励他的参议院老朋友拉塞尔·朗(Russell Long)(路易斯安那州民主党)发起一项大胆的提案,为总统选举提供公共资金。朗此前从未对竞选资金改革表示过兴趣,也没有参加过之前国会就公共资金问题的辩论。1966年,他简单地将他的修正案附加到一项重要的税收法案中。他的提议是采用了一种典型的民粹主义解决方案——政府只需要用公共财政来支付竞选费用——来解决关于早期政府是否应该利用减税和信贷的党派争

---

① 参议院由参议员埃弗雷特·乔丹(Everett Jordan)领导的参议院特别委员会,宣布贝克没有违反任何法律的规定,尽管他们严厉指责他犯下"严重的不正当行为"(Phillips,1966)。

论。但他的改革并未涉及酝酿已久的关于为国会提供选举资金的讨论,以及建立一个独立机构监督金融活动的提议。出于这些原因,以艾伯特·戈尔(Albert Gore)(田纳西州民主党)为首的参议院自由派人士强烈反对这项长期提案。参议员戈尔在这个问题上花费了很多时间,希望进行全面改革(*New York News*,1966b)。他认为,朗提出的法案在控制竞选成本和公开披露方面还远远不够。连自由派的《纽约时报》和《华盛顿邮报》也反对朗的计划。《纽约时报》在一篇社论中抱怨说,朗的提案将在每个财政年度花费超过2 000万美元,但对降低竞选成本毫无帮助(*New York News*,1966b),这些批评反映了一种长期以来受进步主义启发的偏见,即支持削减竞选开支的改革,将赋予新闻媒体等机构更大的影响力。

朗对这些批评做出了回应,称至少自己是在做一些事情,而其他人仅仅停留在口头谈论(Mann,1992:247—54)。不论戈尔对《朗法案》的反对是基于政策分歧还是嫉妒(毕竟,竞选改革是他的地盘),这一分歧导致了他们在参议院开展了激烈辩论。参议院领袖迈克·曼斯菲尔德(Mike Mansfield)(蒙大拿州民主党)恳求他们达成一些妥协,以便参议院能处理其他事务。朗拒绝让步,一直在约翰逊总统的悄悄鼓励下利用议会技巧使法案持续存在(Alexander,1972:218)。辩论持续了一个多月,只得到了五张没有结论的投票。朗在这一问题上的长期拉锯战极大地考验了同僚们的耐心,但亚历山大认为,朗的公开辩论使竞选资金问题得到了更多的关注,更广泛的改革运动得以被激起(Alexander,1972:221)。

朗的坚持使得该竞选议题的知名度得以提高,也让西奥多·罗斯福认为应该在选举中使用公共资金的想法获得了合法性。他的修正案提出,每个提交联邦所得税申报表的纳税人都被指定向总统竞选基金捐赠一美元。在每一个总统任期,财政部将制定一个公式,根据主要政党和次要政党在前一届选举中的表现,向他们支付的费用。该法案将向每个主要政党提供3 000万美元(相当于2004年的1.77亿美元)。

参议员朗一直希望公共资金能直接拨给政党,这样就能提高他们在选举过程中的地位。但是民主党内部的派系分歧阻止了这一切的发生。戈尔认为,《朗法案》将会扼杀他自己提出的另一项更加全面的竞选资金改革的通过机会,包括政治献金和支出的限制、免费广播时间、及时披露和监管监督。其他自由派人士,如参议员罗伯特·肯尼迪(Robert Kennedy),不希望公共资金落入约翰逊在民主党全国委员会中的效忠者手中,因此主张建立一种将资金直拨给候选人的制度①。约翰逊支持《朗法案》,因为这将是他竞选活动的一个易得的资源注入(Mann,1992:247—254)。② 约翰逊可能也希望这项立法能缓解他支持另两项改革的压力,即对初选进行监管和提高竞选资金公开度,这两项政策使得他的南方同僚们感到不安。一些南方人起初对朗的提案犹豫不决,但当他们了解到该法案承诺给予独立候选人亚拉巴马州州长乔治·华莱士(George Wallace)优惠待遇后,他们也加入了支持队伍中。③

最后,朗在对政党直接补贴问题上做出了妥协。这笔资金将直接拨给候选人委员会,这让那些不想加强传统政党领导人权力的自由派感到满意。为了保证共和党人的利益,《朗法案》在除了包括在纳税申报单上抵扣 1 美元以外,还允许在政治献金上最多减税 100 美元。然而最终,没有一个共和党人投票支持《朗法案》。一些自由派民主党也拒绝支持这项法案,因为它没有包括国会竞选的资金。朗成功地推动了国会通过他的法案,却没有真正建立起一个坚实的联盟来维持这一计划。在该法案签署为法律的仅仅一年后,在参议员戈尔和威廉姆斯的领导下,自由派民主党和共和党就废除了这项法案。④

尽管《朗法案》被废弃了,但国会对竞选资金问题的兴趣却大为提高,这超出了改革派的进步主义内核。长期以来,南部民主党人一直在阻挠改革,但他们现在正面临着真正的大选危机,开始变得对改革热情高涨。南方的共和党人在各州逐一发动攻势,赢得了关键州的选举。在共和党全国委员会的雷·C. 布利斯(Ray C. Bliss)的领导下,共和党人有组织地在各州建立了具体策

---

① 美国国会,1967,参议院财务委员会听证会,245—246。
② 约翰逊最初不确定是否支持朗法案,但他显然认识到这项法律将使他受益,最终成为强有力的支持者。在朗法案被废除后,约翰逊在 1967 年提交了自己的法案,恢复了朗的提议,即通过国会拨款直接分配,而不是通过个人的税收抵免。然而,总统的法案未得到国会的投票表决。相反,国会考虑了由阿什莫尔(Ashmore)和古德尔(Goodell)代表的众议院法案(Alexander,1972:217)。
③ 其中包括来自亚拉巴马州的两位参议员李斯特·希尔(Lister Hill)和约翰·斯帕克曼(John Sparkman)(Mann,1992:250—251)。
④ 参议员戈尔(Gore)已经说服了足够多的民主党人,认为该法案存在严重缺陷。毫无疑问,国会里有反战的自由派,他们不想加强总统的控制力。

略,包括培训当地工作人员、购买选民档案和帮助筹款等方式(Green,1994)。当对手变得强大时,南方人可能认为需要限制共和党人的资金了。虽然戈德华特(Goldwater)输得很惨,但他依然筹集了大量资金,大部分来自南方。

共和党人也有理由要修改法律。尽管在南部有过几次成功,但他们在1964年的选举中仍然处境困难。戈德华特不仅在总统选举中以压倒性的态势落败,而且民主党还在众议院获得了36个席位,占据了2/3的多数派地位。鉴于这一损失,共和党人寻求改革,以确保他们能够获得重建政党的资金。《哈奇法案》对政党全国委员会的开支设定了300万美元的上限,严重制约了政党的发展。

1967年,一个由共和党人和南方民主党人组成的保守联盟推动了一项法案,联合起来对抗劳工组织在选举中的影响。以罗伯特·T. 阿什莫尔(Robert T. Ashmore,南卡罗来纳州民主党)和查理斯·古德尔(Charles Goodell)(纽约州共和党)命名的《阿什莫尔-古德尔法案》,是彻底的反工会法。其中一项条款规定禁止贸易协会、工会和企业利用他们的资金来向任何党派活动提供人员支持或行政开支支持。由于工会是竞选活动的先锋队,相较于还没有参与这些活动的贸易协会等组织,这项法案对工会而言更为不利。工会领导人指责共和党人试图让负责政治教育(OCF)的劳联一产联委员会"破产"(Morris,1967)。但是,除了削弱工会之外,共和党人在《阿什莫尔-古德尔法案》中还有别的收获。该法案抛弃了《哈奇法案》中规定的支出上限。如果共和党人想争夺国会的控制权,他们就需要一个强大的政党组织来筹集和支出资金。

但最终,《阿什莫尔-古德尔法案》失败了,因为它触犯了太多民主党人的利益。这项法案不仅削弱了工会的力量(Landauer,1968),而且还包括了对初选的监管,这限制了许多南方民主党人的支持。然而,这项法案最终塑造了1971年《联邦选举法案》的轮廓,特别是它提议建立联邦选举委员会(FEC)来负责在联邦选举中的接收、分析和审核所有候选人和委员会的公共开支报告①。

尽管各种想法和法案在国会不断涌现,但僵局依旧。可以说,自1947年到1968年大选开始时,竞选资金改革领域没有新的进展。不仅《朗法案》被废

---

① 然而,该法案不包括反劳动条款。不仅如此,它还包括增加对政治行动委员会的规定,政治行动委员会在当时主要是工会政治行动委员会。美国劳联—产联(AFL—CIO)强烈反对该法案,因为它认为该法案将限制其政治教育计划(Zelisher,2002:87)。

除,而且民主党人也成功削弱了《威廉姆斯修正案》,帮助他们为即将到来的国会选举筹款。

(一)1971年《联邦选举法案》(FECA)

1968年的选举再次暴露了民主党在总统竞选中与共和党竞争时政治资本方面的弱点。理查德·尼克松(Richard Nixon)在1968年的筹款打破了以往的记录。① 与此同时,民主党人在竞选活动中背负的930万美元债务也创了纪录(Franklin,1971)。② 在越南战争和民权问题上,民主党存在严重分歧,他们由此很难筹集足够资金来偿还债务并同时为1972年的大选做准备。尼克松入主白宫后,民主党人严肃地认为,无论以什么标准衡量,这位总统都是一个强大的资金筹集者——他将有更多的机会从企业中获得竞选资金。就像世纪之交的时候马克·汉纳一样,尼克松的竞选团队为不同的行业和企业制定了捐款配额(Alexander,1992:18)。但这些成功却不符合道德的筹资策略在随后的水门事件被完整揭露。

由于担心被共和党人的资金淹没,民主党领导人在1970年夏天开会,决定通过竞选资金改革来平衡竞争环境(Weaver,1971a)。③ 他们决定推动一项法案,将公共资金注入民主党的金库,并向总统候选人提供资金。总统候选人可以接受约2 000万美元的公共基金,但必须同意将支出限制在拨款的数额内。当然,民主党人也可以继续依赖工会的外部支持。该公共资金计划要求建立之前曾被《朗法案》引入但后来被废除的税收代扣制度,还要求引入政治捐款的税收减免和信贷制度。纽约时报的汤姆·威克(Tom Wicker)④称这一计划为"民主党的意外收获"(1971:47)。

---

① 在1968年的竞选中,理查德·尼克松花费了创纪录的6 300万美元(相当于2004年的3亿4 200万美元);其中约1/3来自153个捐款者,他们捐助了5万美元甚至更多(Alexander,1972:7)。

② 民主党在1971年的债务非常严重,以至于AT&T威胁道,除非还清债务,否则将拒绝为1972年民主党全国代表大会提供电话服务,并邮寄了一份债券以支付迈阿密可能的电话费用(Peabody,etc,1972:213n12)。

③ 会议在民主党全国委员会主席劳伦斯·奥布莱恩(Lawrence O'Brien)的家里举行,与会者包括几位民主党总统候选人和该党的国会领导人。

④ 纳税人可以申请纳税额50%的税收抵免,联合报税最高可达50美元,或者联合报税最高可达100美元的全额税款抵免。

这项法案对民主党参加国会竞选很有帮助。该法案提议限制所有联邦候选人在媒体上的花费。① 例如，1972年纽约州参议员竞选时，在媒体方面的支出不允许超过49万美元，这个限额几乎是这些参议员竞选通常支出的一半(Finney,1970)。作为现任政党，通常比挑战者更具知名度，因此民主党人不必担心削减媒体支出。从民主党的角度来看更为重要的是，这些限制显然更有利于更富裕的共和党人在媒体支出上展开竞赛。另外为了降低购买媒体的成本，还出台了一项单独的法案，要求广播公司在候选人购买广播时间时给予大幅折扣(Peabody et al.,1972:36)。②

民主党人推行的立法策略似乎让共和党人措手不及(Weaver,1971a)。在最后一刻，他们将这一法案作为总统支持的1971年税收法案的附件提交了参议院。随之而来的是一场激烈的党派斗争，但民主党领导人保持住了党内的团结，只失去了5名南方民主党人，并以52票对47票通过了这项法案(有两位共和党人支持)。共和党全国参议员委员会主席约翰·托尔(John Tower,得克萨斯州共和党)曾致信同僚，称这项法案"违背了我们党的最大利益"(Finney,1970)。在会议上，这项法案被附到已获众议院批准的税务法案上。法案一出台，尼克松政府就宣布总统将否决该竞选资金条款。虽然共和党人把这项计划标榜为政客的"贿赂基金"和"对联邦财政部的突袭"，但尼克松更担心的是要求他披露所有捐款者的条款(Weaver,1971b,1971e)。

民主党人相信，将竞选议案附在税收法案上，会在会议委员会中取得胜利。为使竞选议案成为一揽子计划的一部分得以保留，民主党领导人愿意在税收措施上妥协，或者至少迫使总统摊牌。但民主党的策略失败了，拨款委员会主席威尔伯·米尔斯(Wilbur Mills)向尼克松提出了一个折中方案，即支持总统选举的公共资金将推迟到1976年的选举。民主党领导人对米尔斯屈服于政府的压力感到愤怒，但这位阿肯色州的民主党人声称他在众议院没有足够的票数来推翻总统的否决(Weaver,1971a)。

---

① 该法案规定了候选人在初选、决选、特别选举及大选中在各种媒体上的开销上限，包括广播、电视、有线电视、报纸、杂志和自动电话系统。根据法律，每个到选举年龄的人的开支范围为10美分到5万美元。此外，该法还宣布，用于广播和电视广告的支出不得超过候选人的总媒体支出的60%。这些限制分别适用于初选和普选，并被编制指数以反映消费价格指数的增长。

② 候选人可以获得提供给其他广告商的多达70%至80%的折扣。

第三章 联邦竞选财务法规的改革历史

尼克松总统于1972年2月7日签署了税收法案,并没有过多关注竞选财务法规。当时,公众似乎并不关心改革。水门事件还未发生,尚无任何丑闻来调动公众舆论。但随着水门事件的曝光,一种新的政治形式出现了,更多的公众意识被激发。"增效国会全国委员会"和"共同事业全国委员会"等公共利益组织,通过他们高强度的宣传、游说及直接邮寄,来发展改革支持者。1971年1月,成立一年就声称有超过3 000名成员的"共同事业全国委员会",在纽约对政党提起了集体诉讼,声称他们违反或密谋违反1925年的《反海外腐败法》。① 通过将竞选资金问题提交法院,"共同事业全国委员会"强烈要求当局强制执行从未实施的法律。与此同时,这些诉讼也暴露了那些法律条文有很容易被逃避的不足之处。

1971年的《联邦选举法案》显然是一个带有党派色彩的法案。民主党人利用他们在国会中的多数席位通过了有利于他们政党的立法。共和党一直被选民视为反改革的政党,因此要促使共和党投票支持改革,还缺乏一个丑闻作为契机。尼克松一直威胁要投否决票,这给了他们支持改革的借口。事实上,为国会选举提供公共资金并不是协议的一部分,这使得他们更容易同意这项法案。共和党确实在某些方面赢得了胜利:他们取消了所有存在的对候选人捐款和支出的限制。该法案还对候选人为自己的竞选活动捐款的数额做出了限制,这将阻止富人为自己的竞选活动提供资金。② 资金紧张的民主党人通常更愿意寻找那些富有的候选人,这些人通常不会耗尽民主党的财力。

共和党人曾要求设立一个独立的机构来监督选举开支,因为他们觉得民主党人会在竞选中有选择地利用众议院的内部报告制度来反对他们。但民主党人对创建这样一个独立机构并不热心。众议院管理委员会主席韦恩·海斯(Wayne Hays,俄亥俄州民主党)考虑了这项立法,然后通过了取消这一关于建立独立联邦选举委员会的条款。不过,这些报告会一直向众议院或参议院的书记员手中递交,而参众两院都由民主党控制。共和党人被迫做出妥协,同

---

① 这项诉讼指控纽约各政党鼓励并协助成立多个委员会,以帮助个人候选人,以此绕开1925年的FCPA中5 000美元的捐款限制。该诉讼还称两党支出超过了政治委员会300万美元的开支上限(Alexander,1972:228)。

② 该法案设定了总统候选人和副总统候选人及其直系亲属的个人捐款上限为5万美元,参议院候选人为3.5万美元,众议院候选人为2.5万美元。

意国会候选人在众议院和参议院备案,但要求总统候选人在总会计办公室备案。还有一些条款提出了更多的披露要求,通过这些条款,尼克松总统连任委员会的邪恶竞选行为将被揭露出来,同时也提供了弹劾尼克松的证据。这些条款还为《联邦选举法案》的修订奠定了基础。

(二)1974年《联邦选举法案》修正案

如果说哪一件丑闻决定了竞选资金改革的进程,那就是与尼克松总统的连任委员会有关的水门事件。尽管共和党领导层认为修改《联邦选举法案》对共和党来说很糟糕,但在两党支持下,这一新法案获得通过。因为卷入丑闻的是共和党的领袖总统,共和党人几乎没有理由为自己辩护。民主党在1974年的国会选举中取得胜利,很大程度上也是因为他们承诺要整顿政治。

随着对水门事件的调查,发现相关的行为既违法又低俗。国会开始考虑收紧竞选资金法,参议院提出了比众议院所提议的更为广泛和严厉的立法。像泰德·肯尼迪(Ted Kennedy,马萨诸塞州民主党)这样的自由派提出要用公共资金支持国会选举,并设立一个独立且强有力的监督机构去调查竞选活动。① 新进步派约翰·加德纳(John Gardner)创立的"公共事业"公益组织为他们做了良好的宣传(Peabody et al. ,1972;Rosenbaum,1974)。工会推动了限制候选人支出的规定,同时允许各组织通过政治行动委员会捐款。当时,很少有其他组织在联邦选举中利用这类委员会。

尽管自由劳工联盟强大,公众舆论对改革也非常有利,但要通过对《联邦选举法案》的修正并不容易。参议院的民主党领袖们不得不与南方民主党、共和党进行冗长的辩论,才能将提案提交到会议上。此外,在众议院,筹款委员会(该委员会负责审查为选举分配公共资金的政策)主席韦恩·海斯一再拒绝参议院提出的改革。许多众议院民主党人并不希望有一个独立的机构来监督国会的竞选活动。特别是海斯,他非常坚持国会候选人竞选报告应向众议院书记官进行报告,而书记官是由当时的多数党民主党任命的。正如我简短解释的那样,众议院法案也是为了保持民主的多数地位而精心制作的。

---

① 参议员特德·肯尼迪(Ted Kennedy)在台上说道:"谁是美国的主人?是民众还是那一小群竞选捐款者?"(Murray,1974)

第三章 联邦竞选财务法规的改革历史

在会议委员会中,国会选举的公共资金问题陷入僵局。在获得众议院议员们让步后,参议院会议成员放弃了法案的这部分内容,转而支持该法案的另两个重点,调高国会竞选的支出上限并成立一个强有力的独立选举委员会。[1] 这一新机构将承担以前由国会官员和总会计办公室分担的行政职能。它还被赋予了民事执行事项的管辖权,编写条例的权力和监督法律的遵守情况的责任。[2]

尼克松在辞职之前,曾威胁要否决国会通过的大多数法案。他尤其坚决反对通过税收表格将财政资金用于联邦选举。[3] 这一立场是对国会共和党人的保护,因为他们知道总统会否决包含公共资助条款的立法,他们可以去投票支持竞选资金改革。最终,就在尼克松于8月8日宣布他打算辞职的几个小时之前,众议院以压倒性的优势通过了这项法案(CQ Almanac,1974:612)。共和党对该法案的支持并没有阻止少数党领袖约翰·罗兹(John Rhodes)(亚利桑那州共和党)提议总统否决该法案,理由是该法案带有强烈的偏见,将"保持民主党的多数地位"(CQ Almanac,1974:627)。尼克松的继任者杰拉尔德·福特(Gerald Ford)在10月15日不情愿地签署了该法案,并指出"是时代需要这项立法"(Herbers,1974)。[4]

这项法案似乎大大加强了民主党的地位。该法案通过向总统候选人提供充足的公共资金,解决了民主党每四年一次寻找资金追赶共和党总统候选人的困境。此外,该法案通过限制竞选捐款和支出来保护执政党。[5] 限制个人

---

[1] 委员会的众议院版本要求兼职专员,并没有赋予该机构在法庭上寻求民事禁令的权力。

[2] 根据1974年修正案,参议院议长、众议院议长和参议院临时议长分别任命了新成立的委员会里6名有投票权的成员中的两名。参议院的秘书和众议院的书记员被指定为无投票权的前工业组织协会(CIO)委员。第一批委员于1975年4月14日宣誓就职。

[3] 提交纳税申报表的公民可以在其纳税申报表上的复选框中勾选,以保证他们是否愿意向总统基金支付两美元税款。

[4] 总统竞选委员会在墨西哥进行了洗钱,为水门事件提供了资金。他们还从一些个人和组织中筹集了令人瞠目结舌的资金。保险大亨克里曼特·斯通(Clement Stone)向尼克松的竞选团队捐赠了超过200万美元,这创下了新纪录。乳业利益集团的贡献也多达77万美元,除此以外还提供了更多的承诺——作为提高牛奶支持价格的交换;国际电话电报(ITT)为共和党全国代表大会提供的10万~40万美元捐款,旨在阻止反垄断立法;美国航空公司和美国造船公司的企业负责人承认,他们认为尼克松的竞选团队在为了政治献金而勒索他们(和其他人)。

[5] 众议院候选人的花费不得超过7万美元。在参议院,在大选期间,州内每个达到投票年龄的人的支出上限是12美分(之前的媒体支出限制被取消)。最高法院在其关于 Buckley v. Valeo(1976)的判决中宣布这些支出限额是违宪的。

079

捐款不仅会减少大量亲共和党的商人捐款,而且这种限制通常会帮助那些拥有经验和知名度等非金钱优势的现任者。[1]

利益集团只能通过政治行动委员会进行捐款的规定,被认为是民主党人和工会的福音。事实上,共和党人曾提议禁止政治行动委员会捐款,只允许个人捐款。两党都没有预见到商业企业和协会会适应并主导政治行动委员会系统——这一变化最终使共和党人受益。最后,这部法律还有一个没有引起公众注意的新特点,民主党设法取消了《哈奇法案》中对联邦竞选活动中关于州和地方雇员自愿活动的限制,这使得更多的公职人员有机会在选举中提供帮助。

对候选人委员会和政治行动委员会的关注揭示了美国政党的边缘化地位,对政党采取管制措施也是在事后才想到(Sorauf,1992)。在众议院法案的一个最新版本中,政党和政治行为委员会被同等对待,都受制于同样的5 000美元政治献金限额。直到比尔·弗伦泽尔(Bill Frenzel,明尼苏达州共和党)提出,应该允许政党获赠1万美元以提升政党实力。没有人反对这一提议,这似乎也是对共和党的一个重要让步,因为共和党更多地依赖于党内组织。[2]

《联邦选举法案》通过将候选人和政治行动委员会的作用制度化,使得候选人为中心的制度得到发扬。矛盾的是,这项法律忽略了政党,从而为各政党提供了适应新的竞选环境的机会。对政党有利的法院裁决使得各党派获得更多免受政府监督的保护。各政党向联邦选举委员会施压,要求对适用于政党的法规进行宽泛的解释。

1974年修正案并不是最后的定论。参议员詹姆斯·巴克利(James Buckley)(纽约州共和党)和尤金·麦卡锡(Eugene McCarthy)(明尼苏达州民主党)很快加入了反对该法案的诉讼,主要指控支出条款违反了第一修正案。最高法院于1976年1月30日在巴克利诉瓦莱奥案中做出了裁决,[3]支持捐款限制,因为他们在防止腐败方面服务于至关重要的公共利益,但推翻了

---

[1] 马奇指出,企业高管通常会做出大笔的个人捐款,因为他们知道企业将通过奖金全额补偿他们。他还指出,国会在1974年通过了一项法案("Deimin"法案),解除了对政府承建商的捐款禁令,这可能会使大多数人受益(1988,166)。

[2] 弗伦泽尔还反对为总统候选人提供公共资金,称这将取代政党的作用。

[3] 该诉讼的起诉对象是参议院秘书弗朗西斯·R.法雷奥(Francis R. Valeo)。

开支限制，因为这对言论自由施加了更大的限制，同时腐败的可能性并不明了。同时，判决认为对接受公共资金的候选人的限制是符合宪法的，因为候选人可以自由地选择拒绝公共资助和使用私人资金。①

1976年5月11日，国会通过修正案回应了最高法院的决定，除接受公共资金的总统候选人以外，废除了开支限制。国会还限制了可以从公司和工会筹资的政治行动委员会的范围。这一行动是对联邦选举委员会咨询意见的回应，该意见允许企业不仅可以从股东那里获得政治捐款，还可以从雇员那里获取。②

在1979年修正案中，民主党人推动了更严格的规定，以阻止公司和工会经营多个政治行动委员会。他们显然对企业在政治行动委员会活动方面的扩张感到担忧，然而，工会依然可以继续通过地方和国家一级进行捐款。1979年的修正案也试图通过简化报告要求来减轻管制负担。③

1978年，民主党人曾希望通过一项对《联邦选举法案》的修正，缩减政党捐款、协调支出，并为竞选提供更多的公共资金，以拖延共和党的重建工作（Kolodny，1998：134）。最终，"是否允许州和地方政党不受限制地将资金用于重点党建工作"成了引发了最大争议的问题，但这一问题与联邦候选人的选举并没有直接关系。一些州的政党官员经常抱怨由于《联邦选举法案》限制，使得向接受公共资金的总统候选人提供帮助，这让他们很难参与基层的竞选活动。出于对这些意见的回应，1979年修正案宣布，诸如登记及联系选民、张贴草坪标志和发放手册等基层活动将不受《联邦选举法案》限制。与此同时，联邦选举委员会建议州政党在与州选举有关的活动中使用非联邦资金，即软性捐款。换句话说，他们可以在州竞选活动中把"软性捐款"和联邦"硬性捐款"混合使用。大多数情况下，对非联邦筹款的限制较少。例如，一些州没有对政党的捐款来源和规模进行限制。利用这一机会，各州政党在选举中，甚至

---

① 法院在共和党全国委员会诉联邦选举委员会（FEC）（1980）案中重申了这一裁决。法院还维持了其他公共资金条款并支持披露和记录保存要求。然而，最高法院发现委任FEC委员的方法违反了分权的宪法原则——任命了4名委员的是国会，而不是总统。

② 请参阅联邦选举委员会，1975，1975—23的咨询意见，与一个隶属于太阳石油公司的政治委员会SunPac的意见有关。

③ 联邦竞选法案，P. L. 96187，于1980年1月8日颁布。

在联邦选举中尽可能多地筹集和消费"软性捐款"。这些政党全国委员会成功地向联邦选举委员会提出，他们应该获得软性捐款，因为他们也参与了州选举。这些对联邦选举委员会咨询意见的修改，标志着所谓"软性捐款漏洞"的开始。

1966—79年间竞选财务法规的主要条款如下：

建立选举委员会(1974)。

为总统选举建立公共资金体系(1966,1971,1974)。

允许为政党大会提供公共资金(1971,1974)。

设定支出限额(1974,1976废除)。

对每次选举的候选人委员会设定1 000美元的捐款限额；总限额为2.5万美元(1974)。

允许与联邦政府签订合同的企业或工会建立和运作政治行动委员会，以进行政治捐款(1974,1976)。

个人向每个政治行动委员会捐款的上限为5 000美元；对全国委员会的捐款上限为2万美元(1976)。

每个工会或企业向每个政治行动委员会捐款的限额为5 000美元；总额没有限制。

政党捐款的限额为1万美元，并为候选人设定支出上限(根据通货膨胀调整)。

允许州和地方党使用非联邦资金(软性捐款)用于政党建设和基层竞选(1979)。

提升信息披露的执行力度；对不报告的人处以巨额罚款；委员会可以对违法行为进行强制执行。

但是改革者们尚未考虑到软性捐款。相反，在20世纪80年代，民主党的进步派仍继续敦促改革，以限制不断增长的政治行动委员会。而民主党领导人，比如民主党国会竞选委员会主席托尼·科埃略(Tony Coelho)，一直试图争取商业行动委员会的资金，这使得进步派感到很失望，因为这些政治行动委员会有严重的商业利益倾向(Sroaf,1992:117,173;Koldony,1998:147—152)。

直到20世纪90年代，人们的注意力才从政治行动委员会转向软性捐款问题,两党都越来越多地使用软性捐款,有针对性地动员选民来支持各自的候选人。正如下一章所阐述的,一个由民主党组成的"前改革联盟"试图禁止软性捐款,他们的行动在得到新进步派参议员约翰·麦凯恩(亚利桑那州共和党)的支持后得以推进。麦凯恩以改革竞选制度为基础,开展了一场民粹主义的总统竞选活动。麦凯恩,曾在1988年因涉及一个寻求监管救济大型软性捐款者的基廷五人基金丑闻而的名誉受损,所以有人认为他是为了澄清这一问题而投向改革(Dwyre&Farrar Myers,2001:36)。

这些努力最终促成了2002年通过的《跨党派竞选改革法案》(Bipartisan Campaign Reform Act,BCRA)——《麦凯恩-法因戈尔德法案》(McCain Feingold bill)。正如激情澎湃的公共利益组织游说改革时所宣传的那样,该法案根植于一个世纪以来的进步主义观念,即政治中的金钱问题。《跨党派竞选改革法案》支持者宣称的目标是防止腐败。然而,我认为改革是由于强有力的党派和派系利益推动的。对《跨党派竞选改革法案》的最终投票受到了备受诟病的安然公司丑闻的推动,安然公司给两党成员都提供了大量的软性捐款。但是《跨党派竞选改革法案》的故事,同先前的改革一样,更多是关于战略选择。在这种情况下,民主党利用竞选资金问题谋取短期竞选优势,将自己塑造成反对多数党的改革者。民主党人还认为,他们的政党非常适合在政党结构之外进行竞选活动。他们明白,他们可以依靠工会的支持和其他团体组织的竞选活动来保持党在下一次总统选举中的竞争力。然而,共和党人更喜欢通过正式的政党结构展开竞选活动。传统观点认为,《跨党派竞选改革法案》是一个民主党的"自杀法案",与之相反,这项法案的核心特征——对政党的软性捐款禁令,最终可能会伤害到共和党而不是民主党。在2004年大选中,也就是在《麦凯恩—法因戈尔德法案》通过后的第一次选举中,民主党人证明他们可以通过工会和其他党派团体,在政党结构之外使用软性捐款,来组织一场令人称奇的竞选运动。然而,对他们来说不幸的是,共和党人即使没有软性捐款,也能发动一场有效的、基于党派的选民动员运动。

下一章将介绍一个改革理论,利用这一关于派系斗争和政党资源的叙述来解释包括2002年的《跨党派竞选改革法案》在内的联邦竞选资金改革的设计和实施。我的论点是,党派人士试图通过推动某些竞选资金改革来获得选举优势。在总统选举筹款中,民主党总是落后于共和党,所以他们倾向于要求改革,使共和党难以在共和党全国委员会中筹集资源。相比之下,共和党人支持的改革,会使外部团体,尤其是工会更难通过实物支持来帮助民主党。此外,每一党派内部的派系根据这些提议是否会给他们带来资源优势,从而在党内获取相对于其他派系的影响力,来决定他们是否支持特定的改革。但是,大多数改革提案通过鼓励政党之外的资金流入候选人和利益集团手中,无意中强化了美国政治活动的碎片化本质。

第四章　竞选资金改革与《跨党派竞选改革法案》的理论解释

解释政治改革为什么会发生是这一领域研究的第一个难题。比如，明明在现有的竞选财务法规下，现任政府是赢家但他们为什么还要修改竞选财务法规。改革者寻求的一些改变可能会使挑战者能更有效地与在任者竞争。而且，政客们可能不得不花费更多的时间来筹集资金或学习新规则，导致即使是微不足道的改革也会带来不必要的花费。另外，为什么在改革对公众利益影响不大，且公众对任何此类改革的偏好不强的情况下，政客们还是会通过竞选财务法规呢？在这一章中，我会介绍对改革中的这些困惑进行解释的两个相互竞争的理论——公共利益论和党派论。

先前关于竞选财务法规改革的报道主要强调了丑闻的重要性，因为丑闻会迫使政客们改变现状并通过反映公众利益的法律（Corrado, 1997: 25—60；Mutch, 1988；Theriault, 2005；Zelizer, 2002: 73—111）。这些报道采用的就是公共利益论对改革的解释。公共利益论假设政治家不会自愿改变赋予他们竞争优势的选举规则，他们只会出于恐惧被迫通过改革。因为他们害怕如果丑闻暴露出现有制度是多么腐败而他们却反对竞选财务法规改革，他们将会失去选民对他们的投票支持。

然而事实上，丑闻在塑造政治改革方面发挥的作用并没有那么大。相反，改革背后的动机是党派之争，或者更具体地说，是在追求选举优势的战略党派之争。美国的政党及其内部派系会在符合自身利益的情况下寻求竞选资金改革。丑闻偶尔会成为一种有用的催化剂，以争取犹豫不决的立法者通过改革，但这不是充分或必要条件。本书后文在前一章的历史叙述的基础上，以竞选财务法规为背景,发展了一套党派改革理论。这一理论将解释各大主要政党在不同时期是如何要求改革的,主要原因便是他们认为竞争对手拥有赢得选举(尤其是总统选举)的优势资源。资源贫乏型政党进行改革的一个重要目标,是通过削弱竞争对手的优势来实现竞争公平。在这一过程中,丑闻的作用是将敌对党描绘成"腐败",从而使得"改革"的党派获得先发优势,提出一系列更适合自己组织的改革方案。党派改革理论能比公共利益论更好地解释改革的时机和设计。

党派改革理论并不否认"无党派"支持者在改革中的重要作用,他们是进步时代传统的继承者。这些支持者通常由专家、智库、慈善家、基金会、公共利益团体和寻求改革的核心立法者组成。他们得到了很大一部分中层和中上层阶级选民的支持,这些选民一般都是专业人士,他们的政治取向让人想起进步派。尽管政治改革家们已经准备好了政策建议,但在政党领导人相信在特定改革带来的选举优势出现之前,改革的努力会受到阻挠,然后再根据特定的党派需求,来削减或重塑这些改革建议(Kingdon,1984)。

这一点上,我的论点与朱利安·泽里泽尔(Julian Zelizer,2002)的观点类似,他在解释20世纪70年代的竞选财务法规改革时认为,在强有力的政治利益形成之前,立法不会成功。然而,他的观点将改革团体本身置于党派之争之外,将其视为推动改革的外部力量。根据泽里泽尔的说法,改革的支持者利用了原始政治利益可能促使团体加入联盟的时机,耐心地构建出一个立法联盟。但事实上,他的分析论证可能反过来了,党派领导人有可能利用改革来追求党派目标。首先,政党领导人可能认为改革是一种破坏对方政党的选举优势的短期策略,他们在审阅改革提案时狠抠细节,以限制对方筹集和花费竞选资金。其次,政党领导人也会对党内各派精英的压力做出回应。在20世纪的不同时期,改革派都是一个或另一个党内部的重要选民来源。

政党领导人必须满足支持改革的选民的要求,因为他们拥有政党赢得选举所需要的智力、财力和"道德"资源。因此,改革可以通过限制对手的资源优势,同时争取到党内部重要的原改革派的支持,从帮助政党在选举中获胜。当政党领导人考虑各种改革时,他们首先想到的是,一项新的法律将如何使他们的政党获得相对于另一党的优势。试图限制工会政治活动的《塔夫特-哈特利

第四章 竞选资金改革与《跨党派竞选改革法案》的理论解释

法案》等法律显然有利于共和党人,共和党人一致支持该法案,反对新政中的民主党人。同样的,1971年的《联邦选举法案》及其修正案为总统选举提供了公共资助,这是民主党在为了在总统选举中追赶共和党所急需的措施。这项法案对于民主党来说是一个容易的选择,因为工会这个重要的选举盟友可以通过政治行动委员会(PAC)来提供资金,而企业当时还没有开始利用这种组织形式。1971年的法案试图限制竞选开支,这将有利于国会议员多数的民主党,因为挑战者通常需要花费更多的钱向选民介绍自己(Samples,2006)。

当改革对于选举结果的影响不那么明显时,联盟内部就会围绕目标和价值观进行斗争,政党领导人推行改革的压力增大。简单地忽视一个派系,就有可能会失去支持某个政策的精英们的忠诚和资源[1]。在世纪之交,当时的共和党拒绝屈从于进步派在经济和政治改革上的要求时,后者曾威胁要退出共和党。当进步派最终在1912年退党时,共和党输掉了选举。近年来,民主党内部也存在自由派进步人士,他们与党内的工会和商界派系对立,他们也是20世纪90年代竞选财务法规改革最有力的支持者。考虑到这些支持者的规模和影响力,民主党领导人不能轻易忽视他们。和世纪之交的共和党人一样,民主党人认为最安全的策略是推行改革,因为他们知道,自己的政党比对手政党更容易绕过这些改革。在禁止向政党提供软性捐款的《麦凯恩-法因戈尔德法案》(McCain-Feingold Act)生效之前,民主党的战略家们一方面在推动成员投票赞成改革,另一方面已经计划利用"527组织"来筹集和使用软性捐款(Edsall,2002;Eilperin,2002)。"527组织"的名字来源于美国税法第527条规定此类组织不用缴税,是由党派人士设立的政治委员会,他们成立的根本目标是为了资助某一政党或某一候选人。因527组织不用缴税,使他们无法明确要求公民投票支持或反对联邦候选人,否则他们将受到《麦凯恩-法因戈尔德法案》更严格的监管。民主党通过改革的幌子迎合了一个强大的派系,并制定出了使共和党战略优势最小化的条款。

政治改革的党派论在20世纪的接受程度大于以往。大多数研究都强调无党派改革者是站在阻碍改革的既得利益者的对立面的。然而,需要有理论

---

[1] Panebianco(1998)认为政党必须有集体目标,以维持追随者的忠诚度。任何政党——即使是城市机器——如果不提出共同的目标,不植根于民族性、民族主义或某种意识形态,就无法生存。

对更为复杂的现实做出解释。根植于进步派的世界观通常假设，改革派是凌驾于政治之上的，但在推行改革的过程中，他们也被党派算计在内。本章接下来的内容会比较公共利益论和党派论这两种基本的改革理论。随后是一些证明了在历史的不同时期，党派主义为竞选资金制度改革带来的大多数成果的证据，包括了2002年《跨党派竞选改革法案》带来的改变。

一、改革理论的比较

用来解释竞选资金制度改革的有两种截然不同的理论。一种是直接从进步派的语言中产生的公共利益论，认为政府的行为是为了纠正危害公共利益的困境或危机。公共利益论强调，丑闻促使政府成员将个人利益放在一边，推行被普遍认为公平公正的政策。而党派论则认为改革是自利的，是为了追求私利。党派论倾向于表现麦迪逊式的关于派系本质的理解，更本质的是对人类行为的理解。从这个角度来看，政治行为者采取政策，包括改革，都是为了他们的利益。

(一)公共利益论

公共利益论认为竞选资金制度的改革源于一种全国性共识的出现，即应该为了公众的利益改变现状。这个理论有两个分支。第一种直截了当地认为，改革源于公众对于看似不公平或者不民主的情况的愤怒。

丑闻在教育公民和唤起舆论反对现状方面起着决定性的作用。一直反对改革的政客们会因此被迫采取行动，有时甚至是违背他们的私利。这一理论的分析重点在需求方面：政府响应愤怒的选民来改革体制。大多数传统的改革观点都用这种民粹主义的叙述来解释改革。

公共利益论的第二种流派更为微妙，侧重于供给引发的改革。在这个流派中，小部分有献身精神的精英意识到了制度的缺陷，制定了一个解决方案，并游说公众和决策者相信改变的必要性。除非出现使政策问题在公众或更广泛的政治精英群体中变得更为突出的情况，否则改革法案就会停滞不前（Kingdon，1984）。通常，一个引起广泛关注的"焦点事件"会为政治企业家提供解决方案的机会窗口。焦点事件很可能是一场突出了腐败行为的"丑闻"。这一丑闻能促使更多精英加入改革的事业中。为了不受到负面舆论的影响,一些原本不情愿的人也加入了改革联盟,改革联盟因此扩大,酝酿已久的政策最终得以通过(Zelizer,2002)。就像这种理论的需求侧版本一样,丑闻和公众对它的反应在改革的通过中扮演着至关重要的角色。

公共利益论的第二个流派是经典的进步主义的改革观点,认为这一过程取决于专家精英,他们教育公民,并让他们参与到为公共利益而改变制度的行动中来。当代对竞选财务法规改革和政治改革的解释主要是采用了这种政策过程的理论。[1]

(二)对公共利益论的批判

公共利益论的问题在于,它未能有力地解释在整个世纪中的多个竞选财务法规的通过。以下是该理论的三个缺点。

一是公共利益论不能解释在没有丑闻的情况下的改革。公共利益论已被用来解释2002年的《跨党派竞选改革法案》,和在那之前的1974年的《联邦选举法案》修正案。但是,对丑闻引发的改革的强调,未能解释改革在没有引起公众关注就通过的情况。例如,水门事件之后的1974年改革,是针对1971年通过的《联邦选举法案》的修正案。我们应该怎么解释国会在这次丑闻发生之前就通过了《联邦选举法案》这一主要立法呢?可以肯定的是,1971年法案并不像水门事件之后的修正案那样重要,但是水门事件之前的最初立法对竞选资金体系也做出了重大改变[2]。我们可以对1939年和1940年通过的《哈奇法案》、1947年《塔夫特-哈特利法案》和1966年允许政党使用公共资金的《朗法案》中通过的改革提出同样的问题。这些法律受审议时,主流报纸的评论中并没有提到丑闻。即使是1925年《反腐败法案》通过的前几个月里,《纽约时报》也没有提及当时发生的蒂波特山丑闻。而《腐败行为法》也仅仅是作为邮

---

[1] 很少有人论及在没有丑闻的情况下进行改革这个谜题。Zelizer(2002)的论述强调了国会中改革联盟的作用,这些联盟有条不紊地、坚持不懈地推行改革。虽然我同意这些改革联盟是必要的,但它们不是改革的充分条件。正如我在这里所说的,党派因素推动了改革的通过和形成。

[2] 见第三章。1971年的法律并不像有些人可能认为的那样只是装点门面;这些法律使审计总署能够调查尼克松总统的竞选活动,并收集导致弹劾听证会的不法行为证据(Alexander,1972)。

费提高立法的附加条款通过,说明腐败问题并不重要(*New York Times*,1924a)。

二是公共利益论过度预测了改革。公共利益论的另一个问题是,它对于预测改革何时会通过毫无帮助。丑闻层出不穷,但改革并不总是随之而来。为什么在20世纪50年代广泛报道的凯斯丑闻(参议员弗朗西斯·凯斯宣布有人向他行贿以改变他的投票立场)之后,我们没有看到任何改革?[①] 为什么在1990年基廷五人组丑闻曝光后,参议员代表一大笔软性捐款捐助者与联邦监管机构进行干预,却没有进行改革?20世纪50年代和80年代中,进步主义立法者一直有提出关于全面改革的建议,但没有一个获得通过。为了解释丑闻之后的改革——或者没有改革,我们需要更好地理解改革联盟成立的条件。从丑闻论出发的公共利益论需要进一步解释在什么情况下改革的可能性会变大。从历史角度看,丑闻和政策改革之间的联系不大。

三是公共利益论无法解释公众舆论为什么不够强势。这是对公共利益理论最严厉的批评。这个理论假设了舆论的重要性,即公众对丑闻的愤怒将会推动立法者进行改革。但历史记录未能表明,公众很关注政治献金的腐败问题。戴维·普利莫(David Primo)的一项研究表明,公众舆论和竞选财务法规改革之间并没有明显的联系。一般公众并不太关心这个问题(Primo,2002:207—219)。正如我在后文所表明的那样,即使是在丑闻刚刚发生的时候,公众也不会把腐败问题放在他们关心的问题的首位。因此,公众对竞选资金的看法表明,改革是精英驱动的现象。主要关注改革的是精英阶层,丑闻的作用是有限的和间接的。

二、党派论

党派论的一个基本前提是,推行改革的主要目的是为了谋取己方利益。虽然明面上说改革是为了反映公众利益,但是改变规则的潜在动机是获得比对手更大的优势。由于规则对政治结果至关重要,所以党派人士会希望确保

[①] 一家石油公司向参议员 Frank Case 提供现金,以换取他对立法的支持。他举报了这一贿赂行为,并引起了全国的关注(Zelizer,2002:78)。

第四章 竞选资金改革与《跨党派竞选改革法案》的理论解释

规则对他们有利。竞选资金制度上也是如此。因为竞选财务法规是在不同团体之间分配成本和利益,所以党派人士会有推动最小化自身成本并最大化自身利益的规则的动机。这样,各党派竞相通过对己方有利的改革立法。有时候,主要政党可能会就将第三方政党排除在外的监管规则达成一致。[①] 在其他情况下,党派人士寻求明显有利于自己党派的规则来对抗对手,或者一部分党派人士可能更喜欢让他们在党内拥有影响力的规则。

党派论认为,游戏规则为政治行动构建出了一个可竞争领域。这些规则既受到政治博弈的影响,也会受到立法决策的影响。事实上,由于这些规则影响到立法者最关心的"选举联系",他们更容易受到这种行为的影响。[②] 不愿改变规章制度的主要原因是,现有的规章制度对那些在国会赢得席位的少数幸运儿来说似乎很好。出于这个原因,现任者,尤其是希望继续掌权的现任政党成员,没有什么动力去改变体制。考虑到选举规则是由现任者制定的,改革不太可能通过,因为在体制下已经成功的人更倾向于维持现状。事实上,更有可能发生的是,任何制度上的改变,一旦发生,将有帮助在职者留任的效果(Samples,2006)。

然而,当一个政党或政党内的一个派系的选举的不确定性增加时,改革的可能性也会变大。当政治家们认为他们的政党或派系相对于其他团体影响力或竞争力正在下降时,他们也会想要改革。在两党制下,当一方意识到另一方拥有着明显优势的资源时,这种情况就会发生。"弱势"的政党会想通过政府干预来实现公平竞争。[③] 对那些想要改革的人来说,最大的困难是现任者,他们即便是少数党成员,也不愿意推行改革,因为改变规则可能会影响他们自己的选举前景。因此,主张改革的政党必须要说服足够多的党员相信,新的规则对他们的伤害要少于敌对党的现任成员。[④]

通常而言,大多数通过的改革方案都提高了国会议员的任期(Samples,

[①] 例如,Katz 和 Mair(1995)提出了一种新的政党模式——卡特尔政党,在这种模式下,相互勾结的政党成为国家的代理人,利用国家的资源和规则来确保自己集体性的生存。
[②] 关于成员开展有助于他们获得连任的活动的极端重要性(Mayhew,1974)。
[③] 这一理论的几个分支在政治学和经济学文献中都可以找到,包括利益集团理论、"捕获"理论和卡特尔理论。
[④] 在大部分改革的历史中,改革党避免了这一困境,因为竞选财务法规主要针对的是全国性的政党委员会,而不是候选人委员会。从历史上看,现任者的连任并不依赖全国性的政党委员会。

2006）。即使政党整体可能会因改革而利益受损，自利的国会议员也有充分的理由支持新规则，特别是在总统大选时。在20世纪前3/4的时间里通过的法律基本没能对国会议员候选人筹集、花费资金的能力产生影响，这绝非巧合。即使是对政治支出设置上限，也存在很容易被利用的豁免条款。当支出上限被突破时，候选人只需要成立多个委员会来资助他们的竞选（Kolodny，1998：124—125）。在制定联邦改革方案时，第一条经验法则总是"不影响我的连任"。

一个议员是否愿意支持改革除了自己能否获得连任外，还受制于第二层次的考虑，包括他所支持的政党或派系的集体利益。他可能会问：新规能帮助我的政党取得或保持对政府的控制吗？这些法律能够帮助我的派系在党内获得影响力吗，比如，在选择下一任党内总统候选人时赋予我所在的派系更大的影响力？由于20世纪70年代以前，国会选举成本通常很低，大多数的改革争议主要是为了在总统选举中获得战略性优势。

然而，20世纪70年代以来，国会选举费用大大增加，这增加了议员们在各种竞选资金法改革方案中进行选择时的风险。不足为奇的是，国会关于竞选经费问题的讨论已经越来越激烈且具有党派性，因为规则会影响关键资源的流动，从而赢得对立法部门和行政部门的控制。

根据党派论，推动改革的基础并不广泛，而是局限于可能在政治进程中获得优势的政党和派系。各团体会基于自身利益游说改革。比如说，拥有非货币资源的组织会想要限制货币在政治中的作用。这类组织包括工会或拥有大量会员的团体，他们可以为选举目标动员起来。例如，美国退休人员协会（AARP）利用基层游说力量帮助通过了《跨党派竞选改革法案》（McSweeney，2005）。据《财富》杂志报道，美国退休人员协会是华盛顿拥有最多会员的组织，也是影响力第二大的游说团体，尽管它不提供政治捐款，也不参与竞选活动的支出。从美国退休人员协会的角度来说，限制政治捐款和竞选支出的法律，往往能够提高其非货币资源的价值，比如它拥有一群愿意打电话、写信给国会成员的成员。

支持改革的团体可能会包括那些与政党竞争的敌对机构，这些机构在公众和官员间斡旋。这些机构包括了新闻机构、大学、智库、公共宣传团体和某一议题的积极分子。通过减少政党和政治家们可用的资金,这些集团可以提高他们作为政治中介的重要性。无论改革派怎么宣称他们是站在公众利益角度,它们都是政治系统中争夺权力的派系之一。通过《跨党派竞选改革法案》之类的改革削弱政治献金和政党资源的重要性,改革派提高了他们自己在政策过程中相对于政党的影响力。

三、政党派系主义与竞选财务法规改革

对政治改革的党派主义解释大多都过于简化,特别是那些源于经济学理论的解释(Abrams and Settle,1978:245—57;Regens and Gaddie,1995)。它们将政党理解为具有统一资源的单一利益团体。但事实上,政党由各种派系组成,各派系控制的选举资源高度分化。因为各派系使用不同的资源,所以造成竞选财务法规改革对它们的影响也不同。出于这个原因,限制了货币或者管控了某种选举活动的改革在改变两个主要政党间的政治影响力的同时,还会改变政党联盟内部的政治影响力。实际上,政党联盟内部的子群体对任何削减它们战略资源的改革都很谨慎,即使提出的改革方案可能会帮助到他们支持的政党。正如之前的章节所论述的那样,工会在20世纪60年代和70年代阻碍了许多由民主党拥护的竞选财务法规改革的推行,例如政党组织如何使用公共资金,正是因为这些法律会把工人相对于民主党内其他派系的影响力削弱。

在这种对政党的多元化的理解中,各子群体在党内为了影响力而竞争,政治改革反映的仅仅是许多争议的一部分。对政党的目标和战略有影响力的一个关键因素是子群体在多大程度上能够获得政党选举成功所需的资源。[①] 在当代政治中,金钱对是否能赢得选举起着重要作用,这使得有渠道获得金钱的个人或团体在政党政治中拥有重要地位。但是金钱并不是唯一重要的资源。政党还需要工人、专家和能够帮助组织成功的想法。在获取这些资源的过程中,政党领导人不可避免地要向提供这些资源的团体让渡出一些自主权。特

---

① 这个命题是由依赖论者提出的,最著名的是Panebianco(1988),Pfeffer和Salancik(1978)。

定派系的权力来自他们能够在对政党方向不满意时收回重要选举资源。如果很少有其他团体能够提供同样的资源或者该政党并不能找到替代者，这种权力就会得到加强。

政党领导人会从联盟的子团体中寻找资源，但会想要避免对任何一个子群体的过度依赖，因为这可能危及选举的成功。过度依赖一个子群体是有风险的，一方面是因为如果该团体资源立即撤出可能会对政党造成破坏，另一方面还因为这个子群体可能会对领导层提出的狭隘要求，从而会限制政党对更多选民吸引力（Pfeffer and Salancik, 1978）。在理想状态下，政党领导人更倾向于完全独立地选择目标并确定赢得选举的战略。然而，没有一个组织是自给自足的，所以领导人必须与内外部的团体讨价还价和协商，以确保资源的持续供应。这体现了自主性和生存性间的权衡。

竞选财务法规可能使得某些派系比其他派系更有优势，从而让它们在政党事务中有更大的影响力。由于这些法律决定了选举中允许利用的资源的限度和种类，它们影响到各个组织能够向政党贡献它们所拥有的特定资源的程度。对一些如工会和游说团体等人员众多的团体来说，关键资源可能包括了愿意动员选民的竞选工作人员和积极分子。对于诸如企业的其他子群体，最重要的是用于政治献金的财政资源。而对其他人来说，通过他们在大学、智库、基金会和媒体中的专业地位来塑造或影响公众舆论的能力是至关重要的。各个组织并没有轻易取代资源的能力，如果有的话，那么改变特定种类资源价值的竞选财务法规可能会增强或削弱其在党内的影响力。

20世纪30年代以来工会积极分子在民主党内所发挥的作用，是政党组织内部派系权力的一个例子。工会组织对党内其他子群体的权力，取决于工人运动在多大程度上能够保持动员潜在民主党选民的强大机制。工会对产生党内选票至关重要，工会由此成为主导民主党的"主导联盟"的一部分（Abrams and Settle, 1978: 245—257; Regens and Gaddie, 1995）。虽然民主党的领导人很重视工人领袖的贡献，但为了规避工会的主导地位，他们也在试图寻求诸如环保主义者、女权组织和商业利益方等其他群体的支持。

在考虑如何设计竞选财务法规的规则（或任何一套政治规则）时，政党领袖希望建立能够增加他们赢得选举的可能性的制度。由于两个主要政党的组

第四章　竞选资金改革与《跨党派竞选改革法案》的理论解释

成不同,不奇怪的是,他们分别更青睐有利于自己联盟中子群体的竞选资金制度。当政党内子群体能够在一个竞选资金制度下兴旺发达时,作为一个整体的政党也能够获利。

例如,民主党人倾向于选择贬低金钱相对于劳动力作为政治资源价值制度。这是因为民主党拥有一个天然的选民群体——工会——来帮助动员选民。现金匮乏的民主党人也喜欢补贴竞选的制度——金钱补助或免费宣传——或者是通过竞选收入和支出限制使财富优势最小化的制度。概括来说,民主党喜欢分散党派活动的制度。由于党派联盟的异质性,民主党具有多样性和浓厚的地方主义,他们很难将华盛顿的活动集中在全国委员会中决定。而在全国委员会干预最少的情况下,候选人、利益集团和以州为基础的政党在各地开展竞选活动时,民主党会表现更好。在接下来的关于筹款和竞选的章节中,我将更详细地解释这种行为。[1] 在这一点上,可以说,民主党是一个比共和党更松散的利益联盟。这使得他们有相对更强的能力在正式的政党结构之外开展竞选活动。

相反,共和党人在意识形态上更为团结,他们更容易开展竞选活动。因为追随者更愿意在他们同意的程度之内服从权威,意识形态的同质性使得权力更多地集中在中心。此外,意识形态的同质性也让共和党人大大受益于现代竞选的金钱经济。共和党人在筹集资金方面的优势比起他们是传统的"富"人政党的理解更为复杂。正如我在下一章节中所讨论的,因为该党有更一致的意识形态信息,共和党的全国委员会能够更容易地从小捐赠人那里募集捐款。

鉴于共和党联盟的性质,他们更喜欢自由放任的竞选资金制度也不足为奇了。他们在意识形态上的一致性以及与更为富有的公民的亲缘关系,使得他们比民主党拥有更为广泛的捐款者基础。他们对竞选资金制度中自由放任方式的倾向,虽然保守,但也符合共和党的最大利益。

对民主党人来说幸运的是,共和党人所喜爱的自由放任方案在 21 世纪初的进步主义运动中被否定了。民主党人——偶尔也有共和党人——能够利用沉浸在骑墙派(mugwump,支持民主党的共和党人)推崇的政治文化中的公

---

[1] 许多其他人也注意到了民主党的这一特点(Mayer,1996)。

众情绪,来推动规范政治中金钱的改革。正如前一章所述,在进步主义时代,民主党人与试图打败党内保守派的共和党进步派联手,通过了改革方案,来约束企业捐赠者带给共和党的优势。在20世纪中叶的新政时代,共和党人回击了民主党。共和党作为失势政党,推动通过了《哈奇法案》和《塔夫特-哈特利法案》,阻碍了民主党从政府雇员和工会组织所提供的选举资源中获利的能力。[1] 这一次,共和党人得到了南方民主党派的支持,南方民主党派对民主党内工会力量崛起表示担心,他们是在民主党内逐渐以联邦为中心形成并向自由主义倾斜的。开始于20世纪60年代的第三个改革阶段,民主党又一次向共和党的"财政优势"发起攻击,这一次主要通过限制收入和支出,并支持对总统选举进行公共补贴。民主党内一个占主导地位的自由进步派推行了许多这样的改革,部分原因是为了增加其在党内的影响力,但这些改革牺牲了民主党内传统的党内精英的利益,包括工会活动人士和南方保守派民主党人在内。

正如本部分结论所要表明的,改革不仅是针对对手政党的行动,还是政党内的派系斗争。在共和党内部,斗争发生在进步派和保守派之间,特别是在20世纪的头1/4的时间里。进步派不希望共和党依赖企业的捐款,因为这种支持使得该党偏离了他们支持的市场干预政策。进步派寻求的是一种候选人依靠来自与他们感同身受的专业人士和中产阶级的个人捐款的制度。和他们的骑墙派前辈一样,这些中产阶级的传统新教徒选民不喜欢共和党"强盗大亨"式的党派政策,也不喜欢以天主教及移民为基础的民主党派。这些团体威胁到了他们在社会中的精英地位。反党派的政治改革——不仅仅是在竞选资金法领域——符合他们的利益,因这些变革能充分利用受过教育的精英的力量,他们能够在没有政党作为中介的情况下参与政治。

在民主党方面,20世纪后期,随着新政联盟的瓦解,自由派、保守派和工会活动人士为争夺政党影响力而展开了激烈的斗争。这些论战显然与罗素·朗(Russell Long)提出的公共融资方案有关。正如我在之前章节中所说的,朗的法案直接把公共资金给了国家和州一级的政党。工会积活动人士反对这

---

[1] 如前一章所述,1940年和1941年的《哈奇法案》禁止所有联邦雇员和部分由联邦资金支付工资的州政府工作人员进行选举活动和政治捐款。《史密斯-康纳利法案》和《塔夫特-哈特利法案》意在禁止工会捐款并限制工会组织的选举活动。

第四章 竞选资金改革与《跨党派竞选改革法案》的理论解释

么做,因为他们不希望钱掌握在反对工会的州政党手中,特别是在南方。相反,他们提出了工会也可以拥有补贴。罗伯特·肯尼迪(Robert Kennedy)等自由派人士主张,补贴应直接流向候选人,而不是由传统的政党精英控制的政党组织。

如同在其他政治改革领域一样。民主党内部关于竞选经费的争执通常是专业人士与业余人士之间的较量。[①] 激励专业人员的奖励主要是物质上的:工作、赞助、合同和其他津贴。[②] 当选能够有助于保障这些利益,而意识形态对提高党员积极性的影响不大。民主党专业人士的偶像是21世纪初主宰美国北部城市的机器工厂老板。现代版的机器时代的老板和工人是专业顾问——"雇佣兵"——他们的主要目标是赢得选举。当然,顾问们是有党派的,因为他们只支持一个团队(就像老板和他的辖区工作人员一样),他们的参与动机主要是物质上的。与那些为竞选机器工作的人一样,当代专业人士希望获得最大程度的自主权来赢得竞选,这意味着他们支持"极简主义"的竞选资金制度和策略,在必要时允许该党向中间靠拢。

相比之下,民主党内的业余人士更喜欢一个对政治资金有严格监管的竞选资金制度,因为这些制度增强了他们为该党所提供的资源的重要性。由于法律使得筹集和使用资金变得困难,其他资源的价值会更加重要。这些资源包括利益集团的助选、竞选支持、新闻媒体支持以及来自大学、基金会和游说团体的意见。民主党的业余人士继承了教育政治的进步主义信仰,这种信念重视道德公民的专业知识和客观利益。他们寻求的改革是,相对于吸引追随者的目的性激励,将物质激励的重要性降至最低。例如,限制竞选资金,使得业余人士在党内拥有更大影响力,因为政党会更加依赖于受目的性激励(即与意识形态和政策有关的动机)驱使的积极分子。

共和党人可能很快就会面临类似的业余人士和专业人士之间的紧张关系,因为他们已经吸引了一批坚定的核心保守派活动人士,尤其是福音派人

[①] James Q. Wilson(1962)用这些术语来描述20世纪60年代民主党内的两种争论因素。
[②] Wilson(1962)区分了三种激励因素,它们激励成员做出努力:物质性的,包括获得工作、合同和各种形式的经济补偿;团体性的,包括与他人一起工作的社会享受和感觉自己是群体的一部分;目的性的,包括逻辑性的动机和执行首选政策的愿望。

士,他们有着强烈的目的性。和新左派民主党类似,这些团体也试图接管州和地方组织,以在选择和支持所青睐的候选人上获得影响力。现在判断共和党内部的派系纷争是否会蔓延到政治改革的政策分歧,比如竞选资金,还为时过早。然而,在《跨党派竞选改革法案》下,更多积极的"业余"团体会受到鼓励去成立"527组织"以推动他们的议题和候选人。大多数真正的信徒往往会失去参与正式政党组织的兴趣——除了在党团会议期间——因为与有限的、以议题为基础的组织相比,政党组织要求他们做出过多妥协。支持保守派共和党的强大的非政党组织包括增长俱乐部(the Club for Growth,一个亲商界的反税组织)和基督教联盟。共和党顽固派对打击"527组织"很感兴趣并非偶然(Nelson,2005;Pershing,2005)。一个明显的原因是防止倾向民主党的组织攻击共和党候选人,另一个原因则可能是党内派系主义。保守派团体一直想要在初选中大力支持受青睐的候选人,甚至不惜挑战党内现任官员。① 例如,2006年,增长俱乐部在美国参议院初选中帮助反叛者共和党人史蒂夫·拉菲(Steve Laffey)对抗中间派林肯·查菲(Lincoln Chafee)。尽管查菲赢了,但艰难的初选耗尽了他大部分的竞选资金,并削弱了他在大选中的实力,他最终在大选中铩羽而归。这样的实例让主流共和党人对限制外部团体支出的想法很感兴趣。

一般来说,支持改革的选民对传统的选举支持来源限制得越紧,就党内影响力而言,他们就会获得更多好处。因此,在21世纪初,进步派共和党人和民主党人联手削弱了以马克·汉纳为首的共和党人。类似的,南方民主党人在20世纪中叶与共和党人联手削弱了新政派民主党人。20世纪后期,当两党在意识形态上更有凝聚力时,竞选财务法规改革往往对某一个党有利。然而,规则还是会增加或削弱各个政党内部派系的影响力,这取决于这些规则如何影响一个派系拥有的资源的相对价值。

总而言之,竞选财务法规改革与获得党派选举优势有关。如果一个政党在为赢得总统选举收集足够的资源上面临更大的不确定性,那么这样的改革最有可能会成功。试图改变影响国会现任议员的规则——间接地帮助了少数

---

① 增长俱乐部一直特别积极地尝试推翻温和的共和党现任议员(Duran,2006;Whittington,2004)。

政党——要更困难且也不太可能发生。但是,成功改革的历史表明,没能控制白宫的政党通常会支持改革。唯一的例外是1966年约翰逊总统(民主党)任期内通过的《朗法案》(Long Act)。当时民主党仍然在此前几次选举留下的创纪录的债务中挣扎,该党有理由担心能否在1968年进行有效的总统竞选。约翰逊担心共和党人在1964年为戈德华特的竞选中筹集到了相当甚至更多的资金。

改革成功的另一个条件是,必须明显地增强一个政党中感到受现状威胁的重要派系的影响力。通常来说,这个派系是进步派传统的继承者,他们希望非物质资源(教育、地位、意识形态)相对于现金为基础的资源能够在选举中发挥更大的作用。为了通过改革,在野党会与对手党内的"改革"派合作。这样一来,少数党就能够对政策结果产生实质影响。只要新规不对现任议员的连任产生实质性影响,两党合作的程度就会得到加强。埃里克·施科勒(Eric Schickler, 2001)在讨论美国众议院的规则制定时,曾用"共同目标"一词来说明某项规则如何因不同的原因赢得支持。规则的改变可能会给一个政党或派系带来集体利益,而其他人可能会为了获得连任的私人利益而支持规则。

然而,丑闻很少是加强两党合作的原因。在竞选资金法改革的历史上,只有水门事件为1974年《联邦选举法案》的修订提供了赢得两党广泛支持的动力。没有其他的竞选财务法规改革因为丑闻而产生广泛支持——甚至蒂波特山事件也没有。2002年,安然事件促使最脆弱的共和党候选人——那些来自竞争激烈地区的候选人——与约翰·麦凯恩领导的少数进步派共和党人一起投票。但是参众两院中五分之四的共和党人并不支持改革(CQ Weekly, 2002)。

为了支持这种党派主义改革理论,我从历史的角度考察了改革的时机、赞助和竞选财务法规改革的口头投票。之后的章节会以这些证据为基础,说明各党派如何利用新规则在总统选举中获得有利的优势。

四、党派关系与改革时机

改革的党派模型表明,竞选资金改革应在总统选举中一个政党选举不确定性增加时进行。当政党领导人担心自己缺乏资源，无法与对手政党进行有效竞争时，选举的不确定性就会出现。当党派人士意识到资源缺口越来越大时，他们会将政治腐败的道德游戏作为改变竞选财务法规的策略之一。他们将对正在流传的改革建议的某些方面加以利用，试图与竞争对手党内主张改革的派系建立一个获胜联盟。改革提案一般都有一些旨在保护现任立法者的有力措施（Samples，2006）。然而，从政党领导人的角度来看，主要目标是通过强制重新分配资源，或使对手更难有效地开展竞选活动，来改善政党的选举前景。简而言之，处于弱势的政党会要求对规则进行有利于自己一方的改革。

衡量不确定性的一个方法是比较两党之间的现金资源差距。我们应该能预料到，资源匮乏的一方在这种差距明显扩大时会寻求改革。为了探讨这一假设，我收集了各政党及其所属的全国委员会在总统选举年度选举开支的数据。这些数据是政治学家在研究竞选经费时收集的。[①] 他们主要依靠1911年联邦《公开法案》通过以来，参议院委员会对总统大选的调查所取得的数据。[②] 可以肯定的是，鉴于竞选报告的简单原始性，我们应当对这些数据的可靠性保持怀疑态度。但这些数据在党派圈子里受到广泛报道——如果事实并非如此——也能给人以党派具有资源优势的印象。研究竞选经费的研究人员——例如波洛克（Pollock）、奥弗拉克、希尔德（Heard）和亚历山大（Alexander）等——以内部人士传出的政党在筹款和支出方面的轶事来证明他们给出的财务报告。[③]

图4—1显示了以竞选财务法规立法时间线为背景的共和党相对民主党的支出比例。这些数据指出了一个关于美国政党的重要的历史事实：共和党

[①] 像James Pollock（1926），Louise Overacker（1932）和Alexander Heard（1960）这样的学者，利用这些报告和对政治领袖的采访，在公民研究基金会和联邦选举委员会开始系统地报告"财务数据"之前，收集了我们仅有的关于政治支出的数据。我使用全国委员会的数据，因为这些委员会是少数必须报告竞选"财务"数据的委员会。有些数据是由调查以往选举的国会委员会收集的。

[②] 政党记录定期提交给参众两院的书记员，然后为国会调查人员所使用。20世纪60年代，公民研究基金会开始编纂其关于竞选资金的总统系列丛书。

[③] 由于这些数据发表在《纽约时报》等有记录的报纸上，它们也造成了哪一个党在经济上更强大的看法。可以想象，这种看法是政党领导人采取行动的基础。

第四章 竞选资金改革与《跨党派竞选改革法案》的理论解释

始终比民主党支出更多。1888年以来,民主党只有6次支出等于或高于共和党。[1] 这个发现证明了共和党人比民主党人更容易从靠劳工竞选转换成靠现金竞选。当然,民主党人也拥有重要的非货币优势,而这些优势并没有在财务数据中显示。例如,他们更有可能拥有强大的人力支持,并且他们从新政开始就得到了工会的关键的实物支持。在进步时代兴起的"教育政治"时期,共和党的现金优势尤为重要,今天依旧如此。正如我在第二章中所解释的那样,20世纪以候选人为中心的政治比19世纪以党派为基础的竞选,更依赖资本去利用大众媒体的说服手段。

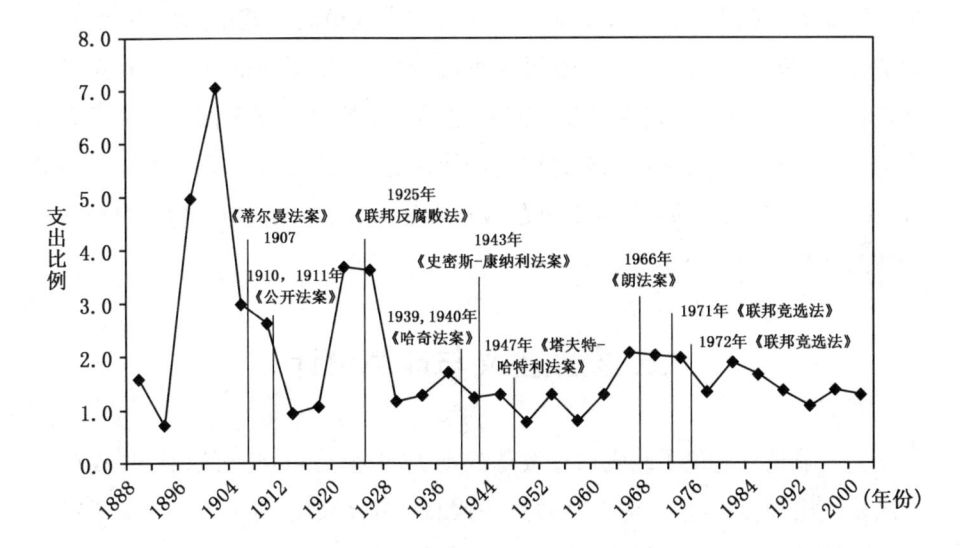

资料来源:Pollock,1926;Overacker,1932;Heard,1960;Alexander,1962,1966,1971,1976,1979,1983;Alexander and Haggerty,1987;Alexander and Bauer,1991;Alexander and Corrado,1995;Green,1999;Magleby,2002。

图4—1 共和党与民主党在总统选举中的支出比较

这个时间线显示了共和党优势增加时与竞选资金改革之间的相关性。在选举中,共和党的开支大约是民主党的两倍,改革随之而来。在1907年、1910年和1925年这些进步时期的改革中,以及1966年、1971年和1974年的改革

---

[1] 如图所示,民主党人在1892年、1912年、1916年、1948年、1956年和1992年取得了这些成果。

中,都出现了这种情况。相反,在20世纪中叶,当两党间的差距缩小,共和党人发起了诸如《哈奇法案》(1939,1940)、《史密斯-康纳利法案》(1943)和《塔夫特-哈特利法案》(1947)等的改革。尽管两党在财政方面趋于均势,但共和党人显然认为民主党因为工会和政府雇员的选举支持拥有非货币优势。回顾在新政时期工会运动在选举政治中变得活跃,尤其是在新政民主党人这一边。同时,在罗斯福政府时期,政府雇员的数量激增。因此,共和党人在新政时代推动改革,限制这些团体的竞选活动,也就不足为奇了。

图4-1的数据表明,党派改革可能会达到缩小财政差距的预期效果,至少在政党的全国委员会层面上如此。在民主党改革后的选举周期中,政党之间的支出暂时性地缩小了。① 毫无疑问,各政党想出了新的办法在政党组织之外花钱,这样就不必报告资金。但是这样的调整对政党来说也不是没有代价的。建立分委员会来使用竞选资金会使得协调党派活动变得更加困难。通常,民主党人会从将活动推到党外的改革中受益,因为他们更多地依靠与非党团体的联盟来动员民主党选民。

五、党派主义与改革设计

上一节重点讨论了政党通过改革的动力问题。从这里可以看出,改革的本质是提出补救措施,与党派利益是一致的。具体来说,党派人士希望通过有利于他们的规则。他们提出的规则反映了各党派和这些党派内各派在组织方面的相对优势。

例如,民主党的组织特点鼓励政党领导人寻求改革以分散党派活动。在20世纪的大部分时间里,民主党代表了一个由农民、非技术工人、工会成员、各个族裔、少数民族和老年人组成的异质性联盟。直到20世纪70年代,它还一直是南方白人的政党,其意识形态比其他党员更保守。鉴于民主党联盟的规模和范围,他们更难形成强大的权力中心。在他们的大部分历史中,政党领

---

① 当然,有一个明显的例外,就是《朗法案》,它只针对各政党的子党派。当然,在其中的一些选举中还应该考虑其他因素。例如,在1912年,共和党出现了分裂,罗斯福凭借进步党的支持票当选。

第四章　竞选资金改革与《跨党派竞选改革法案》的理论解释

导人很少尝试将秩序强加给这个分裂的联盟,因为这可能会带来政治代价。[①]他们一直满足于让地方党派和政治家解决竞选活动中的需求,而这些需求是为适应不同的政治文化的。因此,民主党人更喜欢倾向于分散政治活动的竞选资金制度。

民主党的第二个特点是,关键选区拥有可以用于竞选的地方一级组织结构。由爱尔兰党政党大佬们运作的政治机器,帮助民主党赢得了主要城市市中心的少数族裔的多数选票(Erie,1988)。这些机器因为利用当地人的赞助来控制城市政治而臭名昭著。

他们在多个街区使用密集的以区为基础的网络来占领市政厅,为总统候选人拉选票。同样,自20世纪30年代以来,劳工利益集团通过地方工会举办的投票动员活动帮助了民主党。1965年投票权法案出台后,非裔美国人教会动员了支持民主党的选民。这些民主党的选区——城市机器、工会和非裔美国人教会——都拥有或曾经拥有过与广大市民的制度化联系,而市民可以被利用来进行选举活动。相比之下,共和党人通常缺乏与为广大选民群体调解政治的组织联系,尽管近几十年来基督教右派承担了这个角色。

传统上,共和党的优势在于他们在意识形态和文化上比民主党更具凝聚力。他们吸引了来自高收入群体、商业专业人士、白领工人和主流新教教派的积极分子。因为在意识形态和文化上区别较小,他们更容易集中行动,不会给党内各派系带来那么多的政治成本。当然,进步人士在21世纪初就已经脱党了,但他们也与党内的保守派社会地位相同。这些精英们在相同的学校、俱乐部和社区中流动,使得他们比民主党人更容易在政治上达成妥协和和解。当代对政治精英的调查显示,与民主党相比,共和党人在文化上更加同质,在意识形态上更加一致(Jackson,Bigelow and Green,2007:51—74)。

此外,作为商业的政党,共和党采取了一种商业的方式来组织政治。许多党魁,如马克·汉纳,都是商人,他们把企业管理的组织原则带到了工作中。

[①] 民主党领导人在1960年代开始在党内集中权力,这一过程充满了高昂的政治代价。其中一个例子是1972年选举前的McGovern-Fraser改革,为大会代表的遴选制定了全国性规则。这些改革是为了解决该党的合法性问题,特别是在年轻的中产阶级活动家中的合法性问题,但这些规则使南方派和传统的党内精英感到不安。

因此，学者们观察到，共和党的政治委员会比民主政党组织得更合理（Cotter et al，1984；Heard，1960；Herrnson，1988）。他们表现出清晰的等级制度和权威模式，并凭借专业手段来完成诸如为候选人做宣传等任务（Bibby，2002：19—46）。他们还借鉴了自己作为商界领袖的经验，比如为社区公益金组织和其他慈善团体筹集资金。① 在20世纪的大部分时间里，共和党都是少数党，因此他们也有强烈的动机去建立一个能够招募和资助候选人以击败现任者的组织。

由于其独特的组织特点和各自派系的性质，这两个主要政党旨在寻求不同的竞选筹资制度。民主党人，由于他们的非货币优势和分散的结构，喜欢这样一种制度：(1)尽量降低私人现金资源的重要性；(2)不鼓励集中资源。因此，他们不断寻求规章制度，比如捐款和支出限制，这些规章制度往往会分散当地的资源，并增强非现金战略的价值。与共和党人相比，他们的现金较少，因此他们也倾向于在总统选举中提供公共补贴。

相比之下，共和党人更喜欢给他们使用资金最大灵活性的竞选资金制度。对共和党而言，筹集资金相对容易，这不仅是因为他们的选民更富有，还因为该党的团结性使得非个人的捐款呼吁（比如通过直邮）更加容易成功。正如我在下一章中详细讨论的那样，共和党的捐赠者更有可能"信任"政党全国委员会的领导人，因为他们比民主党的成员更少受到宗派主义和种族身份分裂的影响。鉴于这些特点，共和党人希望避免那些限制以现金为基础的选举活动的竞选资金改革。如果他们要进行改革，那么他们的目的会是努力阻止劳工组织或公职人员在选举中提供帮助，以尽可能削弱民主党的势力。

通常，民主党人喜欢那些鼓励公开披露竞选资金的法律。由于共和党人筹集的资金更多，公开法律给民主党人提供了使资金成为竞选议题的机会。他们可以指出共和党是富人的政党。② 同时，民主党的竞选活动可以通过不用披露他们活动的非政党组织继续"暗中进行"。但这种公开策略是一把双刃剑，特别是在民主党控制了多数席位的情况下。共和党人可以用同样的手段

---

① 例如，在1924年的选举中，进步派的总统候选人罗伯特·拉福莱特（Robert La Follette）曾把竞选资金和腐败作为针对柯立芝（Coolidge）的一个问题（Shannon，1959：48—49）。

② Harold L. Ickes 在他的日记中指出，在总统选举前提出竞选资金这一问题是有用的，因为它突出了民主党的关键主题，即他们是普通人的政党，而共和党则代表富人（1953—1954：225）。

第四章　竞选资金改革与《跨党派竞选改革法案》的理论解释

对付民主党人，以显示他们被利益集团"收买和出卖"。比如，在20世纪60年代和70年代，民主党人在国会占有多数席位时，他们抵制加大公开力度的行为。韦恩·海斯(Wayne Hays)等民主党领导人坚持将报告送交他们控制的众议院书记员，而不是独立的选举委员会。当然，共和党人更倾向于提交给外部委员会，因为他们认为操纵报告的行为可能会在竞选中被用来对付他们。

一个说明政党对竞选财务法规规则有偏好的指标是立法记录。表4—1按时间顺序显示了美国国会为修正竞选资金制度通过的具体补救措施。它展示了奠定当代美国竞选财务法规关键特征的法案。这些法案都是由受益者一方的成员提出的。作为现金匮乏的政党，民主党显然有更大的动力去管控竞选资金制度。国会的民主党成员一直负责倾向于引入限制使用财务资源的改革。比如，民主党参议员蒂尔曼成功提出了一个禁止企业进行政治捐款的法案(1907)。同样，民主党也提出了限制捐款(1940年、1966年、1971年、1974年)、限制候选人开支(1911年、1971年、1974年)或限制政党开支(1940年、1971年、1974年)的措施。

表4—1　　　　　　　历次竞选财务法规改革议题及主张党派

	民主党	共和党
禁止公司捐款	1907 (S)	
选举资金公开披露	1910(S)	1910(H)
法规向初选延伸[a]		1911 (S)
对候选人的支出限制	1911 (S)	
政府雇员限制	1939 (S)	
政治献金限额	1940 (S)	
对政党全国委员会的支出限制	1940 (H)	
禁止工会捐款		1943 (S)
公共财政补贴	1966 (S)	

资料来源：Mutch(1988)以及1910到1966年间的国会记录中的各种报告。

注：S=在参议院发起；H=在众议院发起。1910年同时公布了一项公开法案。

[a] 代表在"纽贝里诉美国案"(1921)中被撤销。

相反，共和党人倾向于支持限制非现金优势(限制工会竞选支持活动)或降低民主党中强势派系选举影响力的改革。例如，一个共和党人提出初选也

105

应进行财务披露(1911)，以对抗南方的民主党人，因为南方是在初选挑选公职人员。他们还根据1943年的《史密斯-康纳利法案》提出了一项限制工会竞选活动的措施。令人惊讶的是，新墨西哥州的一个民主党议员，提交了一项禁止政府雇员参与联邦选举的议案。南方民主党人鼓励鼓励他这样做，他们反对让罗斯福连任第三届；他们试图切断联邦雇员对总统的支持。当然，共和党人对这个法案的支持几乎一致。通过限制罗斯福和新政民主党人选举资源的改革是共和党人和保守派民主党人的"共同目标"。

《跨党派竞选改革法案》与以前的大多数改革立法不同，其不同之处在于得到了两党共同的支持。但是，这些支持者显然代表了每个政党从此种特别的改革设计（在这个情况下，指限制软性捐款）中所获利的派系。参议员麦凯恩和众议员克里斯托弗·谢斯（康涅狄格州共和党）都是进步派共和党人，也是经常挑战政党领导力的另类人士。他们想要通过拿走由传统政党领导人控制的软性捐款来削弱他们的权力。类似地，在民主党这边，这个法案有两个非常自由派的成员支持，他们是参议员法因戈尔（威斯康星州民主党）和众议员马蒂·米汗（Marty Meehan，马萨诸塞州民主党）。他们都知道如果候选人更依赖自由派积极分子而不是提供软性捐款的企业和工会的话，那么该党内的自由派的会受益。这个我会在接下来的章节中详细展开。

六、国会中的党派对改革的支持

党派动机是否能在一个法案的最后通过阶段带来党派主义的投票尚不清楚。事实上，历史记录表明，世纪初期的改革要么因为口头投票、要么因为两党的强力支持而很容易就通过。一个明显的原因是，早期的法律对国会候选人的影响很小，尽管它们对党派如何组织资助总统选举有长期的影响，但大多数提案对现任国会议员资助其连任的能力影响甚微。在20世纪的大部分时间里，政治筹款并没有制度化到需要对法律进行重大调整的程度。大多数观察家都清楚，可以通过设立许多独立委员会或通过地方和州党派转移资金来规避法律。

除了1974年水门事件后的改革外，两党投票的原因不太可能是对引发公众强烈反应的丑闻的担心。在之前的改革立法中，在法案最终通过前的几周

第四章 竞选资金改革与《跨党派竞选改革法案》的理论解释

和几个月里,《纽约时报》几乎没有提及丑闻。事实上,在20世纪60年代之前,《纽约时报》几乎没有给竞选资金改革留出任何版面。在那之前,这些文章只在报纸的边边角角,或在国会处理的立法问题清单中被提及。此外,国会并没有为了突出改革的重要性而将改革作为一项独特的立法进行表决。1925年的《反海外腐败法》、1966年的《朗法案》和1971年的《税收法案》(为总统选举提供公共资金)都只是作为巨额预算和税收法案的附加条款通过的。

在进步时代,两党合作是由进步派共和党和民主党联合的结果。保守派共和党人不情愿地同意竞选资金改革,并尽可能削弱有关规定,就像参议员福拉克(俄亥俄州共和党)在修订《蒂尔曼法案》时所做的那样,将公司禁令限于联邦特许公司和联邦选举中。共和党领导人通常不会在这个问题上与进步派进行激烈斗争,尽管新的竞选财务法规会使该政党组织竞选活动变得更加困难。在政治改革的议题上制约共和党可能不能有力说服足够多的共和党人投对他们有利的票,是进步派当时面临的一个威胁(Shannon,1959:39)。保持党内进步派的满意是很重要的,至少在改革问题上,因为党内领导人认为改革不会削弱他们的利益。进步派毕竟为党提供了重要的资源,也是思想、人才和合法性的源泉。

在新政时代,两党在竞选资金改革问题上出现了更强烈的分歧。如表4-2所示,只有38%的众议院民主党人投票支持《哈奇法案Ⅰ》,而43%的人投票支持《哈奇法案Ⅱ》,而共和党的投票几乎是一致通过的。后来,在1943年,在南方派民主党的帮助下,民主党人投票支持反劳工的《史密斯-康纳利法案》的比例增加到61%。可以肯定的是,这些法案涉及的不仅仅是竞选资金问题。然而,与竞选资金改革有关的条文却显然带有党派色彩。共和党人推动竞选资金改革,以限制政府雇员和工会的权力。在口头表决中,他们能够把民主党从南方派和一些西部的进步派中排挤出去。当然,南方民主党人支持反劳工法,这巩固了他们传统的权力地位,他们对罗斯福1938年的"清洗"运动感到愤怒,该运动剥削了联邦雇员的竞选劳工。主要是北方的新商人支持罗斯福,反对竞选资金改革,这些改革试图削弱国家党及其与联邦雇员和工会成员日益增长的联盟。诸如《哈奇法案》《史密斯-康纳利法案》《塔夫特-哈特利法案》之类的立法,反映的不仅仅是两个主要党派之间的斗争,还有民主党内部的分歧。共和党人成功利用民主党联盟内部的不和,通过剥夺重要的竞选资源,削弱罗斯福及其新政支持者的力量。

表4—2　　　　　　　　历次竞选资金改革法案的投票表决结果

	众议院民主党人 (%赞同)	众议院共和党人 (%赞同)	参议院民主党人 (%赞同)	参议院共和党人 (%赞同)	时任执政党
蒂尔曼法案(1907)[a]	口头表决	口头表决	NA	NA	共和党
竞选经费公开法案Ⅰ(1910)	NA	NA	100	90	共和党
竞选经费公开法案Ⅱ(1911)	86	100	71	100	共和党
反海外腐败法(1925)[b]	NA	NA	100	92	共和党
哈奇法案Ⅰ(1939)	38	100	NA	NA	民主党
哈奇法案Ⅱ(1940)	43	100	71	100	民主党
史密斯-康纳利法案(1943)	61	95	53	95	民主党
朗法案(1966)[c]	81	73	22	96	民主党
联邦选举法案Ⅰ(1971)	95	93	100	95	共和党
联邦选举法案Ⅱ(1974)	99	75	80	41	共和党
跨党派竞选改革法案(2002)	94	19	96	21	共和党

注:NA=无可用数据。

[a] 正式名称为《禁止公司为政治选举捐款法》。

[b] 作为1925年《邮政服务法》的附加条款,这里是对该附加条款的表决。

[c]《朗法案》13103决议是被包含在1966年通过的《外国投资者税收法案》之中的。参议院中两党的投票结果反映了是否同意在《外国投资者税收法案》中删除第三条(总统竞选基金),投"不赞同"票意味着该投票人希望该基金仍然是法案的一部分。在众议院,议员们没有单独对这一条进行投票,而是对包含了总统公共基金和重要税收立法条款的总体性会议报告进行了投票。

在20世纪60年代和70年代,民主党不断在想各种办法和手段,希望通过那些在总统大选中能帮助本党获胜的法案。没有人想到的是罗素·朗(Russell Long),他在1966年提交了一份针对公共财政的法案。连由参议员戈尔领导的支持改革的激进国会进步派都没有料到他的这一举动。水门事件之前的1971年《联邦选举法案》,也是以同样的立法策略获得通过的。经过了四年的努力,罗素·朗的这项立法依然失败。之后,民主党的战略家们又一次试图向政党金库注入公共资金,并限制共和党的总统选举开支(Weaver,1971a)。事实上,该法案的大部分动力和设计来自"有效国会全国委员会"(the National Committee for an Effective Congress,NCEC),这是一个自称是

第四章 竞选资金改革与《跨党派竞选改革法案》的理论解释

公共利益团体的组织,其主要职能是为民主党自由派国会候选人筹集竞选资金(Berry and Goldman,1971)。[①] 民主党人在最后一刻提出了一项修正案,将为总统选举提供公共资金(以及其他改革)纳入尼克松政府非常想要的减税法案中,这让参议院的共和党人措手不及。该修正案以党派投票的方式获得通过(Weaver,1971d)。在会议上,民主党人威胁说,除非将竞选资金管理措施包括在内,否则他们将否决整个税收法案(Weaver,1971b)。针对他们的威胁,尼克松反过来说,如果将竞选资金管理措施包括在内,那么他将否决税收法案。这一策略为共和党人投票支持该法案提供了掩护,而尼克松随后与会议主席威尔伯·米尔斯(Wilbur Mills,阿肯色州民主党)协商达成妥协,将公共财政资助推迟到1976年的选举。民主党领导人对米尔斯的退让感到愤怒(Weaver,1971c)。

在水门事件之后,国会于1974年通过了修改《联邦选举法案》的法案。事实上,当年对该法案的修改非常多,包括设立一个独立的执法机构,以至我们甚至可以认为1974年的版本是一部完全不同的法律。正如我在之前的章节所描述的那样,这部法律的新增条款完全符合民主党的期望,简直是为民主党量身定制的,包括:在大选中提供充足的总统竞选资金、设置捐款收入和支出上限(这有助于在国会中的多数党)、披露竞选资金以及允许各团体可以通过政治行动委员会进行捐款的制度。在这之前,政治行动委员会的主要使用者一直是亲民主党的工会。尽管共和党人认为该法案完全违背了共和党的利益,但几乎没有人觉得他们可以投票反对该法案(Rosenbaum,1974)。最后,大约有75%的众议院共和党人以及41%的参议院共和党人投了赞成票。在参议院最后一次投票之前,宾夕法尼亚州的共和党领袖休·斯科(Hugh Scott)宣布,他将建议总统否决整个方案(Weaver,1971d)。

说到由丑闻引发的改革,那就是1974年的《联邦选举法案》修正案。然而,这些改革几乎没有得到两党支持。他们显然弥补了民主党的弱点——例如,总统选举资金不足——并助长了民主党相对于共和党的优势——例如,工

[①] 有效国会全国委员会(NCEC)推动了1970年的《政治广播法》和随后的《联邦选举法案》中的谅解备忘录,以限制广播支出,并迫使电视台为候选人提供最低的工会广告费率。

会的政治行动委员会。[①] 1974 年的修正案也是由民主党的进步派推动的,他们通过鼓励小捐款人(可能是受过教育、赞同进步目标的专业人士)的政治捐款和限制政治开支来获利。

接下来的改革是 2002 年的《跨党派竞选改革法案》。也可以认为,这是美国历史上对竞选改革进行的最有党派色彩的投票。在众议院中,94%的民主党人支持该法案,但在共和党人中的支持率只有 19%。同样,在参议院,只有五分之一的共和党人投了赞成票。这个法案的投票为什么有如此强烈的党派性,它为什么又能成功呢?

七、对《跨党派竞选改革法案》的解释

这里有必要先了解一下《跨党派竞选改革法案》的背景。《跨党派竞选改革法案》的两个关键条款是:(1) 禁止各政党全国委员会筹集和使用软性捐款;(2) 禁止任何组织在初选前 30 天、联邦候选人被列入选票的大选前 60 天使用软性捐款进行大范围宣传(主要条款的完整清单见下框)。软性捐款是指从《蒂尔曼法》(针对公司)和《塔夫特-哈特利法》(针对工会)禁止的来源筹集的资金,以及数额超过联邦捐款限额的资金。在 20 世纪 80 年代,全国委员会利用了允许软性捐款的州法律,辩称他们也参与州选举,所以他们可以使用这些资金。他们利用联邦选举委员会对他们有利的监管裁决,声称他们将所有的软性捐款都用于基础广泛的党建,以加强基层参与。事实上,这些钱的很大一部分被用于毫不掩饰的"议题广告",即联邦候选人的竞选广告。

当《跨党派竞选改革法案》通过时,一些政治评论家将其比作民主党的自杀法案(Gitell 2003)。其背后的理由是,民主党曾从软性捐款中获得了很大的好处。在 2000 年选举中,他们超过一半的资金是来自软性捐款,而相比之下,共和党的软性捐款只占 43%。和往常一样,共和党在筹集硬性捐款方面更成功,高达 2.13 亿美元,而民主党人只有 1.37 亿美元。但两党之间的软性捐款差距较小,民主党筹集了 1.36 亿美元,而共和党为 1.66 亿美元。为什么

[①] 据《纽约时报》(1974)报道,当时的政治专家一致认为,该法案将帮助民主党人,而共和党人在水门事件后不久就无法阻止立法。

第四章 竞选资金改革与《跨党派竞选改革法案》的理论解释

民主党人要放弃一个让他们与共和党人更平等的重要收入来源呢?

《跨党派竞选改革法案》的主要条款

软性捐款

禁止向全国性政党组织提供任何软性捐款(捐款和支出)。

禁止联邦候选人和公职人员接受、索取或使用软性捐款。

禁止州和地方党派为任何"联邦选举活动"提供软性捐款支出,其定义包括以下内容:

- 在联邦选举后 120 天内进行选民登记;
- 选民身份识别、投票动员活动或与联邦选举有关的竞选活动;
- 州或地方议会雇员将 25% 以上的时间用于与联邦选举有关的活动;
- 宣传或攻击联邦候选人的广告("宣传或攻击"并不由该法案决定);
- 州政府必须使用硬性捐款进行所有这些活动,或在适用的情况下,使用莱文修正案中的软性捐款(来自 1 万美元以下的软性捐款)。

政党必须在代表其候选人的协调支出和代表其候选人的独立支出之间做出选择,但不能两者兼而有之(在 McConnell 诉 FEC 案中被裁定违宪)。

其他捐款限制

硬性捐款的法律限制有所提高:

- 对每个候选人每次选举的个人捐款限制从 1 000 美元提高到 2 000 美元;
- 对全国政党委员会的个人捐款限制从 20 000 美元提高到 25 000 美元每年;
- 对州和本地政党委员会的个人捐款限制从 5 000 美元提高到 10 000 美元。

每个选举周期个人可向候选人、政党和政治行动委员会提供的捐款总额限制为 9.5 万美元,每个委员会的最高限额为 5 万美元。

将给候选人和政党的捐款指数化。个人总开支和协调开支上限根据通货膨胀指数指数化(PAC 除外)。

千禧年反对者条款按比例提高了对自费国会候选人捐款的上限。

政治广告

禁止由任何组织的软性捐款资助的议题广告,如果广告在大选前 60 天或初选前 30 天且涉及的联邦选举候选人。

每年超过 10 000 美元的竞选广告的资金来源需要披露。

民主党有两个动机推动改革：一个是党内的派系斗争，另一个是为了取得相对共和党的优势。首先，民主党内有一些强大的支持者要求改革。这些支持者与世纪初在共和党内为改革而奋斗的进步派有着惊人的相似之处。他们是发展自新左派和20世纪60年代社会运动的进步派人士。他们包括与环境和社会福利组织有联系的公民；主流和自由派新教教会、像妇女选民联盟这样的良好政府团体、基金会管理人员，当然，还有那些在越南和水门事件期间成长起来的报纸编辑。在过去的一个世纪里，骑墙派的参与式民主的核心原则——不受物质动机的影响——已经从主要在共和党内迁移到民主党内部。民主党内的新骑墙派一直反对传统的政党权力掮客，包括工会、南方人和新商人。和他们的进步主义前辈一样，这些人士也最坚决地反对企业在党内施加影响，该影响明显地体现在公司的软性捐款上。

民主党内的新骑墙派在20世纪80年代和90年代一直在大力游说，要求进行竞选资金改革。但是，只要涉及选举资源，特别是会影响到国会选举时，民主党领导人就不那么热衷，他们在这些方面与共和党存在着某种程度的平衡。但是，民主党领导人的焦虑在1994年共和党控制国会及2000年入主白宫后急剧增加。共和党人掌权意味着他们可以继续强化他们在筹款方面的优势。因此，在1994年后及2000年后，民主党都在大力推进改革。他们得到了新闻媒体、基金会和作为民主联盟成员的自由派进步组织的支持(Dwyre and Farrar-Myers, 2001：176—181)。2001年，《纽约时报》至少发表37篇呼吁竞选资金改革的社论，全国范围内的进步活动家都是该报的忠实读者(Mc-Sweeney, 2005：513)。毫无疑问，像《纽约时报》这样的报纸表现得就像支持《跨党派竞选改革法案》改革的利益集团，在社论中给所有其他改革贴上"虚假法案"或"伪改革"的标签(*New York Times*, 1998, 2000)。也许《纽约时报》和《华盛顿邮报》等自由派报纸的持续强调，解释了为什么民主党人比共和党人更认为这是一个重要的问题。2001年初，在《跨党派竞选改革法案》通过一年多前，只有百分之一的美国人将竞选资金改革列为联邦决策者的"首要事项"。大约有24%的民主党选民更倾向于将其列为"首要事项"，而共和党选民只占14%(Washington Post/ABC News, 2001)。

第四章 竞选资金改革与《跨党派竞选改革法案》的理论解释

虽然改革在大多数美国人心目中并不是"首要"的事,但绝大多数人都支持对竞选财务法规进行重大变革。认为自己是"坚定民主党人"的选民比其他人更支持进行重大改革。如表4—3所示,在改革问题最突出的2002年,71%的坚定民主党人希望进行全面改革或重大变革,而59%的坚定共和党人赞成重大变革,总体上63%的选民期待重大变革。不那么坚定的民主党人或倾向支持民主党的人的支持率与全国平均水平非常相近。[①] 最近一项关于竞选财务法规改革的研究表明,意识形态和党派性是预测改革支持率的有力预测变量,自由派和民主党人比保守派和共和党人更有可能支持限制政治资金(Grant and Rudolph,2004)。

表4—3 不同程度的政党倾向对主要竞选财务法规改革的支持

	2000年	人数	2002年	人数
坚定的民主党人	66%	286	71%	206
不那么坚定的民主党人	52%	217	61%	229
不是民主党但倾向于支持民主党的人	56%	216	63%	178
完全中立的人	51%	158	80%	88
不是共和党但倾向于支持共和党的人	48%	202	60%	173
不那么坚定的共和党人	47%	184	57%	211
坚定的共和党人	52%	205	59%	215
总　计	54%	1 468	63%	1 300

资料来源:American National Election Studies 2000 and 2002 (weighted).

注:百分比数据指代那些认为竞选资金体系应当全面改革或做出重大改变的回答者所占比重。相反的回答是认为需要小幅修改或维持现状。

在选择是否推行竞选经费改革时,民主党领导人面临着与共和党人在世纪之交经历过的类似的两难境地。民主党内的新骑墙派推崇的改革可能会损害本党的选举前景。然而,民主党不能轻易忽视一个强大的支持者群体。支

[①] 2000年,在安然事件为改革努力注入一些动力之前,坚定的民主党人和其他党派之间的偏好差距较大,坚定民主党的支持率为66%,坚定的共和党则为52%。而对重大改革的总体支持率为54%。

持改革的群体可以很容易使该党失去信用,并破坏其在党内活动分子中的合法性。事实上,赞成改革的人表示出的是最热情坚定的党员的观点。他们当中的积极分子或者赞助筹款活动,或者敲开邻居的门进行动员,还有通过其他措施鼓动其他人支持民主党。这些积极分子往往是通过新闻媒体和倡导团体塑造公众舆论的专业人士和"思想"精英(Judis and Teixeira,2002)。对他们来说,越来越多来自企业的软性捐款挑战了他们在党内的影响力,使民主党领导人更加关注企业利益,而牺牲了进步事业。

更令民主党领导人担忧的是,连他们自己的个人捐助者中也绝大多数支持改革。表4—4显示,在2002年选举中,在自认党派的民主党捐助人中,90%的人赞成彻底改革竞选资金制度,而在所有民主党人中,这一比例为65%。共和党人不那么热衷于改革,只有64%的人想要进行重大改革。先前对国会选举中的主要捐款人(那些至少捐出200美元的人)的研究表明,民主党捐款人倾向于加强监管和提供各种公共补贴(Francia et al,2003)。相比之下,共和党的主要捐款人更支持放松管制。

表4—4　　　　2002年两党捐款人及党员对竞选财务法规改革的支持

	政党捐款人	人数	所有党员	人数
民主党	90%	49	65%	612
共和党	64%	71	59%	599

资料来源:American National Election Studies 2002(weighted).

民主党内的新骑墙派通过推动软性捐款禁令,获得了很多利益。相对于那些提供硬性捐款并通过宣传组织支持进步事业的个人,软性捐款禁令将削弱大企业和劳工组织的影响力。[①] 与此同时,禁止软性捐款广告有可能增加报纸赞助的重要性,因为政客们将需要更多地依靠自由媒体来获得支持者。为了降低政治广告的重要性(尽管它没有用),《跨党派竞选改革法案》禁止议题广告。政治广告经常因空洞的信息和情绪化的吸引力被进步人士批评。他们的这种批评类似于19世纪骑墙派们的反对,骑墙派对那些能激起人们对候

[①] 事实证明,对改革的支持与一个人对将受到改革限制的群体的态度密切相关。例如,自由主义者支持他们认为会加强对他们不喜欢的保守派团体的限制的改革(Grant and Rudolph,2004)。

选人热情的政党表演非常蔑视。①

　　许多民主党专业人员警告说,改革可能会削弱民主党的机会。他们对禁止软性捐款的呼吁不屑一顾,因为他们认为,只有硬性捐款的制度会有利于拥有更广泛筹款基础的共和党。民主党专业人员预料到国会可能会通过《跨党派竞选改革法案》,于是他们暗中将软性捐款输送给非政党组织,尽管他们选出的领导人公开支持禁止软性捐款。一位民主党工作人员承认,"当我们看到民主党参议员在会场里说:'让我们把大笔资金从政治中赶出去,回到基层政治中去'时,我们会苦笑"(Grimaldi and Edsall,2004)。像小哈罗德·伊克斯(Harold Ickes Jr.)这样的政党专业人士意识到,民主党需要寻求政党框架之外的策略,使用《跨党派竞选改革法案》禁止的软性捐款(巧合的是,伊克斯的父亲在20世纪30年代曾组织过独立的竞选运动以支持罗斯福)。在之后的章节中,我将说明民主党人常用的"外部"策略。

八、《跨党派竞选改革法案》给民主党带来的竞选优势

　　促使民主党人支持《跨党派竞选改革法案》的第二个因素纯粹是出于党派利益。毫无疑问,《跨党派竞选改革法案》对民主党来说是一场赌博,因为该党与共和党一样从软性捐款中获益,但禁止改革的做法完全符合民主党的选举优势。这些法律将鼓励传统上适合民主党的那种分散化的竞选活动。这是我在之后的章节中会更详细讨论的一个主题。就目前而言,只要知道民主党长期以来一直依赖工会和其他宣传团体进行竞选活动就足够了。此外,民主党内部的派系、种族和意识形态分歧在于传统上鼓励国会候选人独立于国家党进行竞选活动,这一点当然比共和党人更明显。虽然软性捐款禁令会减少党内资金,但

---

① 因此,除了腐败问题之外,《跨党派竞选改革法案》还与对"政治运动应该是什么"的看法密不可分。《跨党派竞选改革法案》远非是一项只为根除腐败的中立性质的改革,而是在努力决定选民应该如何参与选举,以及他们应该利用什么样的信息来做出决定。电视广告不好,报纸好,强硬的直邮广告不好。与竞选活动志愿者面对面的讨论是好的。可以肯定的是,这些不同的沟通方式之间有一些质的不同。如果竞选活动不那么尖锐,更多的是基于对理性的呼吁而不是情感,也许就会更好。但是,许多公民,特别是那些不密切关注政治的人,当他们的情绪被电视广告,甚至是那些有负面的语气激发时,就会对政治问题产生兴趣。恰恰是通过这些广告,选民开始关注、着重于突出的问题,并对候选人做出重要的区分(Geer,2006)。

不会阻止富人向支持总统或国会候选人的无党派委员会捐赠数百万美元。

　　作为2004年的在野党,民主党人知道,在任总统和共和党领导的国会可以筹集到比他们更多的软性捐款。2004年的软性捐款缺口可能会比往年更大,因为绝大多数的软性捐款捐助者都是商业企业(Apollonio and La Raja,2004:1134—54)。让国会民主党人特别害怕的是,在1998年的选举中,共和党人获得了大约70%的企业提供的软性捐款。同年,企业软性捐款占共和党的软性捐款的3/4,而它们为民主党提供的软性捐款却只有不到一半(2002年,公司的软性捐款占共和党软性捐款的2/3以上,但只占民主党软性捐款的1/3)。① 民主党从个人和工会那里得到的软性捐款比共和党多。尽管单个工会提供的软性捐款通常比公司多,但提供软性捐款的公司数量比工会多得多。因此,民主党人担心,如果企业的软钱捐赠制度化,两党之间的收入差距会扩大,这并非不现实。人们认为,软钱禁令会切断企业的龙头,但未必会切断来自民主团体的软钱。后者的风险厌恶程度较低,比公司更有意识形态动机。即使党内软性捐款被禁止,他们也会想方设法把钱投进政党系统。事实证明,民主党的战略是对的。在2004年的选举中,企业在政党禁令后并没有试图将软性捐款推入政治体系。相反,软性捐款主要被投入到了亲民主党的团体,如工会、环保组织和其他进步主义组织。

　　由于企业通常对利用政治献金来接触立法者感兴趣,因此它们比以选举为导向的团体更不愿意在政党结构之外出于竞选目的输送资金。对于以选举为导向的捐助人来说,向外部团体捐款的价值要低得多,因为这种行为与最终受益的候选人中间隔了太多层。另外,党派意识形态人士愿意为选举结果投资。因此,他们有动力在被要求时向外部团体贡献软性捐款。在政策导向型和意识形态型党派中,民主党与共和党的支持率不相上下。事实上,这些捐款者可以无限制地向非政党团体捐款,这对民主党来说是一个优势,因为他们的捐款者基础较窄(Gais,1996)。民主党明白,与意识形态性组织相比,企业在竞选活动中更能避免风险,因此他们会避免通过倾向于共和党的527组织转移资金。事实上,企业的软性捐款确实"枯竭"了,而意识形态性组织,特别是

---

　　① 数据来自Money Line,http://www.politicalmoneyline.com。

第四章　竞选资金改革与《跨党派竞选改革法案》的理论解释

民主党方面的组织,则找到了其他的非党派资金来源。①

　　一些民主党顾问和战略家警告民主党领袖迪克·格普哈特(Dick Gephardt,密苏里州民主党)代表和参议员汤姆·达施勒(Tom Daschle)(南达科他州民主党)避免通过该法案,因为它会损害民主党的前景。作为有抱负的总统候选人,格普哈特和达施勒可能出于个人原因拥护改革,特别是如果他们知道他们可以依靠工会等非政党组织来支持他们参加总统选举,②但党内领导人也有集体利益的问题。一位民主党内部人士描述了格普哈特的基本论点:"我们不能再靠软性捐款来竞争了。随着乔治·布什的上台,共和党人会和我们拉开差距并把我们拍死在沙滩上。因此,谢斯-米汗(Shays-Meehan)对我们作为一个政党来说是至关重要的"(Eilperin and Edsall,2001)。

　　作为在野党,民主党也可能将改革作为竞选议题,提出关于现任政党腐败的民粹主义信息,并在民主党传统竞选主题的基础上,提出共和党是富人的政党。从这个角度来说,《跨党派竞选改革法案》背后的党派策略是1907年《蒂尔曼法案》的重演,当时蒂尔曼等民主党人试图削弱罗斯福,分裂共和党。

　　可以肯定,2002年通过《跨党派竞选改革法案》对民主党来说是一场赌博。但和1907年一样,民主党领导人明白他们的政党比共和党更不依赖政党组织。推动改革的风险是计算过的,改革不会妨碍他们发起有效的总统和国会竞选活动。当时,民主党在建立全国性的硬性捐款捐助者群体方面取得了显著的成果,同时他们也可以通过非党派群体利用软性捐款。

　　从民主党的角度来看,软性捐款禁令可能会对依赖现金的共和党人造成更大的打击,因为他们更依靠政党组织。自20世纪70年代以来,共和党人一直在坚持不懈地推行政党建设战略,通过筹资和选民身份认证项目来发展其州级组织。如前所述(并将在后面的章节中展示),共和党人的竞选活动通常

---

①　许多公司高管显然不喜欢被要求提供软性捐款。这种公开对公司的声誉不利,而这些高管更喜欢采用更合法及宣传较少的渠道,在没有政党介入的情况下,利用政治行动委员会及游说在位官员。见Kolb(2000)。

②　达施勒知道如果他不参加总统竞选的话,他将在南达科他州面临着一场痛苦的连任竞争,对手是众议员约翰·图恩(John Thune)。在这个民粹主义盛行的州,他可能希望自己支持通过《跨党派竞选改革法案》的立场能在选民中产生良好的反响,同时也能防止共和党和外部团体对他进行意料之中的一连串的软性捐款的议题广告。

117

比民主党人的竞选活动更等级化、更集中。共和党的组织建设策略是可行的，因为该党在意识形态和文化上比民主党更有凝聚力（Klinkner，1994；Mayer，1996；Polsby，1983），党员对政党有着共同的理解，信任程度更高，更愿意服从权威。

共和党人强烈反对《跨党派竞选改革法案》，正是因为政党组织已被证明是重新获得多数席位的成功工具。《跨党派竞选改革法案》对政党经费的限制，对共和党的政党战略比民主党的"外包"战略构成的威胁更大。据一位在众议院投票前几天的共和党闭门会议上的与会者说，众议院议长丹尼斯·哈斯特尔特（Dennis Hastert）警告他的同事说："如果不是因为软性捐款，就有6个人不会出现在这里"（Eilperin and Dewar，2002）。尽管安然公司似乎与共和党政府的关系更为密切，安然丑闻显然并不足以促使大多数共和党人加入通过两党法案的行列中来。布什总统与这家位于休斯敦的公司的高层管理人员肯·莱（Ken Lay）关系密切。为了获得更多共和党人的支持，《跨党派竞选改革法案》的提案人提出将个人硬性捐款限额从1 000美元提高到2 000美元。大多数业内人士认为，提高硬性捐款限额对共和党人有利，事实上，一项学术研究表明，如果提高限额，则主要的共和党捐助者更愿意增加他们的捐款（Brown，Powell and Wilcox，1995），但提高硬性捐款限额似乎并没有改变大多数共和党人的立场。事实上，即使安然公司的崩溃与他们有关，绝大多数共和党人拒绝支持《跨党派竞选改革法案》，这一事实进一步表明，改革的丑闻理论不能充分解释改革是如何发生的。

事实上，几乎没有证据表明安然丑闻激起了国会议员支持竞选资金改革的强烈的公众浪潮。实际上，大多数美国人认为安然事件是美国工人的灾难，而不是政治丑闻。当被问及安然公司最让他们困扰的是什么时，63%的美国人表示，他们最关注的是安然公司员工失去工作和退休储蓄所造成的财务损失。同时，13%的人对大公司的高管们助长了公司的崩溃表示担心。只有9%的人最担心安然公司通过对当选官员的政治捐款可能受到偏袒（Gallup Poll Editorial Staff，2002）。

可以肯定的是，绝大多数美国人都赞成制定新的法律来限制政治献金，当抽象地问及"竞选财务法规改革"时，绝大多数人都支持。毫无疑问，民意调

第四章 竞选资金改革与《跨党派竞选改革法案》的理论解释

查显示,选民普遍认为竞选资金体系腐败。事实上,支持改革的派系总是可以依靠公众舆论来倾向于"改革",即使在没有丑闻的情况下也是如此。但在安然事件爆发后的几个月后,盖洛普(Gallup)民意调查显示,支持竞选资金改革的人数只有小幅增加。2002年2月,当安然丑闻成为新闻焦点时,对通过此类法律的支持率从2001年7月(丑闻爆发前)的65%略微上升到72%(Jones,2002)。矛盾的是,对限制软性捐款的支持率从2001年3月的76%略微下降到丑闻发生后的69%。

同样值得指出的是,虽然选民对任何名为"改革"的事情的支持率都很高,但美国人很少把竞选资金问题放在首位,即使在丑闻发生后也是如此。当被问及"国会和总统应该处理的两个最重要的问题是什么"时,自1998年开始调查以来,竞选资金问题从未在任何一年超过1%(Gallup Poll,1998—2007)。一个更发人深省的发现是,即使美国人渴望改革,他们对法律的修改会带来多大的改变仍表示怀疑。当改革辩论在安然丑闻的阴影下继续进行时,超过2/3的选民回答说,无论竞选财务法规如何改变,特殊利益集团都会保持在华盛顿的权力(Public Opinion Online 2002b)。具有讽刺意味的是,在《跨党派竞选改革法案》通过之前,公众对国会的认可一直在增加,而改革通过一年后,公众对国会的支持率就开始稳步下降,这表明,通过一项改革法案对提高美国人对其行政机构的信心没有起到什么作用。如图4—2所示,两党在2002年4月达到了公众支持率的顶峰,这发生在安然丑闻爆发后6个月,也是《跨党派竞选改革法案》被签署为法律的6个月前。此后,支持率急剧下降,达到研究期间的最低水平。这个结论表明,无论是丑闻还是改革都不会改善公众对国会的看法。另一项由珀西尔(Persily)和兰比(Lammie)进行的研究使用了40年的调查数据,表明公众对腐败的看法可能与竞选资金制度关系不大。在这项研究中,即使软性捐款猛增,认为政府腐败的选民比例也是下降的。相反,个人对腐败的看法似乎与他们的社会经济地位、对总统的看法和经济表现有关(Persily and Lammie,2004:119—80)。

人们对改革问题上矛盾和不一致的态度,并不是为了断言改革没有必要,也不是说改革对减少腐败行为没有效果。事实上,通过修改法律以减少当选官员因为金钱而更偏向于某一利益集团的机会和动机,可能是很好的理由。

119

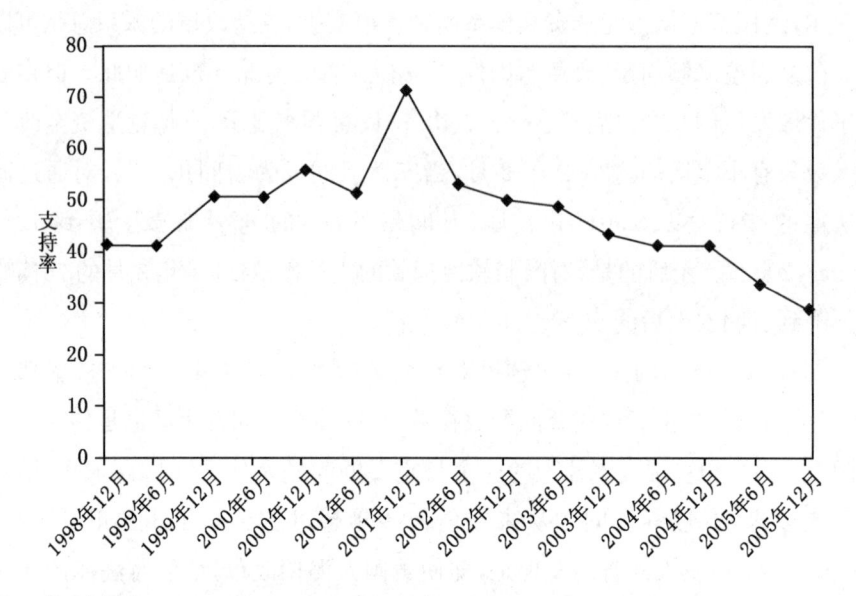

资料来源：Gallup Polls, various years, "Congress and the Public".

图4—2 你是否支持国会处理工作的方式？

霍尔(Hall)和威曼(Wayman)进行的一项研究表明，虽然腐败很难证明——特别是在口头投票中——有钱的利益集团至少可以获得与关键立法者的有益联系，这些立法者可以在委员会审议过程中帮助捐助者，并以他们对立法的额外参与作为报答(Hall and Wayman, 1990：797—820)。简而言之，在某些情况下，钱很重要。但本章的关键点在于，推动改革的不一定由公众对丑闻和腐败事件的愤怒。民意调查数据表明，美国人普遍认为，政治中的金钱问题需要进行某种改革，这意味着政治家不能在这个问题上完全忽视民意。然而，政界人士可以利用对改革的广泛支持(尽管支持力度不大)来为党派谋取利益。

最后，尽管法案的标题是"跨党派竞选改革法案"，但投票还是按照党派阵营进行的。安然事件并没有迫使共和党议员改变主意。《跨党派竞选改革法案》的通过得到了民主党和共和党一派易动摇的现任议员的支持，这些人没有什么动力去支持共和党强有力的领导层(Moscardelli and Haspel, 2007：79—102)。这些共和党人是谁，他们为什么投票支持改革？他们大多来自东北部，在那里，人们对全国共和党持怀疑态度，因为该党日益受到南部保守派的控制(Samples, 2006)。东北地区的共和党人努力在竞争激烈的选区中保住自己

第四章　竞选资金改革与《跨党派竞选改革法案》的理论解释

的选举成果，而在这些选区中，自由派共和党人和对改革问题特别敏感的独立选民可能会决定选举结果。事实上，《跨党派竞选改革法案》的主要发起人之一——克里斯托弗·谢斯（Christopher Shays），就是这种几乎绝迹的共和党人的典型代表，他们试图与国家党保持距离，以获得连任。在推动改革的整个期间，谢斯得到了当地媒体的极大欢迎，他与共和党领导层的斗争被描绘成大卫与歌利亚的对决。他家乡的报纸把他描绘成一个卡通超级英雄，称他为"超级谢斯"，一个改革的斗士（Dwyre and Farrar-Myers, 2001: 126）。谢斯凭借反抗过共和党领导层的改革者的资历，可能使他在2006年的选举中免遭全美反对共和党的浪潮。他现在是美国众议院中唯一的新英格兰共和党人。

在参议院方面，支持改革的共和党是特立独行的政策企业家约翰·麦凯恩。他承诺帮助脆弱的共和党人在他们的选区进行竞选。当然，麦凯恩是进步派的代表，在独立选民中很受欢迎。他为改变竞选资金制度所做的努力，将削弱中央党领导人的权力，使他有更多的机会通过自己的新进步主义政治的名号竞选总统。至少，他对改革的拥护使他在新闻界极受欢迎，这也提高了他在参议院的地位和影响力。

回想起来，2004年的竞选活动暴露了民主党人在推行党派改革策略时的两次误判。在消极方面，他们低估了共和政党组织的实力——即使没有软性捐款，他们也能通过党内网络动员选民。共和党全国委员会及其各州选举委员会进行了密集的逐个选区的动员投票策略，将志愿者与资讯技术结合起来，形成了机器时代以选区为基础的现代版拉票方式。他们的努力超过了传统上是民主党强项的领域。关于这一点，我在第六章中说得更多。与此同时，民主党采取双重策略，既利用州内政党，又利用外部的527组织来争取选票。《跨党派竞选改革法案》限制了这两类组织之间的协调，从而损害了两党争取选民投票的努力。据战略家们说，这些努力在一些地区被重复浪费着，而在一些民主党党派无法吸引选民投票的地方，根本没有继续下去（Lindenfeld, 2006）。

然而，民主党人低估了他们筹集硬性捐款的效果。正如我在随后的章节中所讨论的那样，他们能够利用高度党派化的环境来吸引更多的小捐助者。这可能是历史上首次，民主党全国委员会筹集到的资金略多于共和党全国委员会。看来民主党有可能拥有和共和党一样忠诚的全美选民。未来的选举是否会产生那种调动小党捐助者的党派分化,还有待观察。伊拉克战争和许多民主党人对乔治·布什的强烈不满,无疑帮助了 2004 年对民主党的捐款。

  在随后的章节中,我将说明这些党派之间为改变竞选规则而进行的反反复复的努力是如何影响政党的。规章制度的不断完善,不可避免地使全国委员会、候选人和联盟组织更难在政治竞选中集中组织党派。相反,各党派有动机独立于其候选人进行竞选活动,而资金则同时流向被称为 527 组织的不负那么多责任的影子党派(我将在第六章中解释)。可以肯定的是,政党能够适应并生存下来,但拜占庭式的监管结构相对于其他团体来说,削弱了政党的力量,因为它将昂贵的监管成本单独强加给了政党,同时为富裕的非政党团体提供了进入竞选活动的激励。最终,2002 年支持改革的民主党领导人——就像 1907 年的共和党人一样——计算出该党可以安抚的重要的选民团体,同时可能获得的选举优势。他们不情愿地支持改革,以巩固联盟中一个重要的改革派的合法性。事实上,维持这个选民群体的合法性是一种保护政党重要资源的方式。

  但是,民主党人在支持改革的同时,也对政党组织造成了伤害。他们之所以做出这样的选择,是因为他们知道共和党人更依赖这些组织。民主党人认为,在贬低政党的全国委员会作为中央组织机制的制度规则下,他们有更好的机会与共和党人竞争。出于这个原因,他们借鉴了骑墙派和进步派改革的反党派主义模式——当然,是由继承这一传统的好党派提供的——这些模式意在限制资源流向政党委员会。之后的章节将解释为什么两个主要政党在竞选活动中倾向于采用不同的制度规则,以及它们如何适应这些不同的规则。

第五章　竞选财务改革与政党竞选筹资方式

在历次的竞选资金改革中,两党的全国委员会是如何应对的呢?植根于进步式法律的小规模自愿捐助制度,使得两党的全国委员会在20世纪的大部分时间里都受到限制。美国政党,本来就是地区、种族和阶级派系的松散联盟的反映,很难产生全美范围内的捐款人。受制于美国的邦联结构,政党权力在20世纪后期之前一直局限在联邦层面之下,政党的全国委员会在组织上一直很弱。竞选财务法规更是不断鼓励和加强着分散的竞选环境,在这种环境中蓬勃发展的是候选人和相关利益集团。

为了满足日益增长的全国性竞选活动的需要,各政党全国委员会领导人想方设法绕过竞选资金法律,继续依赖大型捐助者。总统候选人得到了大量无党派委员会的支持,并通过个人竞选委员会对自己的选举命运有了更大的掌控。直到20世纪70年代,各政党开始通过意识形态诉求吸引大量自愿捐款人。在这一点上,他们在政治竞选中获得了强大而稳固的立足点,在20世纪90年代通过软性捐款建立了组织,并在偏激的选举环境中吸引了更多的硬性捐款支持者。

即便如此,2002年的《跨党派竞选改革法案》对政党活动的禁止性限制,也产生了类似的组织反应。与过去一样,政党重新努力吸引小捐赠者,同时使用影子政党组织从大捐赠者那里获取资金。直到20世纪后期,也就是20世纪70年代,各政党才开始通过意识形态诉求吸引大量自愿捐款人。然而,就像以前的法律一样,新法律似乎把一个叫做"527组织"的新的竞选工具制度化了(所谓"527组织",是因为根据美国税法第527条规定此类组织不用交税)。这个组织后来与政党的全国委员会产生了竞争。

在21世纪早些时候政党很难通过全国委员会来筹集资金,原因可以用集体行动和激励公民参与政治的经典理论来解释。虽然各政党全国委员会最终成功地从志愿捐赠者、小捐赠者那里获得了充足的资源,但由于集体行动的困境,他们最初并没有获得这些资源。在后来几年里,双方都从意识形态贡献者那里获得很多资金;与此同时,党派人士将有强烈的通过非政党组织如527组织来追求选举目标的动机。

一、政党与集体行动问题

组织需要吸引周围环境的资源来追求他们的目标。他们从那些同意他们目标的潜在成员那里寻求支持,要求他们贡献金钱、时间或专业知识。支持者的回报是从组织目标的成功实现中获益。然而,要求个人捐献是有问题的。即使个人与组织有共同的目标,他们也明白,他们个人对组织事业的贡献对整体结果的影响不大。只要其他人做出贡献,他们就不被排除在集体利益之外,也会得到集体利益。在这种情况下,理性的个人应该选择搭便车,让其他人支付集体行动的费用。当然,如果所有的人都这样做,那么组织将无法获得必要的资源来提供集体利益。

曼瑟尔·奥尔森(Mancur Olson,1965)将搭便车问题应用于对施压集团的分析,挑战了政治科学家普遍持有的多元主义假设,即公民之间的共同利益自然会导致他们组织起来。奥尔森解释道,因为理性公民会选择避免组织贡献,因此形成和维持群体是很困难的。他还指出,形成小群体组织的困难要比形成大群体组织的困难少。与小群体相比,大群体在试图组织时不仅面临相对较高的成本,而且大群体中的个人从成功的集体行动中获得的人均收益也相对较少。因此,他们有更少的捐款动机,且大群体比小群体更难以追求集体利益,与小群体相比,大群体的行动动机太分散了。

奥尔森的结论是,小群体会更容易成为施压集团,这与多数民主的传统理解截然不同。奥尔森进一步推进了他的分析,他认为,与资源平等的群体相比,拥有不同资源水平的成员更有可能采取集体行动。在成员类型大致相同的小团体中,每个成员都有相同的搭便车动机,因为他或她从集体行动中获得的利益相对较小。然而,在具有混合类型成员的群体中,对于最富有或最大的成员来说,有很强的动机来覆盖大部分或全部的组织成本,因为他们能获得最多的利益[①]。通过这种方式,集体行动得以实现,即使较小的、不富裕的成员也可以很容易地搭上大成员的便车。奥尔森把这种安排称为"小对大的剥削"(1965:29)。然而,随着组织规模的扩大,大型成员难以承担全部成本。

奥尔森为集体行动问题提出了可能的解决方案。首先,可以在集体行动实施选择性奖励来奖励贡献者或惩罚非贡献者。对于后者,一些组织具有强制机制,防止成员搭便车。例如,行业协会拒绝给那些没有贡献的人授予职业执照。同样,工会也会推动州法律要求"唯工会会员雇佣制",要求所有的工人都必须加入工会才能找到工作。其他不太严格的胁迫形式主要包括通过施加社会压力来排斥那些没有贡献的人。通常,社会压力在小团体中最有效,成员可以很容易地观察谁愿意给谁机会,谁不愿意,这就是为什么小团体更容易形成的原因之一。

在没有强制策略的情况下,群体行动依赖于选择性的加入奖励,因为大多数潜在成员不会为了实现集体目标而加入。这些有选择性的奖励可能包括旅行折扣、免费拖车服务或允许自由使用娱乐设施。例如,美国人可能会加入美国退休者协会美国退休人员协会(AARP),因为他们想要折扣药品;或者加入全美步枪协会(NRA),因为他们可以免费参加与枪支有关的活动。通过提供选择性激励,团体吸引那些支持他们追求集体使命的人。然而,这一任务是通过提供这些选择性或特殊激励的副产品实现的,这些奖励可能与本组织的主要目标无关。

政治学家詹姆斯·Q. 威尔逊(James Q. Wilson, 1962)认为有三种激励可以诱导个人对组织做出承诺。第一种是物质激励,组织领导人为政党支持者提供金钱、工作或一些现金价值的利益。第二种吸引支持者方法是,通过团

[①] 主要的赞助者或企业家可能经常选择承担沉重的组织成本。见 Walker, 1991。组织之所以受到重视,是因为他们可能会以威望或对政策的形式接受群体行动。拉尔夫·纳德(Ralph Nader),作为一名政治企业家,在20世纪70年代组织了消费者权利团体。赞助人可能包括为倡导组织提供资助的大型基金会。

结激励吸引那些享受组织的社会生活或在组织工作中享受内在乐趣的人。第三种是具有目的性的激励。在这种情况下，个人基于意识形态或政策目标被吸引到该组织。这些"纯粹主义者"为了自身的利益而追求组织的集体目标。他们坚定的信念促使他们支持一个寻求志同道合目标的组织。

总之，集体行动问题是不可否认的。即使公民有共同的利益，也不能假定他们会组织起来。通常需要有选择性的激励促使公民参与。否则，组织就需要一个大型赞助人承担集体行动的费用。集体行动的成功对小团体来说更容易，尤其是当这些组织中有一个愿意承担大部分费用的富有成员时。这种集体行动理论表明，在庞大的具有异质结构的美国政党中，如果依靠一个需要少量自愿捐款者的体系来筹集竞选资金，是一个非常艰巨的任务。

二、政党对竞选财务法规的应对方法

政党不是施压团体，但他们在采取集体行动时面临着类似的障碍。他们需要资源来维持工作并进行竞选活动。他们如何获取资源是本章的中心问题。政党的融资策略反映了技术、政治竞争和与竞选有关的社会规范的变化。这些变化也在一定程度上受到了多年来国会通过的竞选财务法规的影响。竞选财务法规会影响向各组织捐款的规模和来源，以及各政党的资源使用方式。每出台一部新法律，各政党都需要尝试在新的限制条件下筹集和支出资金。

在实际操作中，两党都在努力克服监管环境下的搭便车问题。竞选财务法规直接或间接地影响到各政党可能向潜在捐助者提供激励措施的数量和种类。通过对激励措施的规范，竞选财务法规可以影响政党在组织支持方面所依赖的群体。

在19世纪的大部分时间里，政党都依靠当地精英来支付在选举日举行的表演费用，例如制服、政治横幅和装饰品（McGerr，1986：12—41）。在过去的一个世纪里，随着选举成本越来越高，政党领导人开始寻求正规的资金获取方式。他们把捐助作为主要的收入来源。而个人必须向组织捐款，作为从政党获得政府职位的回报。这一做法在部分地区已经成为一种常规做法，那里的政党官员会自动扣减政府工作人员的一部分工资。"百分之二"规则在费城这样的地方运作得很好。据估计,在1913年,那里有95%的公职人员通过评估进行捐款(Pollock,1926:119;Overacker,1932:106)。

在捐助制度下,政党能毫不费力地获取竞选经费。从奥尔森理论的视角来看,美国政党通过以工作的形式给追随者以物质奖励,从而克服了集体行动问题。考虑到该捐助系统是基于地方的,政党领导人可以比较容易地监督不同等级的人和活动家是否通过现金捐助或挨家挨户的竞选活动来帮助政党。

后来就是在19世纪80年代出现了骑墙派的公务员制度改革。在联邦一级,1883年的《彭德尔顿法案》开启了对公务员的绩效考核制度,这一制度的扩张限制了政党支持者的政治利益。与此同时,类似的改革也蔓延到各州和各市。政党领导人不能再主要依靠赞助来鼓励普通民众帮助政党及其候选人,各政党都在别处寻找资源。由于竞选活动不再依赖于地方表演,更由于昂贵的大规模广告的需求,导致选举成本不断上升,使得这个问题变得更加尖锐。正如第二章所描述的,骑墙派成功地建立了一种反对政党仪式性展示的规范,这种传统的政党活动通过报纸、传单和其他形式的群众说服来进行政治活动。事实证明,这种转变代价高昂:全国性政党需要大型的文字机构,也必须为报纸和广告牌支付广告费。[①]

矛盾的是,骑墙派所宣扬的"好政府"理念鼓励各政党转变策略,向富有的赞助人寻求资金。这些赞助人要么隶属于企业信托,要么是在新工业经济中发家致富的个人。根据曼瑟尔·奥尔森的说法,这些赞助人愿意承担组织的重大成本,因为他们期望获得更大份额的利益。1896年的大选中,新的企业精英们非常期望他们青睐的政党能够胜选。共和党全国委员会主席马克·汉纳和麦金利竞选团队的设计师通过利用制造业和银行业的恐惧来筹集资金,这个恐惧是指如果民主党的威廉·詹宁斯·布莱恩当选的话,将会取消关税。

政党在连续几次的选举中都依赖于企业赞助人,直到1907年《蒂尔曼法案》颁布。《蒂尔曼法案》禁止各政党接受来自企业金库的资金,但富有的捐赠者可以继续以个人名义进行捐赠。几年后,进步派倡导的《公开法案》又阻止

---

① 松散的党派忠诚关系增加了动员的成本,因为政党需要花更多的努力说服假定的独立选民,而不是通过传统的草根民意调查鼓动坚定的支持者。

了来自富人的大额捐赠。①《公开法案》为解决政治中的金钱问题提供了一个经典的渐进主义解决方案：向公众公开信息，使公民可以自行评估党派和政治贡献者之间的关系。一旦公开的"阳光"向公民这些公正的观察员们揭露了不当行为，那么肇事者将在投票箱前受到惩罚，失去选票，也有可能会因为羞愧而改变他们的做法，以更符合社会道德规范。

《公开法案》是将小额自愿捐赠者的角色制度化的第一步。但是，公开披露使得富有的捐助者不愿直接向政党提供巨额款项，迫使各政党转向更广泛的受众来获得资金支持。这种行为正是进步人士所期望的。资金公开披露政策通过激励政治行为者寻求小额捐赠，促进了参与式民主的进步理想。对进步主义者来说，典型的公民是无私的个人，收入并不高，但是他们愿意支持那些值得尊重的事业。

然而，美国政党并不太适合强调小额自愿捐赠的新规范。从他们的起源来看，他们一直是由一个小而成熟的领导层控制的骨架组织。作为骨架政党，与欧洲政党不同，他们没有能够定期缴纳会费的群众党员。美国政党不是依靠意识形态成员或工会等组织形成的，而是利用他们对提名和物质利益的控制来吸引捐款的。可以肯定的是，美国两大政党在意识形态上一直存在差异（Gerring, 1998），但是基于这些差异的政策并不是在选民或精英中建立党派忠诚的最坚实依据。捐款人的捐款动机往往是意识形态以外的原因，从而给了政党领导人在政策问题上相当大的自由裁量权。于直接初选制度，政党控制提名的能力下降，同时政党获得赞助的机会减少，政党领袖失去了对他们提供传统的追随者激励的控制。美国政党的另一种选择是效仿欧洲模式，争取大量会费来支持自己。政党学者莫里斯·杜瓦杰（Maurice Duverger）在1954年就预言了这一点。然而，欧洲模式下的政党比美国政党更具意识形态性。美国政党历来关注一般的治理原则，而不是吸引意识形态支持者的具体议题。自成立以来，美国政党并没有试图在国家层面上建立一个强大的组织，而是利用当地精英网络而存在。因此，地方性的问题和人物在早期的地方政党中占据了主导地位，他们的支持者即使在竞选总统时也是如此。总统选举提供了

---

① 1910年和1911年的《公开法案》要求当事人向众议院书记员提交有关缴款和支出的报告。详情请参阅第三章。

第五章　竞选财务改革与政党竞选筹资方式

一种永远具有可塑性但又具有黏性的胶水,最终将政党团结在一起。

除了地方主义之外,强大的宗派主义还导致了两大政党的分裂,使其难以推行一个连贯的全国方案。来自南方的民主党人比他们的北方同行更加保守;东部和西部的共和党人在文化和经济方面的差异也很难弥合。尽管如此,但两党仍然以大联盟的形式存活了下来。成功的关键在于消除意识形态成分,围绕历史上的重要问题来争取团结选民。与其把注意力集中在一组特定的全国性问题上,地方政党领导人更可能会通过对种族、阶级和地区的社会认同的独特诉求来动员党派成员。在总统提名期间,以州为基础的政党领导人在当地派系和国家认可的社会团体之间斡旋。通过这种方式,美国政党成功地组成了达成重大妥协的机构。但这些机构不适合从庞大的大众会员基础上筹集资金。

民主党人尤其难以获得全美范围内的捐款人。传统上,他们比共和党更加分裂和多样化。事实上,民主党人——或者更确切地说,是政党——从城市机器到南方由个人驱动的派系,都是靠政治的地方特性兴旺起来的。随着政治变得不那么地方化和情绪化,他们的对手共和党人作为中产阶级党更加受益。共和党人不仅在意识形态上没有太大的分歧,而且在文化上也形成了一种严肃的商业风格,可以有效地筹集资金。

随着进步主义法律的出台,两大政党都做出了典型的反应。首先,他们竭尽全力地培养小捐赠者,以弥补失去大赞助人的损失,并确保他们在迅速壮大的中产阶级中的合法性。其次,随着选举日的临近,各政党一直在利用漏洞策略来补充这些努力,以便从大捐赠者那里获得资金。最常见的办法是通过影子政党组织分散筹资。富人可以避开全国委员会而向政党领袖设立的众多政治委员会捐款,这些委员会不受《蒂尔曼法案》《公开法案》以及2002年的《跨党派竞选改革法案》等后来的法律的约束。两党也都严重依赖于债务融资。稍后我将详细阐述这些策略。

与竞选资金法案并行的是,在世纪之交,其他以进步主义为基础的法律加速了竞选活动的分散,这促进了以候选人为中心的制度确立。直接初选和拉长投票时间激励候选人创建自己的捐助网络,并在政党之外开展竞选活动。在对政党的忠诚减弱的情况下,对候选人捐款的个人呼吁要比非个人的要求更成功。在这种环境下,利益集团非常容易招募小额捐赠者。他们比政党更小更同质化,他们因此也更容易通过社会压力强迫捐助,并基于物质或意识形态目标动员成员。这些团体更愿意直接给候选人捐款,以此绕过政党组织的过滤建立个人关系。因此,小额捐助制度在政治筹资方面鼓励了更大的多元性和组织分裂性。

直到20世纪晚些时候,各政党全国委员会才有能力发展可行的小额捐助行动。由于联邦制和地方政党传统结构过于松散,美国的政党无法利用政治的国家化。竞选财务法规是阻碍他们的另一个障碍。这些规定使得人们不愿意集中在全美范围内运作,并为个别候选人和其他团体创造寻找捐赠者的机会。事实上,20世纪60年代早期,一个著名的研究对各政党是否可以从小额捐赠者那里筹集资金表示怀疑,该研究解释"美国政党组织的原始性、缺乏沟通和制裁、缺乏情感诉求和捐赠者的税收激励,再加上其他的和更容易的(如果理论上不那么纯的)筹资技术的可能性——鉴于所有这些事实,政党不指望全国委员会能很快地,或者可能是完全地获得小额捐赠者的支持"(Cotter and Hennessy,1964:186)。

矛盾的是,在这篇文章发表时,各政党开始提高他们从小额捐赠者那里筹集资金的能力。在民权运动和美国南部和西部移民的鼓动下,他们受益于政党意识形态的淘汰。他们还拥有计算机和直接邮件等新技术,以确定和接触潜在的捐赠者。随着民主党支持者在政策问题上变得更加自由,而共和党人变得更保守,党内组织可以成功地在意识形态上吸引更广泛的全美民众。非个人的诉求——通过直接邮件、广告和电话——在意识形态捐赠者身上最为成功(Brown,Powell and Wilcox,1995;Francia et al,2003)。具有讽刺意味的是,"无党派"的渐进式改革使得政党越来越依赖于意识形态的筹资。激励小额自愿捐献的进步主义式监管,反而促使政党更加重视通过目的性、政策驱动的激励来吸引成员。在下一节中,我将更具体地解释各政党如何应对周期性的竞选资金改革。

三、1907—1974年的政党竞选筹资

1910年和1911年通过的《公开法案》,是第一次鼓励各政党寻求小额自

第五章 竞选财务改革与政党竞选筹资方式

愿捐赠者。这些法案要求所有试图影响两个或两个以上州总统选举的政治委员会的财务主管在选举后向众议院书记官提交财务报告。在实践中,这一法规只适用于政党全国委员会。因此,在1912年的选举中,共和党全国委员会和民主党全国委员会提交了一份报告,上面记录了所有捐款超过100美元的捐助者的姓名和地址(按2004年的美元计算是1 750美元)。①公众的关注使得一些传统的大捐助者避开了政党。作为应对,政党官员建立了新的委员会,允许捐赠者分散捐赠,使他们看起向全国委员会的捐款更少。到1916年,这种做法变得就很普遍了,支持伍德罗·威尔逊(Woodrow Wilson)及查尔斯·伊万·休斯(Charles Evan Hughes)的影子政党委员会就筹集了近100万美元。这些委员会包括伍德罗威尔逊独立联盟、威尔逊商业联盟、全美休斯联盟,最大的一个是共和党全美宣传委员会,顾名思义,该委员会的目的是为竞选广告提供资金(Pollock,1926:56)。

虽然两党依然在继续依赖大捐赠者,但他们还是发起了小捐赠者的运动。共和党全国委员会和民主党全国委员会都开始收取1美元到10美元不等的"党员会费",这一策略可能是从欧洲政党那里借来的(Pollock,1926:67—69),但党员会费带来的钱很少。尽管与以前的选举相比,1912年的选举开支已经很低了,两大政党最终还是负债累累。讽刺的是,通过在演讲中分发宣传帽子,共和党提名的进步派候选人罗伯特·拉福莱特(Robert La Follette)亲身体会到了开展竞选活动的困难。即使是"战斗鲍勃"也不得不依靠大捐赠者,他80%以上的资金来自4个人,他们的捐款总数超过185 000美元(以2004年的美元计算)(Overacker,1932:123)。

在1916年的选举中,在民主党全国委员会主席威廉·D. 贾米森(William D. Jamieson)的领导下,民主党人发起了一场史无前例的写信活动来聚集小捐赠者。"贾米森计划"可能是第一次在美国竞选中进行直邮运动。民主党全国委员会收集了40万张印有潜在捐赠者的姓名和地址的索引卡片,上面甚至还包括每个人的建议征集金额(Pollock,1926:69—70)。但民主党获得一百万捐款者的目标还是远未达到,更糟糕的是,他们花在写信上的钱和他们

---

① 在两位总统候选人承诺透露他们的捐赠者之后,两党开始在1908年选举中寻找小额捐赠者。

131

收到的一样多。这项耗资巨大的工程需要 150 名职员,占据了华盛顿一幢办公楼的三层楼,在选举前的四个月里使用了 125 台最先进的打字机。在贾米森的计划下,民主党争取威尔逊竞选连任的资金严重缺乏。最后,总统不得不依靠他在普林斯顿大学室友最后一刻提供的捐款(Shannon,1959:40-41)。这些朋友还在竞选结束时为他还清了 65 万美元的党内债务。

《公开法案》迫使民主党人在随后的选举中不得不依靠债务融资。由于民主党无法通过相对较小的捐赠者获得足够的竞选资金,他们便借了大笔贷款来资助大部分竞选活动。

这些贷款在选举后由政党的大捐赠者偿还。根据《公开法案》,当事人不必披露贷款或为其债务融资的人的姓名,这使得他们可以继续依靠大额捐款。

直邮策略似乎无法吸引小捐赠者(至少在当时是这样),共和党全国委员会在 1920 年制定了一个更有希望的替代方案,尽管该方案也没有填满政党金库。从第一次世界大战期间为红十字会和自由贷款筹集资金的经验来看,共和党领导人认识到了个人募捐的有效性,并着手建设一个使其可行的基础设施。他们将公民模式运用到政治上,建立了一个由"筹款委员会"组成的分层网络,以在正式政党结构之外筹集资金。① 在共和党的支持下,每个州都建立了财务委员会。州以下是县和市委员会,由一名主席和副主席(通常是女性)负责,他们通过个人网络确定并募集捐赠者。这些财务委员会的资金将流向政党全国委员会,在那里,官员们将协商的数额分配给州和地方政党组织。共和党全国委员会的战略需要不同级别的政党之间的高度协调,也会在一定程度尊重全国委员会领导的意见,这在民主党中是完全不存在的。事实上,多年来有关政党财政的编年史记载表明,任何以国家为基础的筹款策略遭到了地方民主党强烈抵制(Heard,1960;Overacker,1932)。共和党全国委员会主席威尔·海斯(Will Hays)在 1920 年做出了决定性的承诺:将所有对共和党的捐款控制在 1 000 美元以下(相当于 2004 年的 8 600 美元)。这意味着共和党全国委员会不能为选举筹集到足够的资金,因此创造了该党历史上最大的债务——150 万美元(相当于 2004 年的 1 300 万美元)。该党最终转向巨额

---

① 复制公民模型的做法将持续整个 20 世纪。政党经常使用晚餐、娱乐和电话等慈善组织的筹资策略。

捐款人来支付贷款。石油运营商亨利·S. 辛克莱（Henry S. Sinclair）就是这些巨额捐款人中的一员，他给了共和党 36 万美元以偿还债务。为了掩饰他才是捐款的真正来源，辛克莱编造了一个虚假出资人，并设计出一个复杂的出售债券计划。他还向内政部长艾伯特·福尔（Albert Fall）提供了大量的个人"贷款"。当公众得知哈丁政府的内政部在没有通过竞标的情况下，将怀俄明州蒂波特山的联邦石油储备租给辛克莱时，总统历史上最大的丑闻之一随之发生。这起丑闻似乎促使国会通过了 1925 年的《反海外腐败法》（FCPA），但该法案并没有从根本上改变选举账户的做法。

1924 年，共和党减少了对地方筹款委员会的依赖，但继续支持全国委员会控制的金融机构，该类机构在国家和地方政党组织层面都存在。为了补充当地筹集的资金，共和党人让各行各业的高管党员在同事那里寻找资金（Pollock, 1926: 77—78）。在这一商业做法下，共和党商人利用他们的社会和经济关系向其他公司高管施压，要求他们提供政治捐款。这一战略是后来的政治行动委员会的先兆，公司或行业协会通过政治行动委员会从个人那里筹集政治资金。

民主党人在 20 世纪 10 年代和 20 年代努力地筹集小额资金，但都以失败告终。他们深信自己的政党是属于普通民众的，于是试图通过报纸广告和电台呼吁来拉拢选民。虽然各政党在接下来的每一个选举周期中都会获得额外的小捐款人，但他们在竞选结束时仍继续依赖超级捐款人来偿还巨额债务。如表 5—1 所示，在竞选结束时负债对民主党人来说是很常见的。[①] 在 1916 年，他们的债务飙升到接近 1 100 万美元（以 2004 年的美元计算），尽管奥弗拉克报告说，民主党全国委员会的捐款人数比上次选举增加了一倍多，达到了 17 万人。到 1928 年，他们面临前所未有的 1 750 万美元的债务（以 2004 年的美元计算）。

表 5—1　民主党在总统竞选结束后的债务（1912—1928 年）

	债务总额（名义美元）	债务总额（2004 美元）
1912 年	48 000	905 660

---

① 数据来自 Overacker(1932: 132—133)。

续表

	债务总额（名义美元）	债务总额（2004 美元）
1916 年	632 000	10 896 552
1920 年	272 364	2 569 472
1924 年	261 938	2 878 440
1928 年	1 600 000	17 582 418

资料来源：Overacker，1932。

除了债务融资外，《公开法案》和《反海外腐败法》还鼓励非党委员会的扩散。竞选财务法规并不适用于仅在一个州建立的政治委员会。实际上，这意味着除了国会候选人，政党的全国委员会是唯一受法律约束的委员会。① 虽然 1925 年的《反海外腐败法》修改了《公开法案》，要求全国性协会的附属机构提交报告，但大多数政治委员会都会忽视或拒绝报告他们的财务状况，声称他们的活动是"教育"而不是竞选活动。教会以及与教会组织关系密切的反沙龙联盟等禁酒令组织声称不受《反海外腐败法》的影响。《反海外腐败法》还对代表国会候选人花钱的委员会睁一只眼闭一只眼。根据规定，众议院候选人可以花费 5 000 美元，参议院候选人可以花费 25 000 美元。候选人不仅可以利用广泛支出类别的法律豁免来绕过这些限制，而且还可以从外部团体和个人不受限制的实物支出中获益。如果支出是在候选人不知情的情况下进行的，候选人就无须负责。最高法院在 1976 年巴克利诉法雷奥案（Buckley v. Valeo）一案的裁决及其后的裁决表明，这种对《反海外腐败法》的解释，有一个长远的遗留问题，即存在一种称为"独立"支出的支出类别，允许非候选人委员会无限制地支出支持或反对候选人，只要他们不与候选人协调活动。

《反海外腐败法》的弱点在其实施后的第一次选举中突显出来。1928 年的民主党候选人史密斯（Smith）是第一位天主教总统候选人，也是一位"反对禁酒人士"，他遭到了来自新教团体和禁酒支持者的强烈反对。这些非党派团

---

① 伯勒斯（Burroughs）诉美国（1934）支持《反海外腐败法》（FCPA）（原文为 FPCA——译者注）的规定，要求在两个或两个以上州运行的政治委员会披露。但这一决定并未阐明国会是否可以对州和地方政党进行监管。那些从 FCPA 中被免除的州继续依赖于大捐赠者，由赞助人任命的捐助，以及对希望竞选的候选人的评估。见 Overacker，1932：126。

体斥巨资反对史密斯参选。表5—2反映了这些组织及其部分支出（Overacker,1932:165）。

表5—2　　　　　　　　　总统竞选中的外部开支,1928年

	百万美元(2004美元)
反沙龙联盟竞选委员会	1.90
胡佛总统工程师委员会	1.10
民主党全国宪法委员会（反史密斯）	0.90
民主党反史密斯组织	0.40
胡佛全国妇女委员会	0.90
禁止修正案协会	5.20
伊利诺伊公民委员会（亲史密斯）	2.80
独立公民委员会	3.30

资料来源：Overacker,1932。

1928年两极分化的竞选活动也鼓励各党派获得了创纪录数量的小额捐款。但即便如此，共和党全国委员会和民主党全国委员会仍然继续依靠一些大捐款者。为了确保民主党能从富人那里获得充足的资金，阿尔·史密斯任命了几位百万富翁担任民主党全国委员会的财务委员会成员，其中通用汽车的一名高管担任了该委员会的主席(Shannon,1959:51)。[①] 最后，为民主党候选人的竞选提供了大部分资金只有4个人，160万美元的选后债务也是由在他们的帮助下偿还的。

1940年和1941年的《哈奇法案》是影响政党全国委员会的最重要的立法

---

① 共和党捐助者包括以下这些（以千美元计）：

	预算贡献	选举后债务基金	合计
Wiiam Kenny	100	175	275
John Raskob	110	250	360
Herbert Lehman	100	160	260
M. J. Meehan	50	100	150
总　计	360	685	1 045

资料来源：Overacker,1932:155。

条款。《哈奇法案》禁止联邦行政官员参与总统的选举或提名工作。1940年的《拉姆斯佩克法案》(Ramspeck Act),将非机密联邦工作人员(不属于公务员或竞争性考试职位的人员)纳入公务员制度,禁止党派活动。与此同时,国会中的反新政联盟有效地阻止了罗斯福领导下国家政治机器的出现。因此,它禁止任何类型的联邦工作人员参与总统或国会提名和选举或为其捐款(Milkis,1993:133—140)。[①] 这样一来,民主党人——尤其是罗斯福总统——就无法通过新政创设的新兴机构来利用美联储普遍资助的新资源。

哈奇法案(Ⅱ)将禁止政治活动的范围扩大到部分通过联邦项目获得报酬的州和地方工人。民主党人提议将政党支出上限设置为300万美元,个人向参与总统选举的政治委员会捐款上限为5 000美元(按2004年的美元计算为6.5万美元),以此作为促使该法案失效的一个策略(Overacker,1946:27)。由于民主党人比共和党人对全美筹款机构的依赖更少,他们相信这些措施会给共和党人造成更大的伤害。事实上,民主党人很幸运,他们从工会的组织力量中获得了相当大的好处,动员了选民为他们投票。最后,共和党人揭穿了民主党人的虚张声势,接受了他们的毒丸计划。

共和党全国委员会和民主党全国委员会为《哈奇法案》付出了巨大的代价。路易斯·奥弗拉克(Louise Overacker)认为,哈奇的行为对政党是灾难性的,不利于推动政治资金的公开披露。300万美元的支出上限,实际上是低得不切实际。因为在之前的竞选中,两党花费的资金都远远超过了这个上限。在这一时期,竞选活动也越来越多地转向昂贵的无线电广播,各政党将需要比前几十年花费更多的资金。

为政党开支设置上限迫使利益集团和政党代理人在竞选活动中只能依靠外部支出的快速增长。奥弗拉克提到:"直到1940年……政党全国委员会才在资金的筹集和分配上负有更大的责任,这种集权化的趋势,极大地方便了相关信息的汇集。"她哀叹,改革者们过于强调那些法案所支持的不切实际的禁

---

① 《哈奇法案》禁止管理人员通过承诺工作、晋升、财政援助、合同或其他任何方式强迫竞捐款或政治支持。忠于政府的民主党人试图免除许多对联邦赞助人提供的职位,但没有成功。例如,通过任命美国地区的律师、邮政局长和全国各地的元帅来获得选举支持是一个很长的传统。后来出台的《拉姆斯佩克法案》在制度上扩展了价值体系规则,包括对某些政治活动的禁止,近20万个职位被法律免除。

令,反而忽视增加政治融资的公开披露(Overacker,1946:25—48)。这一战略的不同后果是可以预见的。

富有的捐赠者可以很容易地避开5 000美元的捐款上限,他们选择将捐款分摊给几个委员会,并使用其他家庭成员的姓名进行捐款。皮尤家族建立了一个慈善信托基金,最终为20世纪90年代的竞选改革提供了大部分资金——他们从十几个不同的成员那里筹集了总计16.4万美元(按2004年的美元计算为220万美元)。洛克菲勒家族也是这样做的(Overacker,1946:35)。① 由于联邦捐款限额不适用于州政党或独立委员会,捐助者可以向这些组织提供无限量的捐款。

《哈奇法案》迫使共和党全国委员会放弃了与州组织的联合筹资委员会,在各州建立了与政党全国委员会法律分离的州财政委员会。实际上,这些组织仍然受到国家领导人的控制,但法律分离无疑增加了竞选工作协调的复杂程度。由于缺乏国家委员会的协调,集中筹款工作无法展开,各州的政党越来越倾向于举办大型的筹款晚宴。民主党人在各州举办的杰斐逊—杰克逊晚宴(Jefferson-Jackson dinners)已经达到了一个新的高度(Heard,1960:233—245)。由于全国性政党缺乏足够的资金,一些州级政党开始像全国性政党那样运作,把资金转移到有目标的摇摆州。例如,在1944年竞选活动的最后几天,北卡罗来纳州民主党向新泽西州民主党转移了10万美元,用于支付支持罗斯福的电台广告费用。以前,这笔款项通常是通过国家委员会来转移支付的。

以哈奇命名的《哈奇法案》还催生了大量专门为总统候选人服务的组织,这些组织也预示着未来竞选活动逐渐由政党主导转变为由候选人主导。根据奥弗拉克的说法,威尔基群体在1940年后像"雨后春笋般涌现出来",也出现了支持罗斯福的类似团体(1946:33)。在随后的1944年选举中,独立团体加入竞选的趋势表现得更加明显。奥弗拉克估计杜威在竞选中获得了1 300万美元(相当于2004年的1.4亿美元),但来自共和党全国委员会的只有300万美元(相当于2004年的3 200万美元)。剩下的资金都来自各党派、党派赞助

---

① 从20世纪90年代到2002年国会通过《跨党派竞选改革法案》时,皮尤慈善信托基金资助了改革组织,防止富有的捐助者对新制度的精准狙击。

的财务委员会和独立团体。例如,支持杜威的有一些从名称上听起来很晦涩的新组织,比如人身保险和储蓄保护人民委员会(People's Committee to Defend Life Insurance and Savings),或者是美国全国亲美协会(National Association of Pro-America)等非常保守的组织。

在《哈奇法案》之前,罗斯福通过"千人俱乐部"培养了一批大捐赠者的个人选区,该俱乐部的成员每一个至少为罗斯福的连任捐赠1 000美元。因为民主党全国委员会不能再通过在民主党大会中出售广告来筹集资金,这个总统募捐委员会就变得尤为重要。《哈奇法案》禁止国家层面的政治委员会向公司或个人销售商品或广告。罗斯福通过"千人俱乐部"筹集的资金中有一半以上用于广播广告。

"千人俱乐部"之所以繁荣,是因为它是建立在美国总统的个人呼吁的基础上的。成员有机会会见罗斯福,或参加白宫赞助的活动。几十年后,克林顿政府因邀请大捐赠者参加白宫茶会和在林肯卧室过夜而受到了严厉批评。就像现在一样,当时的捐赠者感觉自己像是属于一个内部顾问的小圈子。捐款的动机主要是基于团结这个重要的感觉和对活动本身的乐趣。在罗斯福的领导下,白宫试图根据选民的性质利用物质或有目的的激励来动员他们。哈罗德·伊克斯等竞选顾问帮助组织了以职业为基础的政治委员会,特别是在反映新政联盟的组织中。[①] 这些组织包括为促成罗斯福连任组建的罗斯福无党派的社会工作者委员会和军嫂协会(Overacker,1946)。好莱坞民主委员会的成员,大多是艺人和艺术家,更有可能是出于目的而不是物质动机。

当时,对民主党最重要的团体是工会。《哈奇法案》加强了他们在新政联盟中的地位,使民主党在选举中更加依赖工会。新政政策使经济分裂更加明显,将劳工利益坚定地置于民主党手中。在激进的工会主义者如矿工联合会主席约翰·刘易斯和服装工人联合会主席西德尼·希尔曼的领导下,工会帮助民主党当选的愿望非常迫切。有时,他们甚至愿意在初选中挑战那些反对亲劳工政策等新政的民主党人。虽然工党通常关注国会选举,这些努力可能

---

① Ickes,1954:287—288,302—303,306,309,313,323—326,335,341,344—366。

第五章 竞选财务改革与政党竞选筹资方式

很容易改变选举平衡,但他们也确实在罗斯福竞选中给予了帮助。1936年,他们支付了大量政治捐款支持民主党人。在随后的选举中,他们为动员会员参加总统竞选投入了更多的资金(Overacker,1946;Heard,1960)。

两党之外劳工运动的不断加强,在民主党联盟内部造成了长时间的紧张局势,并激起了共和党人对竞选改革的支持(Heard,1960:186)。1943年,国会通过《史密斯-康纳利法案》来对抗工会的权力。该法案表面上的目的是防止战时罢工,同时也禁止工会在联邦选举中捐款。工会对这个规定适应得很快,独特的组织结构使他们能够轻松地为单独的政治行动委员会进行"自愿"捐款。地方领导和机构管理人员会运用老式的社会压力,通过在工会大厅公布捐赠者的名字或公开羞辱那些拒绝捐助的人,来敦促会员们捐款给新的政治行动委员会(Heard 1960)。

第一个正式的政治行动委员会始于1943年7月,由工业组织协会(CIO)支持,由7个工会成员的捐款资助。[①] 经营政治行动委员会的西德尼·希尔曼(Sidney Hillman)是一个很善于利用竞选财务法规的政治家。由于初选不受《反海外腐败法》的约束,他在此期间动用国库资金支持罗斯福-杜鲁门的竞选组合。大选时,他转向了使用政治行动委员会的资金。然而,工业组织协会(CIO)的政治行动委员会一直使用国库资金进行政治拉票和筹资。希尔曼——在他之前和之后的非党派团体的领导人——声称这种支出不应该被竞选资金法覆盖。这些活动被说成是行政或教育活动。此外,他认为,虽然工会没有直接资助候选人的竞选活动,但参与程度较深,所以工会开支也是政治性的,应该受到第一修正案的约束(Hillman,1944:5-58)。希尔曼的策略与《跨党派竞选改革法案》在当代选举中使用的策略非常相似。在最近的选举中,利益集团根据前一项活动的时间和性质改变了资金来源和用途。[②]

希尔曼认为他的竞选活动并没有直接支持候选人。但反对工党的国会议

[①] 工业组织协会(CIO)的政治行动委员会(CIO PAC)与另一个新的政治行动委员会联系紧密,当时由一组名为"全国公民政治行动委员会"的进步人士组成。他们大多是作家、艺术家和学者,他们从各自的团体中请求自愿捐款(1956:58)。

[②] 一个例子是利益集团在大选前30天或60天之前如何使用软性捐款,因为《跨党派竞选改革法案》禁止任何在这些时期内的硬性捐款。利益集团也可以回避如投票等选举条款,使得他们能够使用软性捐款而不是硬性捐款。

员,尤其是参议员罗伯特·塔夫特(Robert Taft),不接受希尔曼的观点。塔夫特觉得工会会对他的连任不利。塔夫特认为,工会应该与公司在相同的规则下运作(Muth,1988:155—157)。他提出了一个弱的"平等"三段论:公司之所以受到监管,是因为它们是强有力的机构。工会现在是强有力的机构,因此,工会应该像公司一样对待。很显然,这一"三段论"忽略了宪法中关于保护结社权利的原则。工会与公司不同的是,工会不一定是由成员组成的,工会是个人的协会。工会成员将自己的个人资源集中在工会的金库中,以实现共同的目标;因此,成员已经选择把收入的一部分给工会来实现共同目标时,强迫工会建立单独的政治行动委员会来参与政治活动是毫无意义的。尽管如此,当战争结束后,国会通过了《塔夫特-哈特利法案》(1947),这使得《史密斯-康纳利法案》对工会捐款的禁令制度化,并将这一禁令扩大到政治开支。结果,工会把他们的政治行动委员会战略制度化了。由于政治行动委员会捐款在法律上与工会经费不同,它们可以用于向联邦候选人或联邦选举中的任何直接竞选活动捐款。同时,工会继续使用一般国库基金(通过工会会费收取),用于那些只能间接对选举产生重大影响的活动,如赞助注册活动、动员投票(GOTV)运动、印制立法者投票记录的"教育"支出。使用政治行动委员会作为中介机构的一个效果是,进一步阻止了工会像英国和其他民主国家那样,直接为政党提供资金。相反,工会被鼓励通过政治行动委员会向个人候选人提供政治捐款,同时独立地在"间接"选举活动上花费更多的资金,以帮助受支持的候选人。从长期来看,政治行动委员会的创新已经制度化,成为给候选人提供资金的永久工具。让劳工组织非常懊恼的是,在20世纪70年代,商业利益集团也利用政治行动委员会来进行政治捐款。在过去30年里,与商业有关的政治行动委员会对国会候选人的政治捐款总额远远超过了工会政治行动委员会的捐款总额。①

哈奇、史密斯、康纳利、塔夫特、哈特利在1940年至1947年间推出的一系列竞选财务法规,在20世纪50年代和60年代把全国委员会推到了竞选活动

---

① 例如,在2006年,工会赞助的政治行动委员会占了国会候选人的政治行动委员会总捐款的20%(总额2.96亿美元中的5 800万美元)。这种平衡压倒了商业利益的捐款。响应性政治中心的数据,http://www.opensecrets.org/pacs/list.asp。

的边缘。在总统选举中,全国委员会在积累和协调竞选资源方面表现不佳,而围绕总统候选人组织的"自愿"委员会则表现突出。艾森豪威尔是1952年和1956年利用志愿委员会的理想候选人。作为一名党派之外的中间派,他吸引了那些迅速壮大的回避传统的党派诉求的中产阶级。在竞选活动中,大部分资金由艾森豪威尔的志愿组织筹集和使用。可以肯定的是,许多这样的组织是由共和党领导人控制的。这一点在共和政党组织和志愿团体之间的转移频率和模式上得到了证明(Heard,1960:299)。但是,许多自愿的业余团体拒绝接受来自共和党全国委员会的命令,导致协调成本很高(Lawrence,1952)。毫不奇怪,志愿组织之间的协调在民主党人中不那么明显。支持阿德莱·史蒂文森(Adlai Stevenson)(阿德莱·史蒂文森是伊利诺伊州州长,1952年和1956年两次担任民主党候选人)的委员会似乎更独立于地方、州和全美的政党组织。与共和党人不同的是,他们很少从党内获得资金,只是偶尔向政党捐款。[1]

政党对收紧竞选资金限制的反应模式在战后正变得越来越清晰。民主党作为一个多元化的政党,在一个党派之间松散联系的环境中,围绕着他们的候选人组织并运作。与共和党相比,工会之类的党外组织与民主党政党结构的融合程度更低;同时,民主党总统候选人也更加依赖这些党外组织。共和党人则倾向于在共和党全国委员会的协调下更紧密地合作。

两党在筹集竞选经费上的差异也非常明显。共和党人更加团结,他们利用这一优势,在各州建立了密集的财政委员会网络,支持各级政党活动。在国家层面上,国会和政党全国委员会共同筹款,这种做法一直延续到今天。共和党人还借鉴了慈善组织的策略,根据职业、居住地和支付能力对候选人进行分类。亚历山大·希尔德(Alexander Heard,1960:222)观察到:"到组织严密的共和党财务委员会总部参观的访客,会感受到弥漫在巨大慈善运动中的气氛。"这种气氛只有在追随者和领导人形成共同的信仰、经验和规范的环境中才会实现。

---

[1] 例如,Heard(1960)关于马萨诸塞州民主党1952年的研究报告,发现许多志愿委员会支持参议院候选人John F. Kennedy和总统候选人Adlai Stevenson。在竞选期间,这些委员会似乎没有与传统政党组织紧密合作。

相比之下,民主党为全美选举进行筹集资金的模式更加非正式和临时,甚至"疯狂"(Alexander,1972)。地方民主党领导人不允许党内高层建立独立的财政委员会。他们不愿意让全国性的政党精英在潜在的地方捐助者中拉票。因此,民主党全国委员会变得更加依赖于各州的资金转移。其结果与《邦联条例》下国家政府的经验相似。民主党全国委员会沦落到乞求各州填补他们的配额的地步(Heard,1960:282—317;Cotter and Hennessy,1964:173—191)。

民主党全国委员会将筹集资金的希望寄托在来自各州的委员身上,但令人惊讶的是,这些成员中的许多人并没有与家乡的党内筹款人有很强的联系(1960:289)。反而,民主党全国委员会任命的财务主管,则会利用个人友谊建立一个由大捐赠者组成的核心小组。这个核心由于党的领导权的更迭而不断变化。实际情况是非常混乱的,以至于大捐赠者和律师似乎每年都不确定自己是否属于民主党全国委员会团队的一部分。亚历山大提到:"包括75至100名捐助者和律师的松散的民主党国家财政委员会通常只存于纸面上,当问到那些在名单上的成员时,有些人甚至不确定他们是否在名单上,如果是,那么也不确定他们应该做什么"(1960:227)。

希尔德、奥弗拉克和亚历山大等研究竞选资金的学者,也很不理解民主党为何没能改善和稳定他们的筹资状况。希尔德认为民主党的失败主要是因为该党缺乏来自商业的选民。但是,民主党的弱点与其说是缺乏提供资金的选区,不如说是因为选区太多了。民主联盟太大、太笨拙,无法维持一个由常规捐赠者组成的全美选区,而这些人是可以支持一个强大的全国性组织的。考虑到20世纪大部分民主团体——南方人、少数民族、农民和工会成员——在意识形态和文化上的鸿沟,民主党是不可能吸引人们对一个国家级委员会保持热情的。相反,他们的忠诚一直是地方性的,并根据特定总统候选人对这些不同群体的吸引力而改变。因此,政治资源仍然在地方一级,地方一级也有依赖赞助和社会关系来确保充分的竞选资源的组织机构。民主党议长托马斯·奥尼尔说,政治金钱是地方性的,对民主党人来说尤其如此。那些可能支持政党组织的意识形态支持者反而把钱给了志趣相投的团体,比如全国有效代表大会委员会。要克服集体行动问题来吸引国家一级的自愿捐助者,需要一定程度的内部组织一致性,而民主党在其历史的大部分时间里都未能做到这一点。

第五章 竞选财务改革与政党竞选筹资方式

由于这个原因，民主党全国委员会经常使用一些特殊的手段来筹集资金。其中包括在最后一刻呼吁富有的捐赠者提供现金，以及在各州未能完成配额时举办昂贵的晚宴。这个政治晚宴成了后新政时代民主党人的一个重要筹款工具。虽然宴会一直是政党精英的社交活动，但它们也在不断扩大，以吸引捐赠选民。晚宴的成功与否取决于候选人的个人魅力和支持该组织的社会团体，就像为慈善组织筹集资金一样[①]。除了共进晚餐，民主党人还依靠在共进晚餐和其他活动中出售的政党大会书籍中销售广告。事实上，民主党的一大部分资金来自通过《民主党大会》销售企业广告。

民主党人并没有完全放弃寻找小额捐赠者。在整个20世纪中期，该党曾偶尔尝试募集小额捐款，这种尝试也往往是徒劳的。例如，1952年，他们尝试了"拉姆尔计划"。民主党全国委员会财务主席比尔兹利·拉姆尔（Beardsley Ruml）希望接触并吸引那些从未被要求捐款或从未考虑过捐款的人[②]。拉姆尔开创了一项"5美元证书计划"，要求地方政党工作人员出售民主党党员证书。民主党全国委员会预计能在1 250万美元的销售额中获利60%。而最终的销售额只有60万美元，民主党获利21.8万美元，仅占民主党全国委员会总收入的10%。希尔德认为失败的原因主要在于缺乏实施计划的技术人员，地方和国家的政党官员对收入分配也存在较大分歧。

然而，拉姆尔计划真正揭示了民主党全国委员会直接筹集资金的困难。地方官员不希望竞争对手打乱他们的资金筹集计划，所以一直未对该计划上心。事实上，该计划最成功的推动者不是党内的专业人士，而是业余志愿者（Heard，1960：250—256）。在1956年，民主党全国委员会像共和党全国委员会和其他成功的州政党一样，建立了一个吸收会员缴纳会费的"持续基金"来吸引大捐赠者，为"为民主党人捐赠"计划，虽然该计划的设定目标并不难实现，但随后的几年里还是被取消了（Epstein，1958）。

[①] 政党国会委员会现在为他们的成员分配配额来筹集资金。那些想要在党内获得更大利益的成员试图达到或超过这些目标，以此来证明他们的领导潜力。会员们也筹集资金为同事提供帮助，作为建立个人关系的一种方式，这可能有助于他们获得领导地位。政党的全国委员会（RNC和DNC）不能依靠国会候选人为总统选举筹集资金，因为这些委员会很少有切实的回报给国会议员提供帮助。

[②] 事实上，他从未被问过自己，作为财务主席可能会失败。在过去，民主党财务主席总是身家巨大的人，他们利用自己的富人朋友圈。

在艾森豪威尔第一次当选后,共和党人开始使用"直邮"计划。然而,起初,他们并没有通过这些非人性化的呼吁来筹到多少钱。1964年戈德华特竞选是一个转折点,当时共和党全国委员会的小额捐款人急剧增加。戈德华特是一位意识形态方面的候选人,赢得了保守派人士的大力支持。由于地方共和党可能会支持更温和的候选人,导致他们失去了捐赠者们的信任,捐赠者们更愿意把钱捐给戈德华特或共和党全国委员会(Alexander,1972)。来自党内意识形态成员的直邮筹款非常成功,共和党全国委员会在选举后甚至有了盈余资金。共和党全国委员会新任主席雷·C.布利斯总结了这一经验,将"直接邮寄计划"制度化,后来的主席也在持续培养并发展该计划。布利斯还加强了共和党对维持基金(每年捐助10美元的捐助者)的重视,该基金用于支付共和党全国委员会在选举期以外的日常运营费用。布利斯希望这个计划有助于全共和党在全年都有稳定的资金来源来运作。在他的领导下,共和党全国委员会的支柱转向了全国范围内由共和党保守派运动发展起来的中小捐款人,而不再依赖各州政党的慷慨①。

与他们的对手不同,民主党人在他们主导政府的时期没有把筹款制度化。约翰·肯尼迪总统和林登·约翰逊总统继续依靠总统俱乐部的大捐助者,这是老罗斯福的策略,通过个人呼吁拉拢大捐助者。当然,肯尼迪在竞选期间受益于他的家族财富。尽管如此,但他还是非常关心政治资金问题,成立了一个总统竞选资金委员会②。然而,这个委员会在约翰逊总统任内萎缩了。作为总统,约翰逊可能认为,他在担任参议院主席期间向富有的得克萨斯人进行个人游说的方式,会延续到白宫。但是,在鲍比·贝克(Bobby Baker)的事件被媒体曝光后,这种策略就站不住脚了。贝克是约翰逊的前员工,他通过自己的政治关系创建了一个商业帝国。③

1968年,民主党全国委员会模仿共和党的做法,通过直接邮件向捐赠者

---

① 理查德·尼克松不支持建立共和党全国委员会。他认为这不是提高政党在党内地位的一种手段。事实上,他把共和党全国委员会视为一个对立的权力基础。

② 详情请参阅第三章。

③ 详见第三章有关鲍比·贝克丑闻的细节。当司法部撤销对圣彼得堡的路易斯的反托拉斯诉讼时,约翰逊总统也受到了审查。啤酒公司的高管是总统俱乐部的大贡献者(见Alexander,1972:99)。

第五章 竞选财务改革与政党竞选筹资方式

筹集巨款,但这个时机不太妥当。由于越南战争和民权运动,民主党四分五裂,各党派都希望候选人能支持各派的主张。对于民主党来说,不可避免地要进行临时筹款。

对民主党来说,令人遗憾的是,与工会组织的传统动员投票(GOTV)活动相比,他们获取竞选资金的成本似乎越来越昂贵。从20世纪60年代开始,随着人们越来越重视电视广告,选举成本飙升。民主党人不意外地深陷债务之中,他们开始呼吁为总统选举提供公共资金。但是,民主党人的要求太过特别,他们很难制定一项让所有党派选民满意的公共融资法。争执得最为激烈的问题是谁应该接受公共资金。参议员拉塞尔·朗(Russell Long)在1966年提出了一项为两党提供补贴的计划,这项计划也得到了约翰逊总统支持。但参议员罗伯特·肯尼迪、工会领袖及其他一些人,却不同意这样做。肯尼迪是因为不想加强其对手约翰逊所控制组织的力量。工会反对的原因是因为该计划向各州提供补贴,会使得南方那些被反劳工组织控制的政党得到补贴。劳工领袖还承认,该法案会导致民主党在竞选活动中减少对他们的依赖,从而降低他们在政党联盟中的政治影响力。

参议员朗的法案在一场激烈的立法斗争后获得通过,但仅一年后就被共和党和自由民主党联合废除了(见第三章)。然而,民主党控制的国会继续在总统选举中争取公共基金。这也是由于议员们认识到民主党的结构性问题:民主党全国委员会需要偿还上一轮的债务,而民主党总统候选人需要为即将到来的竞选筹集资金,他们认为公共基金能将他们从这个越来越深的坑里拉了出来。

1971年,民主党在《联邦选举法案》改革的部分条款中提出为总统选举进行补贴。[①]《联邦选举法案》限制候选人使用他们的个人财富进行竞选,限制在媒体上的支出,并要求所有候选人公开他们的竞选资金。国会在1971年的税收法案中加入了为总统选举进行补贴的条款。[②]虽然尼克松很想通过税收方案,但他威胁说,如果该法案中包括公共基金补贴总统选举这一项,他就将否

---

① P. L. 92-225。

② P. L. 92-178。在《税收法案》中,一系列法律实施联邦政府对总统选举的投票,公民可以在他们的税收表格上签一个框,授权联邦政府在大选中使用他们的一部分税收来进行总统竞选。

145

决整个法案。尼克松最终默许了公共基金,条件是该项目需到1976年选举才开始生效。与1966年的《朗法案》不同,公共基金将跨过政党直接资助候选人。

由于没有公共基金补贴,民主党在1972年的总统选举中债台高筑。1974年和1975年,他们将全国知名演员的表演和政治人物的露面与募捐相结合,试图通过一系列电视节目来减轻债务。在最近进行的鼓励总统提名过程中实行参与式民主的程序改革的同时,民主党希望捐助者基础也能扩大。这些电视节目筹集了一些资金,但成本过高、收益过低。此外,接触新捐助者的努力并没有改变民主党典型的捐助者人口结构。捐赠者仍然绝大多数是富有的、白人、老年、男性(Ellwood and Spitzer,1979:828—64)。

四、1976年至今的政党竞选筹资

水门事件和紧接着的丑闻促进了竞选制度进一步改革。进步民主党人在1974年大获全胜,极大地影响了那些支持早期改革努力的人。这个派系提出了一个比1971年最初的《联邦选举法案》更强大的方案。此次对1971年《联邦选举法案》的修订立法包括对国会竞选活动的竞选开支设定上限(后来被宣布违宪)、限制个人捐款,并成立独立的联邦选举委员会来执行该法律。尽管《联邦选举法案》的最高目标是反腐败,但民主党还是从这一新法律中获得了战略优势[1]。例如,对支出设定上限,将使挑战者更难发起有效的反对现任者的运动,并保护民主党在国会的多数席位(Samples,2006)。更广泛地说,这种制度使以候选人为中心的竞选活动制度化,非常适合由不同种族、地区和意识形态团体组成的民主党。民主党人还认为,要求利益集团通过政治行动委员会捐钱,也是对民主党有利的规定。到目前为止,政治行动委员会只是由工会建立的。但是,在太阳石油公司规定允许行政人员通过向公司赞助的政治行动委员会捐款之后,很快许多公司也开始利用政治行动委员会。[2] 由于这

---

[1] 详情请参阅第三章。
[2] 联邦选举委员会(FEC)在1975年11月裁定太阳石油公司的政治行动委员会可以从管理者那里广泛地募集资金。FEC裁决允许公司广泛征求和支付运营成本从他们的企业资金。这一决定被广泛赞誉,引发了企业政治行动委员会的扩张。

第五章 竞选财务改革与政党竞选筹资方式

一决定,公司支持的政治行动委员会的数量在20世纪80年代大大超过了工会政治行动委员会。

《联邦选举法案》是一个世纪以来进步改革的模板,它认为政治应该是一种由无私的个人参与的活动,而不是由党派组织和派系参与的活动。它也是那个时代的产物。这些法律是在以候选人为中心的竞选活动的高潮时期制定的,并将20世纪中叶发展起来的模式制度化。由于候选人管理自己的竞选活动,并得到个人选民而不是政党领导层的支持,《联邦选举法案》将财务报告的责任完全交给了候选人委员会。其他政治委员会——政党和政治行动委员会——也将被要求报告财务状况。但当时的假设是,非候选人委员会提供的资源有限,候选人可以独立控制自己的竞选活动。绝大多数资金将来自个人捐款直接流向候选人委员会。

《联邦选举法案》在1974年的最初设计中,政党似乎处于被半遗忘的状态。由于压倒一切的目标是摆脱"腐败分子",《联邦选举法案》的支持者没受到任何来自政党全国委员会的威胁。毕竟自《哈奇法案》以来,他们的支出被限制在300万美元。尽管如此,但他们还是长期负债。最初,对政党的规定与政治行动委员会一样,他们只能向候选人捐款5 000美元。共和党人认为政党捐款的上限应该更高一些。最终议案提出了1万美元的上限,并同意各党派可以为各自的候选人进行有限的"协调"支出。

虽然公共基金的资助计划强化了总统竞选活动以候选人为中心的特性,但它也使各政党从单纯地为总统候选人筹集资金的工作中解放出来,可以自由地从事政党建设。公共基金对政党大会的支持也使政党领导人至少暂时免除了为这些昂贵事务筹集资金的义务。在20世纪80年代早期的政党大会,还没有像20世纪90年代那样已经成为昂贵的节日聚会和广告盛宴。

对政党来说,1971年《联邦选举法案》及其1974年修正案虽然增加了更多的限制措施,但与以前改革相比,对政党更加友好。仅通过取消《哈奇法案》规定的300万美元上限,共和党全国委员会的支出就在1972年增至600万美元,然后在1976年增至2 660万美元。同样,民主党全国委员会的支出在1972年增加到450万美元,1976年增加到1 430万美元(Alexander,1979:1976)。考虑到间接的效应,这些法律还通过限制非政党委员会,为政党确立

147

了一个永久的角色。任一政治委员会的捐款上限合计,都确保了所有资金不是简单地流向非党派团体。候选人每次从个人捐赠者那里得到的捐款不得超过1 000美元(初选和普选周期为2 000美元),每次从政治行动委员会得到的捐款不得超过5 000美元(每周期为10 000美元)。相比之下,政党可以在每次选举中向候选人提供1万美元,并通过实物支持(称为"协调支出")额外提供1万美元,这是根据通货膨胀周期进行调整的。由于《联邦选举法案》的其他捐款限额没有与通货膨胀挂钩,因此,相对于其他种类的支助,协调支出变得越来越有价值。

进入20世纪90年代,在性质不断变化的政治运动中,政党利用《联邦选举法案》扩大了自己在选举中的作用。在下一章中,我将详细描述这些转变。在这里,我只会解释政党筹款如何从日益显现的党派分化中获益的。20世纪七八十年代,共和党和民主党在意识形态上变得"更加纯粹"。随着保守的南方民主党人的消失,两大政党在政策问题上都变得更有特色和凝聚力。可以肯定的是,党派联盟内部的分歧依然存在,尤其是对民主党而言。然而,党派忠诚的转变为发展全美捐赠选民奠定了更坚实的基础。政党不再过分依赖宴会和各种各样的噱头,比如在节目中出售广告,而是逐渐利用技术,通过充满激情、去人性化的筹款呼吁来接近选民。"直接邮件集资"开始为政党提供稳定的收入来源。

在20世纪80年代和90年代,管制环境逐渐放松,给予了政党比《联邦选举法案》最初设计中所设想的更大的财政自主权。1979年,美国国会通过了一项关于《公民自由权利法案》的修正案,允许州和地方政党无限制地在基层竞选活动中投入资金,并不受总统公共基金计划的限制。各州政党成功说服联邦选举委员会(联邦选举委员会的监管机构),认为他们应该能够使用根据州竞选法筹集到的一部分资金,因为基层活动也包括为州一级候选人竞选。州法律通常比联邦法律更宽容。联邦选举委员会同意允许用这些资金为各州的竞选活动提供部分资金,这种资金被称为"软性捐款"(Corrado,2005:32)。到了20世纪90年代,各大全国性政党也将其用于支付管理费用,并将资金转移给各大政党用于广告宣传(全国性政党的工作人员声称,他们的组织也在支持州一级的候选人)。

政党也得到了法院的支持。1996年,最高法院在"科罗拉多州共和党诉

第五章 竞选财务改革与政党竞选筹资方式

联邦选举委员会"一案中宣布,政府不能限制各政党支持候选人的支出,只要这些支出独立进行。这一决定是建立在之前"巴克利诉法雷奥案"(1976)的裁决上的,该裁决确认政治支出与言论自由直接相关。因此,如果没有令人信服的反腐败理由,就不能在不违反第一修正案的情况下削减开支。由于花钱本身并不腐败,政党作为私人团体,与任何其他团体或个人一样,享有宪法第一修正案赋予的特权。只要候选人在不知情的情况下从政党支出中获益,就似乎不适用腐败的理由。如第三章所述,1910年和1911年的《公开法案》中有一种观点认为,候选人对竞选活动的"不知情"使得允许存在"独立支出"。

在后《联邦选举法案》时代,政党组织有相当大的潜力使自己变得对候选人有价值。然而,筹集政党资金的一个重要障碍是,个人捐赠者在某一特定年份向候选人、政治行动委员会和政党提供的捐款总额不能超过2.5万美元(两年选举周期为5万美元)。不同类型委员会的个别捐款也有限制;他们每年给联邦候选人的捐款不能超过2万美元(每两年4万美元)。总限额制度在各委员会之间造成了政治资金的竞争。例如,一个给联邦候选人最多2万美元的大捐赠者,只被允许给一个政党5 000美元。这样,总额限制使任何一方都难以依赖大捐助者。从而,寻找不会突破这些限制的小规模自愿捐赠者成为不得不做的事。

在以候选人为中心的竞选资金竞争中,全国性政党处于相对弱势的地位。到了20世纪70年代,进步的规范——个人主义、自愿主义和反党派主义——被纳入选举结构。比起政党,捐赠者更愿意向自己青睐的候选人和议题团体捐款。政党全国委员会拥有相对较少的物质的、团结的或目的的激励来吸引潜在的捐助者。《彭德尔顿法案》使得联邦政府官员的赞助受到了限制。可以肯定的是,获胜的候选人会任命自己最喜欢的人担任大使和官僚机构中的行政职位,但这些行为并不由政党控制,反而是由候选人的高级顾问控制的①。至于团结激励,政党全国委员会与那种通过社会交往吸引个人献身精神的基层政治更是相距甚远。虽然大型晚宴可能会吸引那些喜欢"成为团队的一部分"的大捐赠者,但这些筹款策略并不能建立长期的财务稳定。政党全国委员会能使用的唯一激励是可以制定政策导向的目的性策略。正在进行的政治国有化和以总

---

① 国会竞选委员会的情况是不同的。国会的领导层与国会竞选委员会紧密相连。因此,如果寻求物质财富的潜在捐赠者寻求领导的立法支持,他们有动机为这些委员会做出贡献。

统为中心的媒体宣传使政党的国家委员会越来越容易吸引面向政策的捐助者。但在20世纪70年代,与候选人委员会和利益集团相比,政党一直处于竞争劣势。

西德尼·韦尔巴(Sidney Verba)、凯·施瓦茨曼(Kay Schlozman)和亨利·布雷迪(Henry Brady)对公民参与的研究表明,捐赠者有更强的动机向非政党的委员会捐款。在他们1995年关于政治参与的广泛调查中,他们询问捐赠者出于哪方面的原因要给不同的政治组织捐款,结果显示捐助者认为向非党派团体捐款更令人满意或有益,如表5—3所示。8%的捐赠者声称他们基于物质利益捐赠给政党,出于社会满足而捐赠政党的捐赠者占比5%,由于政策满足而捐赠政党的捐赠者占比37%,86%的人表示,他们给政党捐款是基于公民满足,但所有的政治捐赠者都表示了这种动机,政党在这里没有竞争优势。此外,公民满足似乎只有在与其他类型的激励相结合时才会起作用。① 相比之下,捐赠者向候选人的捐款理由更多:18%的人表示他们捐款是出于物质原因,22%的人是出于社会满足,80%的人出于公民满足捐款。向与工作相关的政治行动委员会的捐款理由,更强调物质利益(46%)和政策满足(64%)(见表5—3)。

表5—3　　　　　　　　　竞选捐赠者的捐赠动机

捐赠接受对象	物质利益	社会满足	公民满足	政策满足
候选人	18	22	80	46
政党组织	8	5	86	37
与个人工作相关的政治行动委员会	46	14	63	64
议题组织	1	6	88	84

资料来源:摘自 Verba,Schlozman 和 Brady(1995),表 4.1,115。

五、党派极化对政治献金的影响

尽管与其他政治委员会相比有诸多缺点,政党至少还有党员这一固有的支持者群体为其赞助。政党中具有强烈党派意识的党员更有可能成为参与各种

---

① 20世纪60年代的两场失败实验,两党募捐,呼吁个人的公民精神似乎支持这一结论,这本身就没有激励捐助者的动机。参见 Heared etc.,1964。

竞选活动的积极分子,包括向政党和候选人捐款(Verba,Schlozman and Brady, 1995;Francia et al.,2003)。在20世纪90年代,两党的全国委员会在吸引党派捐赠者方面取得了较大的成功,原因在于选民开始察觉到两大政党间逐渐变大的政策差异。在1960年以来的每一次总统选举期间,国家选举研究(NES)都会问受访者:"你认为两大主要政党之间有什么重大差异吗?"1980年之前,回答"有"的选民大约有一半。但是,如图5—1所示,在这一年之后,政党中无论是积极派别还是非积极派别,回答这个选项的人数百分比都大幅上升。这一上升趋势在20世纪80年代趋于平稳,然后在1992选举年后又开始上升。越来越多的选民看到了两大政党之间的真正差异这一事实,表明政党将自己塑造为政策导向的组织会更容易,并因此吸引到更多以政策为动机的捐助者。

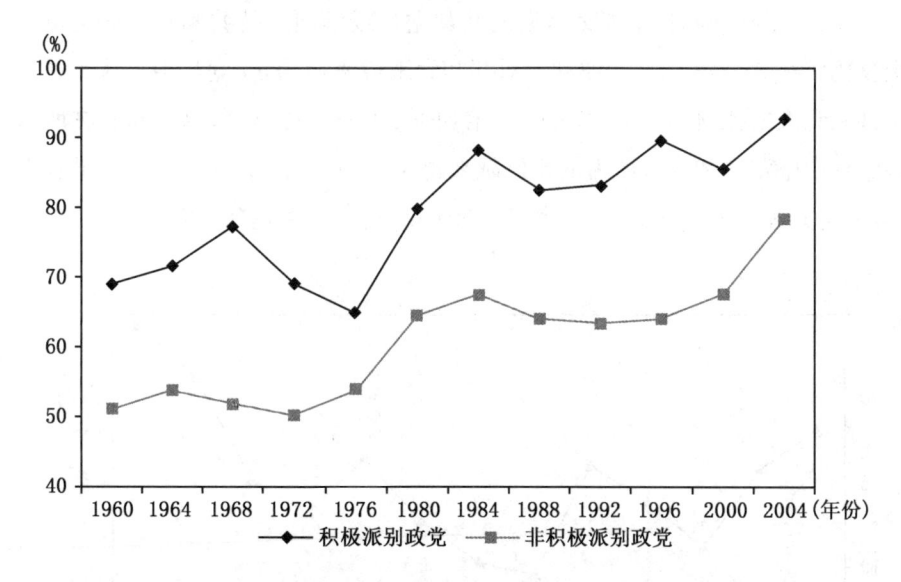

资料来源:美国2005年全国选举研究。

图5—1 政党中的积极派别与非积极派别对主要政党间区别的识别,1960—2004年

最相关的一点是,两党中的积极派别——最有可能捐钱的人——会看出政策的分歧并采取行动,也有可能是积极派刺激了两党出现日益明显的区别。尽管在过去的40年里,美国普通选民的意识形态并没有多大变化,还有可能更加保守了,但两党中积极派别都在向意识形态的极端靠拢(Nye,Zelikow and King 1997)。也可以说,积极派别使得两党间的距离越来越远。当他们

决定捐款时，他们也促进了政策差异的扩大。根据马克·布鲁尔的说法，这种效应是一种"封闭环或回路"(2005:219—30)，政党精英随之得以党派言论、议题立场和政策来回应两极分化不断加剧的关键选区。

为了衡量近年来党派意识的化是否对政党的资金呼吁产生了积极的影响，我观察了两大政党中政党意识较强的坚定党员、政党意识偏弱的不坚定党员和倾向于该政党的非党员这三类派别的政治捐款趋势。图5—2和图5—3的数据开始于1980年，当时的调查开始询问受访者是否向政党捐款。很明显，两党中，尤其是共和党，政党意识较强的坚定派党员最有可能捐款，而且这个百分比在20世纪90年代还有所上升。在2004年的选举中，只有10%的人声称曾向政党捐款，然而图5—2显示出，坚定共和党人中有25%的比例做出了贡献。与此同时，不那么坚定的共和党员或倾向支持共和党的非党员的捐款比例在3%~6%之间波动。对共和党来说幸运的是，党员中自认为是坚定共和党人的比例从1980年的9%增加到2004年的16%，这意味着在所有捐赠者中坚定共和党人所占的比例越来越大。1980年，共和党的全部捐款人中，坚定共和党人占比为15%，而在2004年，这一比例达到40%。

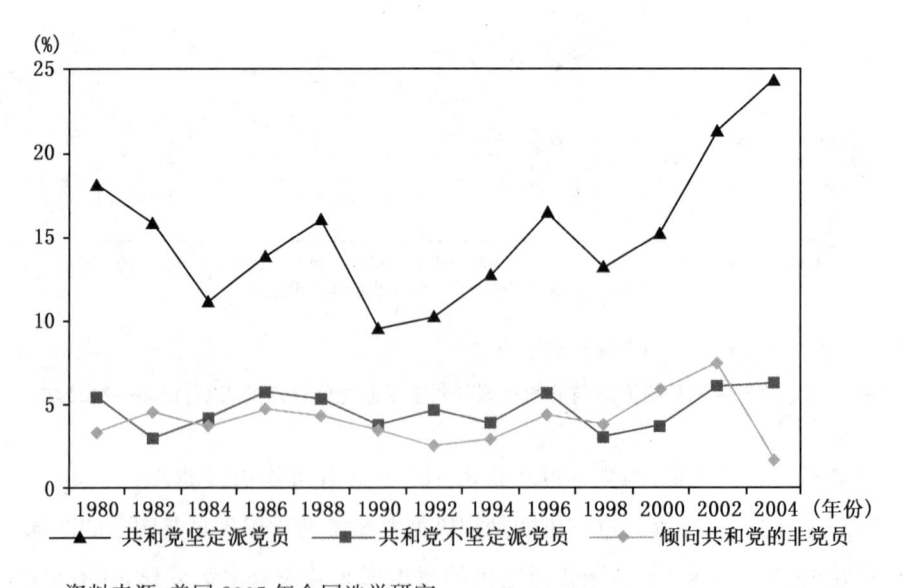

资料来源：美国2005年全国选举研究。

图5—2 以共和党身份捐助政党的比例

第五章 竞选财务改革与政党竞选筹资方式

图 5－3 以民主党身份捐助政党的比例

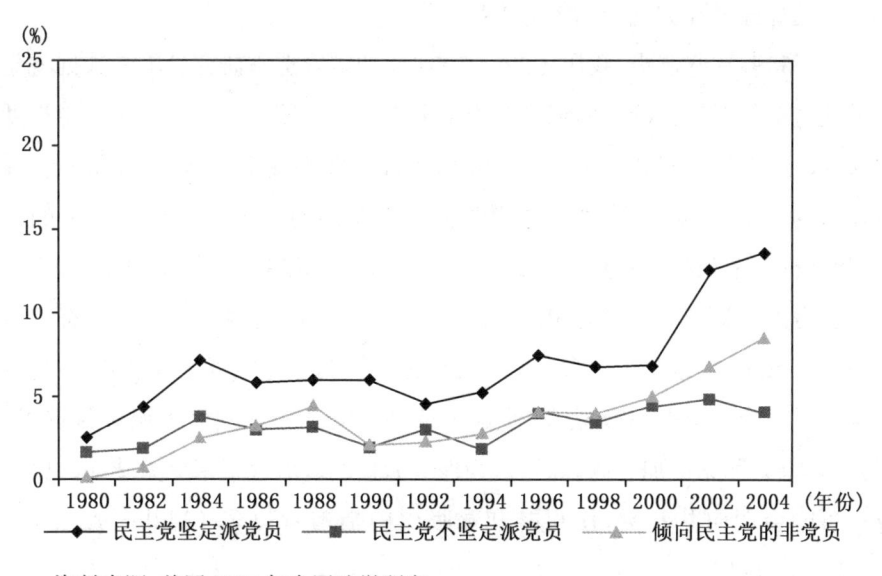

资料来源：美国2005年全国选举研究。

民主党的情况在近年来有所改善，但前景并不乐观。图 5－3 显示，1980年坚定民主党人中有 2% 向政党捐款，这一比例在 2004 年上升为 13%，确实是大幅增加，但是坚定民主党人在人口中的比例并没有比 1980 年的 18% 更多。因此，即使民主党中有更多的坚定民主党人捐款，他们也只占 2004 年向民主党捐款总人数的 23%，相比之下，坚定共和党人捐款占总人数比为 40%。值得注意的是，自 1998 年以来，倾向于民主党的非党员向民主党的捐款大幅增加（不那么坚定的民主党人的捐款则有所减少）。这些相对独立的支持者捐款的原因可能是意识形态或个人对乔治·W. 布什（George W. Bush）的厌恶。有研究表明，个人对乔治·W. 布什及其政策的厌恶是捐赠者向克里竞选团队和民主党捐款的强大动力（Graf et al., 2006）。

正如前面所讨论的，民主党在其历史上一直在努力为党内组织创造忠诚的党派捐赠者。自诩为民主党人的人比共和党人更有可能支持自己喜欢的候选人和事业，而不是支持民主党本身，这与之前我关于民主党分裂的观点一致。因此，随着党派分化的加剧，民主党应该能够吸引到基于意识形态动机的捐款人，即使这些捐款人对民主党的感情很弱。而共和党人将继续得到意识形态上的保守派和党派捐助者的支持。

为了检验这些假设,我用 1980—2004 年的国家选举研究(NES)数据将党员的政党捐款对其党派倾向强度和意识形态进行了回归。基于公民自愿捐助主义,我还在模型中加入了可以预测政党捐款的其他变量。表 5-4 显示了混合模型的结果①。回归结果支持用党员的党派倾向强度和意识形态上的自由/保守程度来预测共和党献金的理论。但这一理论并不适用于民主党人,民主党获得的捐款与党员的党派倾向强度关系不大,决定因素是意识形态。对于民主党人来说,这其中的含义似乎很清楚——为了筹集资金,他们必须把自己描绘成一个意识形态政党,即使这一策略可能会让他们失去温和派选民。另外,如果共和党更加右倾,那些认为保守派控制政府会带来更大威胁的民主党人可能会倒向共和党,使得共和党吸引的捐赠者更多(Miller, Krosnick and Lowe 2002)。

表 5-4　　　　　　　　　总统选举年的捐助预测(混合模型)

共和党	回归系数	标准差
党派倾向强度	0.56**	0.10
自由—保守	0.22**	0.07
选举利益	0.87**	0.13
教育	0.11*	0.05
年龄	0.38**	0.04
家庭收入	0.48**	0.08
dum84	−0.15	0.28
dum88	0.28	0.27
dum92	−0.36	0.27
dum96	0.00	0.28
dum00	−0.40	0.36
dum04	0.13	0.28
常数项	−10.57	0.65

---

① 我使用一个固定效应模型,用年份虚拟变量来控制跨周期变化。

续表

共和党	回归系数	标准差	
logit 估计值		观测值	3 063
		似然比 $\chi^2(12)$	325.4
		Prob$>\chi^2$	0
对数似然	−750.79	伪 R^2	0.1781
民主党	回归系数	标准差	
党派倾向强度	0.18	0.10	
自由—保守	−0.25**	0.07	
选举利益	0.89**	0.15	
教育	0.36**	0.06	
年龄	0.26**	0.05	
家庭收入	0.19*	0.08	
dum84	1.32**	0.43	
dum88	1.46**	0.43	
dum92	0.65	0.43	
dum96	1.34	0.43	
dum00	0.85	0.49	
dum04	1.52	0.43	
常数项	−9.00	0.75	
logit 估计值		观测值	3 400
		似然比 $\chi^2(12)$	233.54
		Prob$>\chi^2$	0
对数似然	−624.33	伪 R^2	0.1576

资料来源：美国 2005 年全国选举研究。

注：数据仅限于自认的党派人士。党派倾向强度：坚定党员＝3，不坚定党员＝2，有该政党倾向的非党员＝1。SE＝标准误差。

* 在 5％时显著 ** 在 1％时显著。

六、政党筹款能力的提高

两党日益加剧的两极分化,在一定程度上说明了政党筹款激增的原因。1974年通过的竞选财务法规使各党派的财务基础更加稳固,之后各党的捐款规模也扩大了。然而,表5-5显示,直到2004年,民主党全国委员会在总收入上一直落后于共和党全国委员会。对于共和党全国委员会来说,资金筹集金额在1976年大幅飙升,并一直持续到里根总统任期结束后,1988年和1992年以实际美元计算的资金筹集大幅下降。其中一个原因可能是,温和的老布什总统没有让党派成员兴奋到足够的程度来增加他们对该党的捐款,尽管捐款超过200美元的人数在他的连任竞选期间翻了一番还多。[①]

表5-5　　1972—2004年两党的全国委员会筹款(以2004年美元计)

	1972	1976	1980	1984	1988	1992	1996	2000	2004
民主党									
联邦收入(硬)	20	20	28	85	84	89	130	136	395
非联邦收入(软)	0	0	9	11	37	42	123	150	0
总收入	20	20	37	96	120	131	253	286	395
捐款大于200美元的总人数(仅硬)	NA	NA	5 539	4 212	11 071	32 832	26 618	46 477	151 232
共和党									
联邦收入(硬)	27	68	84	193	145	115	232	233	392
非联邦收入(软)	0	0	35	28	35	48	136	182	0
总收入	27	68	118	221	180	163	368	416	392
捐款大于200美元的总人数(仅硬)	NA	NA	13 903	13 201	10 964	26 021	62 191	92 307	153 380

资料来源:联邦选举委员会 2005a。1972年的数据来自Alexander(1976),1984年的数据来自Alexander & Haggerty(1987:99),1980、1984、1988年的软性捐款数据来自Alexander & Haggerty(1987:99),1980、1984、1988年的软性捐款数据来自Alexander & Bauer(1991:37),人数数据来自"政治资金在线"http://moneyline.cq.com。

20世纪90年代,两党利用日益加剧的两极分化和人们对政策分歧的认识来筹集更多的资金。在《联邦选举法案》时代,特别是从1992年以后,民主

[①] 联邦选举委员会(FEC)不保存捐款少于200美元的人的记录。

党全国委员会的收入增长得很快。共和党全国委员会的筹款在20世纪90年代更为引人注目。从1992年到1996年,共和党的硬性捐款收入从1.15亿美元增加到2.32亿美元,明显领先于民主党,导致民主党越来越多地转向软货币。由于缺乏类似于共和党的忠诚的支持者,民主党试图通过主要软性捐助者的核心群体来缩小差距,这些人主要是工会与纽约和加州的富有自由派人士。

七、软性捐款

政党筹资最具争议的方面是软性捐款。软性捐款的兴起似乎标志着"腐败的肥猫"的回归,标志着1907年《蒂尔曼法案》对企业资金的禁令和1943年《史密斯—康纳利法案》对工会捐款的禁令被废除。在联邦选举委员会裁决允许全国委员会将软性捐款用于党建之后,全国委员会从1980年就开始筹集软性捐款。软性捐款在1996年之前主要用于行政开支和选民动员活动,在1996年的选举中开始用于支付竞选广告,这引发了人们对政党使用软性捐款的担忧。一旦政党学会利用它来做广告,软性捐款的价值就会飙升,从而刺激政党寻求更多的软性捐款。

矛盾的是,使用软性捐款做广告的动机是由总统的公共基金制度触发的。在这一制度下,寻求党内提名的总统候选人每获得一份私人政治捐款,可以从公共基金中获得最多250美元的配套。然而,在大选中,总统候选人获得的是一次性的公共基金的拨款,可能不会有私人捐款的补充。在初选或大选中接受公共基金时,候选人同意不得超过每次竞选中规定的开支限额。

但事实证明,竞选资金体系太不灵活,无法适应竞选情况的新变化。由于提前进行初选和电视广告成本的增加,总统竞选时间更长,费用也更高。初选候选人开始竞选的时间比以前要早,在政党大会召开的几个月前,政党提名人就会明确。非正式赢得党内提名的候选人有巨大的动力在这一"过渡期"开始认真地与对手党内的提名人展开竞选,这一"过渡期"一直持续到该党在党内大会上正式授予候选人提名。①

---

① Mayer(2004)创造了术语"过渡期(interregnum)"来描述这一时期。

在正式候选人被提名之后,联邦选举委员会被授权为大选拨出公共资金。与其坐等这些公共资金,失去一个确定反对党候选人的机会,政党全国委员会开始在"过渡期"发动竞选活动。1996年,克林顿连任竞选团队开始了这一过程,他们利用民主党全国委员会的软资金,针对可能获得共和党提名的鲍勃·多尔(Bob Dole)播放竞选广告。共和党全国委员会迅速用自己的广告做出了回应。

除了总统的公共基金制度之外,《联邦选举法案》在其他方面的过时也导致了该体系的终结。该法案最关键的是没有考虑通货膨胀的影响。因此,1976年1 000美元的捐款限额在1996年仅值363美元,250美元的总统竞选捐款限额仅值79美元。由于主要捐赠者(那些通常捐资最多的人)的捐赠越来越少,党派人士开始寻找其他筹资方式。软货币"漏洞"提供了一个可行的选择。由于对资金来源和规模没有限制,软性捐款减少了政治委员会之间的硬性捐款竞争。捐助者不会超过他们可以向所有联邦委员会捐款的总限额。事实上,这两种捐助体系鼓励政党和候选人的合作更加紧密。这两种相互交织的筹款活动既会为候选人提供硬性捐款,又向政党提供软性捐款。当然,正是这种协调引发了人们对软性捐款体系的担忧。候选人似乎更多地利用软性捐款进行竞选,而非政党建设。

政党在筹集软性捐款方面的过度行为,诸如邀请捐赠者入住白宫林肯卧室、举办奢华的正装晚宴和白宫茶话会等,使人们开始关注捐赠者和候选人之间可能存在的潜在利益交换。此外,在国家报纸的社论版面上,到处是对腐败的指控,其中还伴随着禁止软性捐款的呼吁(*New York Times*,1991)。虽然我们不能对选举制度的腐败和合法性掉以轻心,但在民粹主义的改革呼声中,忽略了软性捐款的确是一个基本事实。这种情况与一个世纪前大不相同,当时向共和党全国委员会或民主党全国委员会提供大部分捐款的只有四个捐赠者。2000年,提供软性捐款的前十名捐助者的捐助总额只占政党总资金的1.5%。

媒体对超级巨无霸捐赠者群体的关注掩盖了一个事实,即绝大多数软性捐款捐赠者实际上都是小捐款者。在1998年大选后进行的一项研究中,我估计,90%的软性捐款捐助者捐款不足2.5万美元,平均贡献仅为8 750美元(La Raja and Hoffman,2000:14)。这些数字甚至不包括捐赠少于200美元而不需要报告其捐款的大量捐助者。这些组织大多是当地的酒店、殡仪馆、建筑公司、拖车服务公司、牙科诊所、五金商店、景观服务公司、法律事务所、会计师事务所、零售食品商店。[①] 这些地方企业主要支持共和党人，这并不足为奇，这也是民主党支持禁令的另一个原因。尽管民主党人非常依赖于软性捐款捐助者，但他们认识到，共和党人只要稍加努力就可以在软性捐款收入方面远远超过他们。

另一个关于软性捐款的误解是，典型的"大捐赠者"更可能捐献硬性捐款而不是软性捐款。例如，1998 年，2 777 个政治行动委员会的硬性捐款中位数为 10 112 美元。相比之下，在 11 383 个只提供软性捐款的团体中，软性捐款的中位数仅为 375 美元。然而，媒体关注的焦点是一个由 870 名捐助者组成独家团体（仅占所有组织的 6%），他们向政党同时提供硬性捐款和软性捐款。同样是这个团体，他们向政党提供的软性捐款占到来自组织的软性捐款近 60%（政党 25% 的软性捐款来自个人）。然而，这一特定群体似乎更倾向于提供硬性捐款：他们的软性捐款中位数为 25 750 美元，而他们的硬性捐款中位数为 78 295 美元。事实上，这批捐赠者提供了各政党从政治行动委员会获得的全部硬资金的 60% 以上[②]。简而言之，支撑软性捐款体系的同一组利益群体也在支撑着硬性捐款捐赠体系。一个重要的区别是，软性捐款体系有两党需要的更多的捐助者。从 2004 年开始，随着《跨党派竞选改革法案》对软性捐款的禁令，这些捐助者中的大多数完全消失了。但那些先前同时提供软性捐款和硬性捐款的大企业还有其他选择。他们可以增加他们的硬性捐款，增加他们在游说方面的开支，并且仍然为全国政党大会提供软性捐款捐赠，他们中的许多人在 2004 年就这样做了。

尽管在《跨党派竞选改革法案》的规定下，2004 年的总统选举无法筹集到软性捐款，但全国委员会在筹集竞选资金方面做得非常出色。由于伊拉克战争的原因，加上民主党人和无党派人士对布什总统的强烈反感，使民主党全国

[①] 这些观察基于来自只给予软性捐款的 12 000 个群体的 100 个随机抽样。在这些样本中，96 个与商业有关。只有四个组织不是商业关系：两个美洲土著部落（水蛭湖部落理事会和 Mashantucket Pequot Tribe）和两个教育研究机构（索耶商学院和中乔治亚州的病理研究所）。样本中最大的贡献者是 Mashantucket Pequot，它在康涅狄格经营福克斯伍兹赌场，总共有 369 000 美元的软性捐款（Apollonio and La Raja，2004）。

[②] 值得注意的是，自 1992 年以来，软性捐款捐助群体在总统选举和中期选举中的分布一直非常稳定。换句话说，在这一时期，来自商业、劳工和游说组织的不同部门的团体提供了相同的软性捐款的百分比。

委员会的收入远远超过了它在前几次选举中所获得的硬性软性捐款总和。尽管共和党全国委员会的筹资总额没有超过2000年选举,但表现得也很好,这也不意外。毫无疑问的是,如果软性资金被允许,则两个委员会将筹集到更多的资金,而不是让这些资金流向外部组织。

展望2008年的选举,与2004年相比,各政党在筹集和支出资金方面将处于不利地位。原因有二:首先,与过去不同的是,最高级别的总统候选人都没有总统公共经费,这意味着他们都将与政党竞争竞选经费。其次,最高法院在"威斯康星州生命权诉联邦选举委员会(2007)"一案中裁定,政府不能禁止团体在选举前几天用软性捐款播放议题广告。这一裁决打破了《跨党派竞选改革法案》的一个重要条款,即政府不允许在大选前60天,在软性捐款资助的广告中提到联邦候选人的名字。在以前的选举中,有钱的捐款人可能会把他们的钱捐给527或501(c)(4)组织。这些组织将会分散选民对候选人和政党的关注。

八、结 论

在20世纪的大部分时间里,全国政治委员会在为总统竞选和其他组织活动筹集资金时,面临着相当大的集体行动问题。在进步主义世界观的启发下,联邦一级的竞选资金体系一直对筹款的必要性和难度持不切实际的态度,尤其是对那些形形色色的大型政党组织而言。在一个庞大、复杂和多样化的民主国家,进步主义的法律在很多方面都没有认识到选举支出在唤醒和告知公民方面的重要性。这些法律强调对自愿捐款者的依赖,鼓励政治资金在正式政党结构之外流向候选人和利益集团,降低了问责制、竞争和公平。政党组织,作为知名的组织实体和知名的"品牌",如果从特定的捐赠者那里接受大量资金,或者在电视上播放不入流的广告,就无法轻易逃脱媒体的审查。可以肯定的是,政党可能仍然会做这些事情,但是当他们这么做的时候,公众会更容易知道谁该为此负责。此外,就像大多数利益集团寻求接近决策者一样,政党也想要控制政府,他们有强烈的动机帮助挑战者赢得选举,而不是简单地支持现任者。

最近的改革(2002年的《跨党派竞选改革法案》)虽然没有受到进步党人反党派精神的激励,但与以前的改革也没什么不同。《跨党派竞选改革法案》

重新强调唯意志论。非常典型的是,虽然小捐助者仅为政党带来了"小零钱",但随着互联网等信息技术的不断进步,小捐助者最终可能成为政党筹资的最重要组成部分。

但要在小捐款者中成功筹款,很大程度上取决于能够形成激发狂热的党派人士捐款的高度分化的环境。在 20 世纪 90 年代,共和党全国委员会和民主党全国委员会成功地吸引了高度意识形态的小额捐赠者,这表明美国政党的资金已经开始向欧洲模式靠拢。国家委员会似乎已经培养出了一些忠实于独特政策的成员。在美国历史上,党派精英阶层日益加剧的两极分化和凝聚力,首次允许各政党获得了全国性的捐款人群体。有了大量的公民人口统计数据和个人数据,政党组织可以进一步凝练吸引目标捐赠者的政策。

各政党在吸引捐赠者的过程中,不断宣传他们与对手的不同;而捐赠者同时向政党领导人施加压力,要求他们在政策问题上保持路线一致。这类有目的的捐赠者往往通过非个人组织捐赠大量资金支持不同的政策呼吁,政党也会更依赖这类捐赠者,从而这种反馈回路会越来越强。这些政策呼吁往往会妖魔化竞争对手,同时向捐助者承诺,"好"的政党所履行的政策是根据捐助者的利益而特别制定的。考虑到这些因素,美国政治中的中间立场应该会变得越来越难找到,因为各政党为了获得关键意识形态的支持和大量的小额捐款,他们的态度将越来越强硬而拒绝妥协。

但是,即使各政党成功地建立起了支持自己的选民团体,他们在未来也不能完全依赖这些支持者。历史表明,竞选资金系统所倡导的进步主义风格规则,最终会对选举资源的需求形成约束。目前对政党的法律限制和禁令,将产生我们过去看到的那种分散的竞选活动。事实上,同过去一样,各政党将被迫通过与友好利益集团的勾结,争取大赞助人来资助新的或额外的竞选活动。事实上,这种趋势在 2002 年改革后的第一次选举中就已经开始了。尽管两党在 2004 年成功地筹集到了硬资金,但两党已经转向通过"527 组织"筹集软资金的策略,以追求选举获胜。这些组织虽然合法,但选民完全不熟悉,导致选举变得不那么透明和负责。在下一章中,我将解释主要政党如何在 2004 年的选举中利用各种策略来规避《跨党派竞选改革法案》制定的不切实际的限制,以及在未来的选举中可能成为制度化的各种非党派组织的竞选活动方式。

第六章 竞选财务改革与政党竞选支出

在过去的几次选举中,政党通过筹集大量的资金来增强自己的实力。既然这些政党拥有大量的财富,那么他们用这些财富做了什么?他们是不是就像一个超大的政治行动委员会那样,成为给个人候选人输送资金的大型筹款企业?政党在加强正式组织,履行招募候选人或登记选民等传统职能上,究竟投入了多少资金——包括很多被人唾骂的软性捐款?政党全国委员会是否将他们的政治开支仅限于少数几个竞争激烈的州?即使这样的做法将使这些州之外的美国人很难参与总统选举。由于有关资金的规定将会决定政党组织和附属党派组织如何参与选举,因此这些问题是当前关于竞选资金改革辩论的核心问题。这些问题的答案反映了竞选资金法对政治组织的影响,同时也能表明政党在美国当代政治中的作用。

一些学者认为,政党在很大程度上已经放弃了他们的集体职能,仅仅为候选人的利益服务。根据这一论点,政党在竞选制度中不应享有特权地位,因为拥有特权地位将使他们比其他群体能够筹集更多的资金。根据乔纳森·克拉斯诺(Jonathan Krasno)和弗兰克·索劳夫(Frank Sorauf)的说法,政党财富的增加无助于政党加强组织能力。他们认为:"没有人能不被政党巨额的金钱所打动,但是这些钱通过他们却没有留下任何持久的好处。"(Tom Mann,2003:54)。另一位研究政党竞选资金方面的专家汤姆·曼(2003:32)表示,政党软性捐款"为政党带来了同样多甚至更多的问题,对培育基层参与或选举竞争几乎没有起到作用"。

我认为,这些批评更适用于国会竞选委员会,包括共和党参议员全国委员会(NRSC)、民主党参议员竞选委员会(DSCC)、共和党竞选全国委员会(NRCC)和民主党国会竞选委员会(DCCC),他们比国会更倾向于狭隘的利益,政党的全国委员会和众多的中央委员会并不是这样做。国会竞选委员会专心致志地帮助候选人在有针对性的竞选中获胜,州议会的党团会议也是如此。这些立法活动委员会(LCCS)经常表现得不像政党组织,而像独立的咨询机构。他们不参与政党更广泛的工作,但为候选人提供专业服务,例如与当地政党一起开展基层竞选活动,与当地利益集团建立持续的竞选联盟(Sea,1995)。[1] 国会竞选委员会筹集的资金往往支持一小部分国会候选人,他们只把资源投入30~50场竞选中,但一些全国公认的政治民意调查机构则认为这些竞选对结果不产生影响。此外,除了几场竞争激烈的竞选,立法竞选委员会很少有动力与地方和州的政党组织合作来招募和培养未来的政党候选人。

相比之下,通过共和党全国委员会(RNC)和民主党全国委员会(DNC)表现出来的政党的总统派系,从一开始就与国家和地方政党组织紧密联系在一起。事实上,共和党全国委员会和民主党全国委员会的成员都是州和地方政党组织的积极分子。早在1828年大选的时候,政党全国委员会领导人就通过当地组织动员选民参加总统选举(Aldrich,1995)。地方和州政党领导的合作对于建立一个可能赢得总统职位的联盟至关重要。通过全国委员会组织的四年一次的全国政党大会更是加强了党派关系网络。在会议期间,地方政党领导人发展了个人关系,并通过协调制度承诺,以帮助赢得总统职位(Polsby and Wildavsky,2000:219—253)。由赞助人带来的利益和赢得职位而获得的特权形成了忠诚的纽带。

在讨论政党及其在选举筹资中的作用时,分析家经常没有区分政党全国委员会和立法委员会。因此,当他们断言政党如何筹集和支出资金时,他们的概括会过度。由于最近学术期刊中的许多研究都是关于立法委员会的,所以我在这里的研究重点是政党全国委员会。[2] 我提供的证据反驳了认

---

[1] 关于国会竞选委员会的优秀研究,见Kolodny(1998)。
[2] 在政治科学期刊上有大量关于国会竞选委员会的文献,其中大部分是关于这些组织如何将竞选资源分配给国会竞选的。Kolodny(1998)整本书都是对这些委员会的分析。

为政党全国委员会仅仅是候选人的延伸,或它们类似于大型咨询公司的论断。可以肯定的是政党的全国委员会在为候选人获取支持上直接投入了大量资金。作为一个务实的组织,政党的主要目标是赢得选举,通过购买昂贵的电视广告来帮助候选人取得胜利。然而,大部分的资金还是用在了内部,以维系华盛顿和其他各州组织的活力。这些资金用于通过直接邮寄、电话和拉票等方式来加强与选民的联系。在一个不断变化的政治环境中,政党在当代选举中变得越来越重要,它们正努力为自己塑造一个更加强大的角色,一个独立于候选人的角色。新的竞选环境既有利于强有力的组织方法,可以动员"实地"选民,又有利于采取以候选人为目标的战略,帮助总统候选人在电视和电台上广播信息。

我的论点是,如果竞选法案能不让他们缺乏资源,则国家和州委员会完全有能力体现出传统强政党的功能。这些功能包括招募当地候选人、组织活动人士,以及通过识别和联系选民来培养选民对党派的支持。此外,由于能够获得足量竞选资金,这些委员会有可能在竞选和选举中发挥独立作用,而不是简单地成为为个人候选人服务的被动"服务"组织或"银行账户"。他们与国会竞选委员会和立法委员会的区别在于,他们有更广泛的选民对他们提出要求。他们并不完全受惠于立法机关中当选的官员。与过去一样,选举团制度为地方、州和国家团体在政党标签下合作提供了坚实的努力。此外,国家和中央委员会的广泛的治理结构,鼓励这些组织在做决定时综合考虑多个选区的利益。现在我来谈谈为什么自 20 世纪 80 年代以来,国家和州政党已经成为选举中潜在的重要参与者。

一、政党组织为什么变得更重要

20 世纪 50 年代到 70 年代是以候选人为中心的选举的鼎盛时期。公众舆论反复无常、选票分散、人们开始强烈关注候选人的个性,这些都揭示了几十年来政党的深度衰退(Wattenberg, 1991)。人口和技术的变化,加上体制改革,使得 19 世纪基于地方领导权力的传统政党制度变得不那么重要了。到了 20 世纪 70 年代,竞选人为了在国会和总统竞选中赢得党内提名,借助昂贵的技术通过定向邮件和电视直接与选民联系。而《联邦选举法案》规定的竞争财务制度支持以候选人为中心,使候选人委员会取代政党成为责任中心,政治行动委员会的作用得以制度化,这些委员会可以直接向候选人提供资金。在总统竞选的层面上,公共资助体系通过向候选人而不是政党提供公共资金进一步支持了这一趋势。

然而,纯粹以候选人为中心的制度在 20 世纪 80 年代开始逐渐消亡。一些新趋势正在形成,这使得政党全国委员会作为选举组织更具可行性。具有讽刺意味的是,《联邦选举法案》所设想的限制政党作用的竞选资金制度,尽管不是首要因素,但推动了这场政党的复兴运动。为了减少源于政治、技术和体制的变革所带来的不确定性,雄心勃勃的竞选人和积极分子开始转向政党组织。① 这些不确定性主要表现在以下三个领域。

(一)确定选举支持的难度越来越大

选民对政党的忠诚度从 20 世纪 60 年代开始下降。例如,马丁·沃登伯格(Martin Wattenberg,1991)表明,公众对政党的态度在这一时期发生了很大的变化,对政党的持积极态度的人比以前少了。更多的选民拒绝按照政党路线投票,而是选择在不同党派的国会和总统候选人之间平分选票。当民意调查机构问及所属党派时,很少有选民认为自己是党派人士。正如图 6—1 所示,自认为是民主党人的选民比例从 1952 年的 47% 下降到 2000 年的 34%。大多数变化发生在 20 世纪 60 年代和 70 年代,当时以候选人为中心的选举全面推进。然而,共和党人并没有从民主党的损失中获利。

2004 年选民中共和党选民所占比例不到 28%。同时,自认为是独立选民的选民比例从 23% 增长到 40%。目前,党派之争的下降似乎已经停滞,有证据表明选民对政党的忠诚程度略有回升(Hershey,2007:107)。

选民不再把党派作为一个重要指标,这使得候选人的竞选活动变得越来越困难。当选民拒绝认同某个政党时,候选人就失去了关于谁会支持他们这一重要的信息来源。可以肯定的是,即使那些没有宣布党派忠诚的选民,也经

---

① 关于政党复兴的分析,见 Herrnson,1988;Frantzich,1989;Cotter and Bibby,1980:1—27;Adamany,1984:72—121;Wekkin,1985:19—37;Schlesinger,1985:1152—1169。

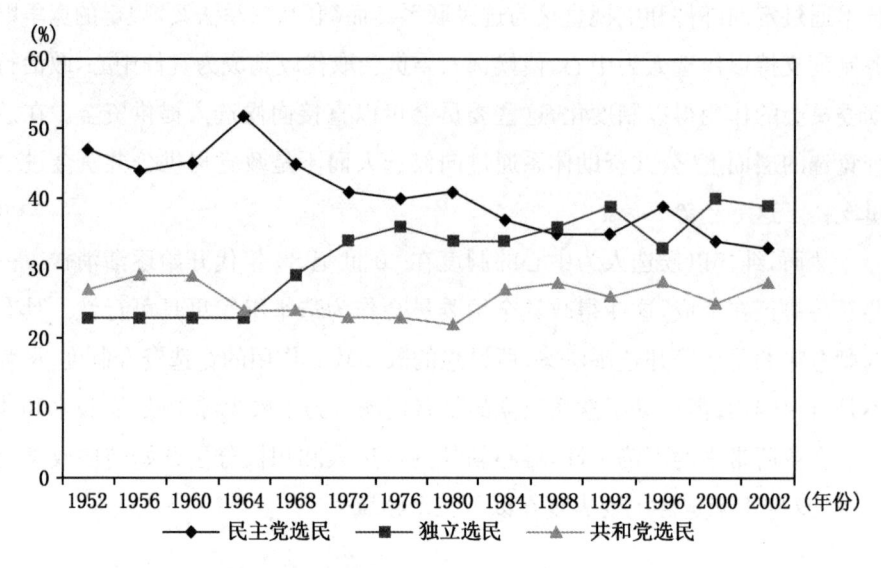

资料来源：美国 2005 年全国选举研究。

图 6—1　党派关系（1952—2004 年）

常在投票习惯上倾向于一个政党或另一个政党（Keith et al.，1992）。但是，确定这些自称独立的选民并赢得他们的支持，需要的投资远超候选人自己的承受能力。

（二）竞选费用不断上升

多年来，候选人在总统选举中花费资金的增长率已经超过了通货膨胀的增长率。几代人以来，总统选举开支稳中有升，随着电视广播的日益普及，这一开支在 20 世纪 60 年代增加得更为迅速。在《联邦选举法案》严格限制捐款之前，总统候选人会寻找大捐赠者，为电视广告筹集资金相对容易。由于候选人利用各种竞选委员会隐瞒资金来源，这种做法后来被摒弃。例如，1972 年大选后，水门事件的调查显示，尼克松总统的竞选连任委员会一直在以马克·汉纳的方式拉拢公司领导人，并将资金隐藏在各种行贿基金账户中。约翰逊总统也因他在参议院和他担任总统期间从得克萨斯商人那里筹集资金而受到质疑（Caro，2002）。

第六章 竞选财务改革与政党竞选支出

1974年的政治改革,其目的就是防止候选人依赖大捐赠者。根据《联邦选举法案》,总统候选人有资格在初选中获得配套公共资金,并在大选中获得一次性补贴。当时的公共资金项目似乎很慷慨,但竞选费用依然超出了它的承受范围。正如图6-2所示,总统竞选人在初选和大选中的支出一直超过与生活成本增长挂钩的公共资金支出。

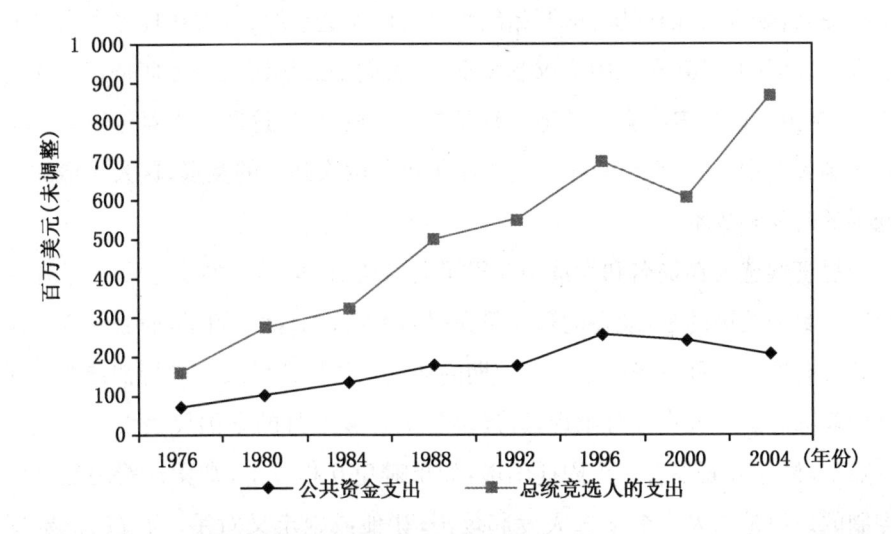

资料来源:联邦选举委员会的数据(不同的年份)。

图6-2 总统竞选花费

这种螺旋式上升的成本可以归因于持续不断的技术变革。除了广播广告,候选人还利用频繁投票和直接邮件来识别和说服选民。这些技术需要昂贵的专家,候选人已经开始依赖他们,特别是在地方政党组织力量薄弱的地方。20世纪60年代标志着美国竞选活动的一个长期转变的高潮,因为竞选活动环境所依赖的经济体不可避免地从劳动密集型转变为以现金为基础。在这个经济体中,候选人雇佣顾问来提升自己的形象,而不是依靠政党的工作人员来动员选民(Ware,1985)。随着有线电视的广泛使用,引起选民注意的成本不断增加。即使候选人已经适应新的竞选营销方式,他们为了吸引选民注意也不得不与商业营销者进行竞争。

(三)体制改革已不适应不断延长的选季

联邦选举中的制度变革增加了竞选成本,并且限制了候选人筹集资金以应付日益增长的成本的能力。由民主党全国委员会发起的麦戈文—弗雷泽委员会改革使得两党在许多州都采取直接初选代替党团会议的党代表选举。为赢得提名,候选人在初选时就开始组织自己的竞选组织,以便在提名大会之前取得代表们的承诺(在党团会议制度下,代表们不必承诺支持任何特定的候选人,而是由全国代表大会上的地方政党领导人控制)。这些个人竞选组织一直延续到大选中。实际上,总统候选人必须进行两次独立的竞选,这大大增加了选举的时间和成本。

尽管候选人在提名和大选中获得了公共资金,但是这些资金受到了开支限制。更为关键的是,现在的选季早在提名大会之前就开始了,而公共资金体系并没有适应这种选季的延长。前期的初选工作导致了最早进行初选的州的激烈竞选。提名人在 3 月出现,远远早于 7 月或 8 月的全国代表大会。在这一点上,候选人面临着一个囚徒困境:如果避免互相攻击,则竞选费用是可以控制的。但是如果一个候选人发起攻击,让他或她定义对手,为辩论框定框架,他或她就占据了优势。在这些情况下,一旦两位候选人被提名,两位候选人都有强烈的动机开始竞选。

因为大选的公共资金到夏季才能发放,所以候选人必须在竞选间歇期去寻找其他方式来竞选,这段时间从候选人有足够的代表赢得党内提名起一直持续到党代会,标志着大选正式开始。

直接初选的成本较低。它们把代表不同派系的候选人对立起来,造成了政党的分裂。候选人通过动员各派系、迎合他们偏好的问题,并通过贬低他人来获胜(Polsby,1983)。[①] 激烈的提名竞选有可能制造持久的敌意,并蔓延到大选。那些在初选中落选的失望派系可能无法团结在该党的提名人周围。获胜的候选人还面临着重振他或她的竞选组织这一艰巨的任务,以完成与反对党较量这项完全不同的任务。大选给获胜的候选人带来了一系列新的挑战:

---

① 引用自 Bernstein and Dominguez,2003。

新的州、新的选民、以及很短的时间去组织。至少可以说,这是一项昂贵的事业。

候选人在政治环境中面临的不确定因素为具有企业家精神的政党领导人提供了完善政党选举机制的机会。政党基础设施越强大,越有可能减少政治、技术和制度变革带来的不确定性。例如,政党全国委员会已经发展成为稳定的机构,不论最终提名的是谁,都会在选举和准备大选之间的关键时期架起桥梁。通过依靠全国选区筹集资金(见上一章),政党领导人已经建立了一个能够在非大选年度从事选举工作的组织:确定捐赠者,收集选民数据,协调顾问和所属党派团体的工作。在竞选活动初期,政党组织赞助民意调查,召集党内积极分子开会,监督全国各地竞选组织的进展情况。为了备战总统竞选,他们偶尔也会在州长和中期选举中制定和测试竞选策略。[①]

简而言之,20世纪80年代和90年代的选举突发事件使得党派组织比以前少了些临时性。全国委员会拥有丰富的财富,使它们有能力在州政党和相关利益集团之间召集团体并协调使用竞选资源(Bibby,2002:111-115)。的确,政党全国委员会带来的资源解决了一个重要的集体行动问题。当政党全国委员会承诺在州竞选中投入大量资金时,当地的候选人、政党和利益集团都愿意进行合作。全国委员会召集联盟成员分享信息,尽量减少冗余努力,并从过去的做法中吸取教训。

组织竞选活动也是减少派系纷争的一种方式。为了消除初选产生的分歧,政党领导人必须考虑如何使党内团结起来,传统的方法是通过政党大会。当然,现在的政党大会主要是为党内提名人举办的四天宣传活动(Bartels and Vavreck,2002)。但它们也能激发和培养各州代表和活动人士的忠诚,他们中的许多人在初选期间为不同的候选人或事业而工作。毫无疑问,大会已成为招待各州代表的一件奢华的事务。在大会内外发生的放纵,大大激发了党内积极分子甚至是那些不支持政党提名者的人的善意。

[①] 对于失去政权的政党来说,在政党机构下组织起来尤为重要。现任总统有很大的优势,尤其是可以为政党筹集大量资金,在分裂的初选中通常不必花费。但即便是现任总统也开始基于政党总部利用在党内开展全年竞选活动的好处。自罗纳德·里根以来,总统们一直利用政党来推动他们的政策议程。总统"公开"的能力是通过一个支持性的政党组织来加强的,这个组织可以进行民意调查、联系选民和刊登广告。

政党领导人还通过确保政党全国委员会组织在大选中享有特权来促进团结。让州政党在竞选活动中发挥关键作用，可以减少州政党积极分子和为该党提名人工作的竞选团队之间的对立。年轻的工作人员告诉民主党官员如何组织他们自己的州，这让民主党官员非常恼火。由政党全国委员会把州范围内的竞选活动集中在州组织内，降低了地方政党活动人士被拒之门外的可能性。

现在，在选举政党候选人之前进行的各州大选活动，由政党全国委员会牵头协调。自20世纪60年代初以来，共和党全国委员会一直试图与州组织更紧密地合作，直到20世纪90年代，民主党才采用这一战略。1992年民主党全国委员会主席罗恩·布朗（Ron Brown）在1988年民主党全国代表大会后未能发起有效的竞选活动，后来他开始敦促各方协调努力。他宣称民主党"必须做的不仅仅是提名一位候选人，我们必须选出一位总统"（Jaffe, 1992; Moss, 1992）。1988年的杜卡基斯竞选活动显然没有得到民主党全国委员会主席保罗·G. 柯克（Paul G. Kirk）的帮助，他在提名大会后躲到了科德角（Moss, 1992）。在布朗看来，各州的提前组织为各政党在大选临近时提供了更好的选民信息，有助于避免在选举日前的最后几个月里为了确认选民而产生的混乱。

当然，并不是所有的州都在推进党的建设。政党全国委员会都是理性的，他们关注的是能够发挥作用的州，后续分析将明确这个问题。但即使在像爱达荷州这样的共和党大本营中，民主党也会从全国委员会那里得到一些资金。向州组织提供小额赠款是联盟建设过程的一部分。政党全国委员会不指望能从非摇摆州的投资中获得选举收益，但出于公平的考虑，他们觉得有必要提供一些资金，因为地方政党活动人士和民选市长可能会向他们施压，要求他们提供帮助。虽然各政党已经建立了永久的组织架构，但他们也会直接花钱支持目标联邦候选人。竞选财务法规限制了政党向候选人提供现金和实物捐助的数量。但是政党已经找到了其他不那么直接的方法来帮助他们的候选人。鉴于总统候选人在接受公共资金时面临着开支限制，他们在总统选举中发现漏洞的动机尤其强烈。公共资金体系已经变得过于僵硬和吝啬，无法在没有私人资金的情况下发动声势浩大的竞选活动。因此，政党开支至关重要。事实上,在最近的选举中,在许多州,政党在广播广告上的花费超过了总统候选人。(Franz,Rivlin and Goldstein,2006)

美国的选举已经进入了这样一个时期:全国性的政党组织在服务于以候选人为基础的利益和承担更广泛的政党任务之间摇摆不定。在当前的政治环境中,这并不一定是不相容的策略。[①] 选举制度仍然是以候选人为中心的,政党标签很少在竞选活动中被提及,候选人会组建他们自己的竞选组织,而不是将竞选活动移交给正式的政党组织。但要赢得总统选举,就需要持续的组织建设,这是任何候选人,特别是非现任者都无法从头开始创建的。政党组织提供永久性的基础设施,任何被提名者一旦获得提名,都可以利用这些基础设施。正如一些人所争论的那样,政党并不仅仅是候选人的银行账户,因为广告的资金并不是赢得总统选举的关键。赢得白宫现在需要各州强有力的竞选组织,这些组织能够在选举年之前确定选民并在选举过程中及早实施动员战略。

二、共和党与民主党之间的差异

两党都在努力加强各自的竞选组织,但他们方式不同,分别反映了他们独特的政治资源和文化。在以候选人为中心和以政党为中心的组织方式之间,共和党人比民主党人更接近以政党为中心的战略,原因在前一章已经讨论。与民主党相比,共和党的行为源于它是一个更加同质化的政党,这给了他们更大的团结感,也让他们对领导更加信任。[②] 共和党中的积极分子倾向于尊重党的领导,这使得该组织能够采取一种更为正式的、等级分明的结构。[③] 这种尊重的文化使共和党领导层具有一定程度的独立性,使他们可以做出他们的

[①] Krasno 和 Sorauf(2003:55)认为,相比之下,以候选人为中心的开支与长期的政党建设是不相容的,他们声称"以冲突为目标的逻辑与在各地建立更强大的政党的过程相结合"。他们没有认识到政党有强烈的动机来建立自己的组织,以此作为赢得选举的手段。

[②] Jo Freeman 观察到,共和党的权力倾向于向下流动:"共和党把自己看作一个有机整体,各部分相互依存。共和党活动家被认为是尊重领导地位的好士兵,他们唯一重要的政治承诺就是对共和党(1986:339)。

[③] Freeman(1986)和 Klinkner(1994)也认为,这种等级结构可以归因于政党领导人从企业部门借鉴管理实践的习惯,他们中的许多人曾在企业部门工作过。

对手不能做出的决策,并使他们能够集中精力于选举的具体细节(Bibby,1998)。因此,共和党通过政党组织在追求实用主义的选举目标方面具有优势。①

相比之下,民主党一直以来是一个比共和党更为多元化的政党,这迫使他们需要花费更多的资源来维持他们广泛的联盟(Mayer,1996;Freeman,1986;Klinkner,1994)。因此,民主党人经常强调程序改革、党团会议和对不同选区的日常照顾,这使得该党用于选举的资源更少(Polsby,1983)。② 自20世纪30年代以来,民主党在很大程度上依赖于劳工组织来赢得选举,这一事实也抑制了该党发展选举机制的积极动机。民主党一直依靠劳工组织让工会家庭成员参加投票。

鉴于民主党联盟的异质性,其政党组织往往比共和党弱(Aldrich,1995;Cotter et al.,1984;Herrnson,1988)。民主党人比共和党人更倾向于以候选人为中心,因为将权力集中在一个不同的联盟中,如保守的南方人、自由的世俗主义者和中西部的联盟成员,很难站得住。对南方或落基山脉州的民主党人来说,获胜的策略通常意味着与政党全国委员会竞争③。针对地方主义和地方多样性,一个适当的组织对策是分散政党活动,允许候选人在后台与政党一起管理他们自己的竞选活动。

民主党和共和政党组织之间的差异对政党的竞选活动有重要的影响。共和党往往比民主党在政党基础设施上投入更多。因此,他们拥有更加强大的选举组织,因为他们的政治文化支持政党领导人管理的选举活动。相比之下,民主党则采取了一种更加分散的策略,强调以候选人为中心,通过广播广告和附属党派团体的外部帮助来动员选民。两党都想获胜,但他们的选举联盟为实现这一目标提供了不同资源,对政党战略施加了不同的约束。这些制约因素影响了各政党如何在以候选人为中心的活动和组织活动之间取得平衡。

---

① 诚然,共和政党组织得益于拥有更广泛的富有捐赠者基础,但这种财富与政治文化直接相关,在这种文化中,活动人士倾向于将政党视为实现其目标的主要工具,而民主党活动家和捐赠者则倾向于分散忠诚。共和党人,例如,倾向于更专一地为自己的政党做出贡献,而民主活动家,由于他们的忠诚分散,倾向于为多个事业团体做出贡献(Francia etc,2003)。

② 事实上,20世纪60年代,当工会反对给政党提供公共资金时,他们阻止了使政党更强大的努力。Herbert Alexander(1972)认为,工会反对向政党提供公共资金的竞选资金改革,因为这将减少候选人对工会活动的依赖。

③ 例如,Giroux,2005:2096—2098。

三、《跨党派竞选改革法案》前后政党在总统竞选中的活动

总统竞选不再仅仅是由候选人委员会管理的简单竞赛。在20世纪90年代,政党完全融入了国家和州两级的总统竞选。各政党已经有足够的财富,既可以赞助广告为候选人竞选宣传(以候选人为中心的策略),又可以扩展选民动员等传统的政党活动(以政党为中心的战略)。在当代政治环境中,"双候选人"和"以政党为中心"的战略已变得至关重要。

为了证明政党采用了双重战略,我观察了1992年到2004年政党在联邦和州层面的支出模式。关于政党开支的可靠数据最早是在1992年通过联邦选举委员会(FEC)获得的[①],我把支出分为三类:(1)围绕候选人的活动;(2)动员选民和基层活动;(3)日常行政开支。后两类支出倾向于为所有政党候选人和支持者提供集体利益,所以被认为是以政党为中心的活动。相比之下,第一类活动几乎不能给政党带来持久的好处。金额已按照2004年不变的美元通货膨胀率做了调整。

围绕候选人的活动只要包括支持党内提名人的资金,不包括更广泛的支持政党候选人的资金。这些资金中绝大多数包括用于电视和广播上进行广告的软硬币支出,以帮助政党提名人,无论广告是否真的使用投票等竞选词。在《跨党派竞选改革法案》之前,没有限制的政党软性捐款本应用于广泛的政党活动,促进志愿工作和提高选民投票率。两党却将此类资金用于赞助所谓的议题广告,还声称这是为了宣传政党在议题上的立场,但实际上就是为了帮助选举政党候选人(Krasno and Seltz,2000;Krasno and Goldstein,2002)。

这一类支出还包括为总统提名人的协调和独立的支出。根据《联邦选举法案》,协调支出受到限制。2004年,每个政党的协调支出需要被控制在1 620万美元以内[②]。不与候选人协调的独立支出没有限制,但所有的资金必须在硬币的限额下筹集(团体只能通过政治行动委员会捐献,每年最多达到

[①] 每个政党都必须逐项列出向联邦选举委员会报告的支出。
[②] 在大选中,政党可以根据以下公式向其提名人提供资金:0.02美元/人×美国投票年龄人口+COLA(以1976为基准年)。

1.5万美元,每次选举个人最多可捐赠2.5万美元,可根据实际情况按通货膨胀进行调整)。

动员选民和基层活动是登记和动员选民投票的支出。这类支出包括电话银行、实地活动、直接邮寄和基层宣传用品(如草坪标志和保险杠贴纸上的花费)。虽然这项活动对总统候选人有帮助,但它也支持票数较低的候选人。此外,这样的支出通过激发当地民众对政党候选人的热情,并产生宝贵的选民、捐助者和志愿者名单,有助于政党的长远发展。

行政开支包括党务人员、办公设备、差旅费和其他相关的业务费用。这种形式的支出,用于维护党的总部,给工作人员全年从事党派活动提供保障,对政党建设有潜在的长期利益。

下面的分析详细描述了政党的竞选活动支出,包括国家、州、和地方委员会在联邦选举中向联邦选举委员会报告的支出。① 表6-1显示,共和党和民主党委员会在1992年至2004年的总统选举中的支出都有大幅增加。两党在这期间花费增幅同步,大约都是7倍。共和党的支出从1992年的7 800万美元上升到2004年的5.72亿美元,民主党的支出则从7 900万美元增加到5.38亿美元。相比之下,总统候选人在初选和大选期间的支出增长了58%,从大约5.50亿美元上升到了8.67亿美元稍多。②

表6-1　　　　1992-2004年政党支出明细(以2004年美元计)

	1992年	1996年	2000年	2004年
共和党				
候选人电视广告	10	56	117	129
动员与基层党建	10	23	49	181
管理费用[a]	58	96	159	263
总计	78	175	326	572
民主党				
候选人电视广告	18	71	144	190
动员与基层党建	12	16	47	133

① 这些数字不包括国会竞选委员会的开支。
② 见公开的秘密,http://www.opensecrets.org/presidential/index.asp? graph= spending.

续表

	1992年	1996年	2000年	2004年
管理费用[a]	49	83	186	215
总计	79	170	377	538

资料来源：联邦选举委员会。

注：a.联邦和州政党合并数（按2004年美元调整）。管理费用主要指其他未分类支出。

值得注意的是，随着两党在这一时期筹集到更多的资金，他们三个类别的支出中每一个都在每一轮选举中增加。对共和党人来说，围绕候选人的支出从1992年的1 000万美元增加到2004年的1.29亿美元，动员选民和基层活动开支从1 000万美元到1.81亿美元，行政支出从5 800万美元到2.63亿美元。对民主党来说，这些变化同样引人注目。围绕候选人的支出从1992年的1 800万美元增加到2004年的1.9亿美元，动员选民和基层活动开支从1 200万美元到1.33亿美元，行政支出从4 900万美元增长到2.15亿美元。公共利益集团和各大报纸一直广泛报道的是，政党只是把现金（包括软性捐款）用于电视广告，这些数字则对此做出了澄清。相反，各政党的竞选支出似乎很平衡，不仅在广播上花钱，还为党的基层工作和政党的正常运作支付资金。

考虑到政党之间的结构和文化的差异，他们倾向于以不同的方式花费竞选资金不足为奇。虽然每个政党在特定年份的支出数额大致相同，但民主党倾向于比共和党将更多的资金用于围绕候选人的活动（电视广告）。相比之下，共和党人对组织本身的投资更多。正如预期的那样，共和政党组织的人员配备更为完善，而且，正如我稍后所展示的，他们从事的选举工作更加多样化。共和党人在前几年与民主党持平，但2004年在选民动员方面的投资是领先于民主党的。他们超越民主党的一个原因是，竞选法案发生了改变，政党的软性捐款被禁止。这项改革鼓励民主党在2004年采取双重策略，将动员工作分为正式政党组织和外部组织，前者不能再使用软性捐款，后者可以。[①] 民主党派成立了以其纳税地位命名的527组织，可以接受软性捐款进行包括选民动员

---

① 正式的政党组织就是政党委员会。但是正如一些学者所记载的那样，有一个广泛的政党活动家网络，他们经常从事以政党为基础的活动，即使他们不直接与全国民主委员会（DNC）和其他正式的政党组织合作或为之工作。见Bernstein and Dominguez，2003；Cohen等。

的各种政治活动。其中一个著名的组织名为"美国联合起来"(ACT),估计花了 8 400 万美元在摇摆州的动员投票的项目上。① 如果在计算民主党的开支时将 527 组织包括进去,民主党在 2004 年的支出可能就超过了共和党。民主党对竞选资金改革的反应,是一个依赖于不同利益集团联盟的政党的特点。相比之下,共和党人则几乎把所有的资金都花在了正式的政党结构上。

行政支出是政党支出中最大的一类支出,表明了政党不仅仅是为候选人的沟通买单的"渠道"。例如,在 2004 年,共和政党组织的行政管理费用约有 2.63 亿美元,几乎占总开支的一半。同样,民主党的行政支出大约有 2.15 亿美元,占预算的 40%。详细的项目显示,在一个典型的选举周期中,这些支出的一半用于员工工资和福利。对于民主党来说,2004 年的人事成本从 2000 年的 7 300 万美元的最高水平,减少了 2 000 万美元,共和党的人事成本从之前的 6 500 万美元的最高水平略微上升到了 6 800 万美元。这些差异再一次反映出,共和党选择在正式政党结构中开展工作,而民主党则根据新的竞选资金法,向"527 组织"重新部署资源,以对冲他们的赌注。

为了削减行政成本,双方似乎都投资了更为昂贵的新技术和数据库。例如,在 2004 年,办公室相关支出(租金、公用事业、计算机等)超过了员工相关的支出。对于共和党人来说,这笔金额在 2000 年到 2004 年间从 6 000 万美元增加到了 1.60 亿美元。民主党人的预算则从 4 600 万美元增加到了 1.27 亿美元。共和党显然利用了商业数据库,识别了与倾向于共和党的选民相关的消费者购买模式。根据共和党人的说法,库尔斯啤酒和波旁威士忌的爱好者偏爱共和党人;白兰地和干邑酒徒倾向于民主党人;安装了电话来电显示系统的家庭往往是共和党人;对赌博、时尚和戏剧感兴趣的人往往是民主党人(Edsall and Grimaldi,2004)②。民主党人也有他们自己的昂贵的新选民数据库,他们称之为"Demzilla",但选举后的分析表明,他们无法像共和党一样利用新技术来识别可能支持克里的选民(Celyer,2005;EdsAl,2006)。

除行政成本之外,各政党在围绕候选人上的支出排名第二。民主党人花

---

① 见公开的秘密,http://www.opensecrets.org/527s/527events.asp?orgid=10。
② 尽管共和党人声称他们能够将消费者行为和政治行为联系起来,但据我所知,没有任何学术研究能够证实这种说法,特别是在个人选民层面。

在候选人活动上的资金比例不出所料地高于共和党人。例如,在2004年,他们用于支持候选人的资金占比超过35%,相比之下,共和党人此类支出只占22%。这种差异在以前的选举中就很明显,2004年更是如此。因为法律规定有上限,这些支出中绝大多数不是给候选人的政治捐款,而是政党赞助的网络和有线电视广告。数据清楚地表明,政党已经成为支持总统候选人的广告制作和宣传的必要组织,这一做法也是在《联邦选举法案》公共资金条款对候选人开支进行限制这一规定所鼓励的。既然总统候选人在接受公共资金时开支不能超过限额,那么他们就必须依靠政党来赞助大量的通信。

值得注意的是,《跨党派竞选改革法案》没有限制政党在围绕候选人活动上的花费,尽管一些支持改革的人曾希望没有政党软性捐款会导致更少的电视广告。相反,对主要政党候选人的直接支持在2000年为2.61亿美元,2004年改革后提高到了3.19亿美元。2004年的一个显著不同是,政党从用软性捐款资助的议题广告支出,转向完全由硬性捐款资助的独立支出。只要他们不与候选人协调活动,政党"独立"地在选举中的花钱就不会受到限制。政党通过这种方式花费了1.40亿美元来帮助他们的候选人(Corrado,2006),这是一场完全平行的竞选活动,同时还被正式隔离于其他党派活动之外,以防止出现与候选人的共谋活动。

然而,共和党人发现了一种方法,通过推出所谓的混合广告,提高了与候选人的协调水平,这种广告允许他们与候选人协商。[①] 这些广告将支持总统的信息与一般的政党信息结合在一起,使共和党人能够在总统竞选和政党的全国委员会之间分摊费用。民主党迅速模仿共和党的模式,推出了自己的混合广告。

新的竞选财务法规则实现了它的一个主要目标。它有效地禁止了以软性捐款支付的基于政党的议题广告。在2004年之前,两党用软性捐款在电视上做广告,这些广告是为总统候选人做的不加掩饰的竞选广告。通过避免使用

---

① Corrado(2005)创造了"混合广告"一词,即总统候选人和政党联合资助广告活动,其中包括关于该党(或国会共和党领导层)和总统候选人的信息。因为这些广告被认为是普通的政党广告,它们不计入该党在大选中代表总统候选人进行的协调开支。另一个关键优势是总统和政党委员会有机会密切协调这一信息。相比之下,政党的"独立"开支不允许与候选人直接协调。

"投票支持"之类的竞选用语,政党可以宣称这些广告是支持广泛政党动员的议题广告。因此,这些广告可以用指定用于党建活动的软性捐款来支付。两党从1996年开始利用这一漏洞,当时克林顿连任团队利用民主党全国委员会(DNC)在党代会之前的过渡期(传统上是大选的开始),播放议题广告。根据法律规定,直到全国代表大会之后,被提名者才能获得公共资金。而候选人早就在全国代表大会召开的四个月前的初选中,通过聚集代表赢得了党内提名。在大选开始前,各政党通过播放议题广告来填补这一缺口,这些广告大多是通过法律允许更多使用"软性捐款"的州进行的。这些早期的党派广告被用来设定竞选议程,并试图在闭会期间界定对手候选人。

《跨党派竞选改革法案》禁止在联邦选举中使用软性捐款,鼓励各政党使用其他策略来绕过候选人支出限制。在2004年,民主党在独立广告上花了1.20亿美元,又在混合广告上花了1 860万美元。这些金额与他们在2000年选举中广告上的花费相同,当时他们拨出约140万美元用于通过议题广告宣传,部分费用由软性捐款支付。同样,共和党2004年在独立广告上花了1 800万美元,而在混合广告上花了4 580万美元。这些金额少于2000年花费,当时他们花了9 700万美元在议题广告上支持小布什。两个选举周期之间的差异表明民主党倾向于更多地以候选人为中心。在过去,他们不仅使用了大量的软性捐款来为戈尔(Gore)做议题广告,而且在《跨党派竞选改革法案》之后,他们还把硬性捐款用于2004年的独立支出,帮助约翰·克里(John Kerry)。支持政党候选人的额外广告是由"527组织"赞助的,其中大部分是由一个叫做媒体基金的倾向民主党的组织花费的(估计花费了5 800万美元)。[①]

第三类也是最后一类党费是用于动员和基层活动。虽然这是最小的支出类别,但动员和基层活动的开支增长是1992年以来最大的。在总统选举中,"地面游戏"相对于电视广告已经变得越来越重要。[②] 这一趋势在新的竞选法案开始之前就开始了,因此尚不清楚《跨党派竞选改革法案》在多大程度上促

---

① 参见响应政治中心提供的信息,http://www.opensecrets.org/527s/527events.asp? orgid=15。

② 见Magleby,Patterson和Monson,2005。这种动员趋势的原因尚不完全清楚,但可能有两种解释。第一,随着电视广告成本的增加,它增加了使用其他形式的政治说服的动机。第二,通过拉票确定选民身份的新技术可能比过去更有效地吸引可能的选民参加投票。

第六章 竞选财务改革与政党竞选支出

进了对选民动员的重视。1992 年,两党在动员和基层活动的花费只有 0.12 美元每合格选民。在随后的几年里,这一数字呈指数级上升,1996 年达到 0.20 美元,2000 年达到 0.50 美元,2004 年达到 1.50 美元。[1] 似乎很明显,政党财富的积累支持了可能增加选民投票率的政治活动。

2004 年的大部分额外支出是用于直接邮寄。由于直接邮寄是经常用于筹款以及动员投票(GOTV),这些增加表明两党试图增加硬性捐款捐助者的数量来对《跨党派竞选改革法案》禁止软性捐款的规定做出应对。共和党的直接邮寄费用在 1992 年为 400 万美元,这一基数相对较小,到 2004 年就上升到 1 亿美元以上。[2] 2004 年,仅邮资一项,共和党就花费了 4 400 万美元,远高于 2000 年的 600 万美元。同年,民主党人在直接邮费上的增长没有共和党那么剧烈,但是他们在 2000 年经历了一个重大的转变。那一年,民主党只花了 1 400 万美元,但他们在 2004 年花费了 4 600 万美元。除了直接邮件,民主党人还利用互联网筹集资金,他们借鉴了反叛候选人霍华德·迪恩在初选中的成功经验。这一策略的成功很可能大大抵消了筹款成本,这或许可以解释为什么民主党全国委员会在募捐中与共和党全国委员会取得的一样多,尽管他们在直接邮寄上的投资比共和党人少。直邮对共和党人来说仍然很重要,尤其是与那些不使用互联网的老年捐赠者沟通时,他们将在未来尝试模仿民主党全国委员会的策略。

《跨党派竞选改革法案》似乎也鼓励了共和党人通过电话联系选民。电话银行的费用在 2000 年大约为 400 万美元,到 2004 年上升到近 3 000 万美元。像直邮一样,电话被用于动员投票(GOTV)获得选票的工作,但也可能是一种筹集现金的策略。相反,民主党人没有在电话银行投入更多资金,而是增加了实地运作,在登记选民和动员投票上投入更多资金。他们在这一子类别的支出从大约 1 200 万美元增加到 4 900 万美元。共和党的实地行动增加了一倍,从 1 300 万美元增加到 2 500 万美元。坊间报道表明,共和党比民主党更依赖志愿者来参加实地活动(Balz and Edsall,2004)。共和党通过州和地方政

---

[1] McDonald(2007)提供了合格选民人数的数据。
[2] 1992 年的估计似乎很低,但有可能是共和党人在过去收缩了大部分直邮业务,而现在更多的直邮业务是在内部完成的。

党,组织并激励志愿者联系朋友和邻居为乔治·W.布什投票。这一策略非常成功而且具有成本效益。民主党人可能会试图在2008年模仿它,比2004年更少地依赖带薪的实地工作者。

总的来说,支出数据证明了两个重要的发现。首先,政党拥有更大的财富就能在总统竞选中增加影响力,既可以作为候选人的金融支持者,又是更广泛动员力量的代理人。各政党通过传播基于政党的信息,帮助候选人绕过公共资金支出上限。它们将大部分资金用于维护强大的竞选组织,这些组织从小额捐赠者那里筹集资金,并通过基层努力动员选民。简而言之,正如许多项目改革组织在《跨党派竞选改革法案》通过之前所争论的那样,政党不仅仅是把资金投入到电视广告的渠道中,还继续将硬性捐款投入广告以外的以政党为基础的工作中,这强调了强有力的组织战略在当代竞选中的重要性。[①]

然而,不足为奇的是,即使《跨党派竞选改革法案》使得政党缺乏软性捐款,两党也未能降低在电视广告上花钱的兴趣。事实上,2004年的政党在电视上花费的资金比2000年更多,但采用的是不同的策略,即使用的是独立和混合支出方式。基于党派的广告也被"527组织"传递的信息所补充。根据响应政治中心的说法,"527组织"在总统竞选期间花费在电视广告上的资金至少有1.6亿美元。[②] 总的来说,尽管改革的目的是强调基层活动,但2004年总统选举中的广告明显增加。增加的资金来自利益集团,他们与政党不同,可以继续使用软性捐款。在全美最大的70个媒体市场中,利益集团播出的广告数量从2000年的23 850个上升到2004年的124 290个(Franz, Rivlin and Goldstein, 2006)。其中大部分资金来自软性捐款。《跨党派竞选改革法案》提供了一个典型的案例,在这个案例中,对政党活动的法律约束对减少资金需求几乎不起任何作用,而只是简单地将其推到体制外,推向了影子政党组织和利益集团。

第二个主要的发现来源于一个关于政党结构和文化差异的理论,即共和

[①] 那些支持《跨党派竞选改革法案》的人也认为,禁止软性捐款会刺激政党强调基层工作。诚然,政党增加了基层工作,但尚不清楚源于《跨党派竞选改革法案》的刺激。毫无疑问,《跨党派竞选改革法案》促使两党加大努力,通过直邮和电话银行向小型捐助者筹集资金。

[②] 在撰写本书时,响应性政治中心还没有完成527组织支出的1/3的编码,这意味着这个数字可能更高。见http://www.opensecrets.org/527s/527cmtes.asp?level=E&cycle=2004。

党和民主党派强调不同的竞选策略,对改革做出不同的反应。民主党人往往比共和党人更关注围绕候选人的活动,因为民主党候选人往往需要与国家党保持距离,才能在中西部或落基山脉州获胜。其证据是,民主党在针对候选人的广告上花费的资金持续超过共和党(通过独立支出,就像他们之前通过软性捐款发布广告所做的那样)。此外,在改革之后,民主党人更有可能通过"527组织"在正式政党结构之外进行竞选。鉴于民主联盟的松散性和异质性,这一点也不奇怪。这种外部策略传统上被亲民主党的工会利用,自20世纪70年代以来已扩大到包括环保组织、妇女组织和少数民族组织。因为协调问题,2004年推行"开放"的组织战略对民主党人来说是有风险的,但完全符合他们的政治文化。民主团体中往往充斥着以问题为导向的活动家,他们不太服从政党的领导。由于政策团体和民主党之间存在忠诚分歧,民主党人更愿意在正式的政党结构之外工作,以实现政治目标。

相比之下,我们观察到,共和党人在基础设施上投入的资源比例比民主党人大,特别是通过直接邮件和电话募捐来增加硬资金筹款额。2004年,共和党大幅增加了他们的实地业务,再次显示出比民主党更严重依赖于政党的基础设施来组织政治竞选活动。在《跨党派竞选改革法案》之前,两党的支出模式都已确立。如果有什么区别的话,则《跨党派竞选改革法案》似乎加剧了两党之间的本质分歧。

四、政党财政国有化

为了进一步证明政党全国委员会利用他们的财富来增加其在选举中的地位,我观察了政党全国委员会和州政党之间的关系。在过去的20年中,政党为选举提供的资金已被国有化,民主党全国委员会(DNC)和共和党全国委员会(RNC)为总统选举筹集了大部分资金,并管理流向各州政治竞选的资源(包括资金和选举数据)。同时,州政党也集中精力在政党全国委员会的不可忽视的监督下开展实地行动。

在政党全国委员会的领导下,政党全国委员会和州政党之间的合理分工对美国政治来说是相对新鲜的。当政治学家亚历山大·希尔德(Alexander

Heard,289)在研究1960年的竞选活动时,他注意到两党全国委员会的极度弱势:"20世纪中叶,两个美国政党的全国性组织都拥有自己丰富的财政选区,终于摆脱对州和地方领导层的财政的依赖。"希尔德曾经说过,政党全国委员会对资金的控制会改变党内权力中心,使党的运作具有一定的凝聚力。

希尔德的预言已经实现了。自20世纪80年代以来,政党全国委员会的资金一直流向州政党,这完全颠覆了过去民主党全国委员会和共和党全国委员会不得不要求州政党为国家组织捐款的时代。图6—3显示,在过去的几个选举周期中,政党全国委员会已经将数百万美元的硬性和软性捐款转移给各州。对资金的控制使政党全国委员会有能力迫使各州政党在总统竞选中采纳政党全国委员会的战略。1996年以前,这些资金大部分用于组织选民动员运动。然而,那一年,由于政党利用漏洞,将软性捐款用于名义上由州政党赞助的竞选广告,使资金转移急剧上升。这一策略在2000年的选举中被大量使用,共和党和民主党分别向各自的州政党转移了1.18亿美元和1.05亿美元。

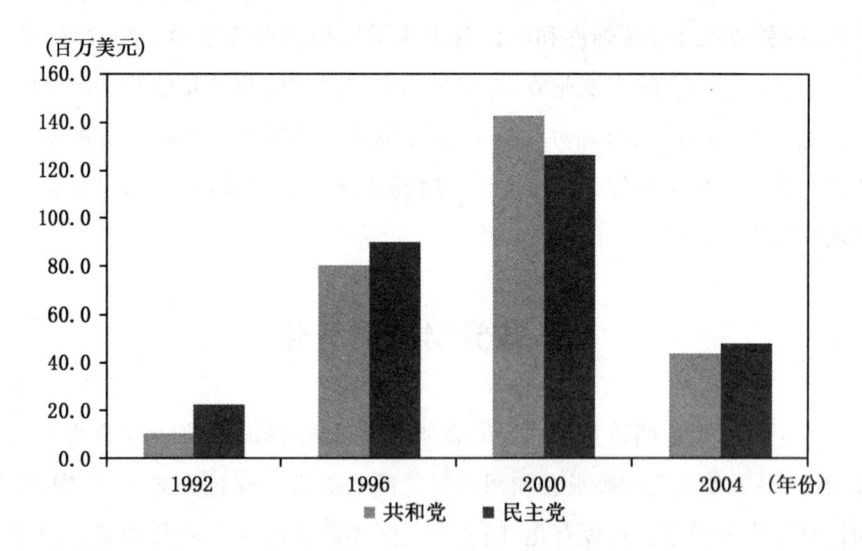

资料来源:联邦选举委员会的数据(不同的年份)。

图6—3 共和党和民主党全国委员会向州转移资金的比例

全国性政党筹集到的大量软性捐款以及各州政党在竞选广告上的花费,激起了公众开始关注总统候选人约翰·麦凯恩所倡导的改革。2002年的《跨党派竞选改革法案》的主要目标,是在选举前禁止政党软性捐款和虚假广告。

根据《跨党派竞选改革法案》，政党国家委员会不能筹集或使用软性捐款，而州政党只能使用少量增加的软性捐款来支付基层活动。

尽管他们在 2004 年选举中缺乏软性捐款，但政党全国委员会仍然将资金转移给州政党，因为动员选民仍然是总统竞选中的一个重要方面。在 2004 年，全国委员会的资金转移占联邦选举的州政党经费总额的 1/4 以上。尽管每个州都收到了一些钱，但大多数资金集中在少数几个州。表 6－2 显示，在 2004 年，共和党全国委员会转移了 69％的资金到摇摆州（其中 15 个），而民主党则将 76％的资金投向这些相同的州。新的竞选财务法规通过消除软性捐款，来增加硬性捐款的价值，这似乎加速了政党将资金更多地集中在摇摆州上的趋势。一个可能的解释是，政党全国委员会不愿意在非摇摆的州使用宝贵的硬性捐款，而软性捐款更容易筹集也更容易分配。2004 年的一些不平衡也可以解释为，政党全国委员会不再与州政党交换硬性捐款和软性捐款，这是《跨党派竞选改革法案》之前的一种普遍做法。①

表 6－2　　　　　　1992－2004 年政党资金在摇摆州的转移分配

	摇摆州		N	非摇摆州		N	分配到摇摆州的百分比
	总计转移[a]	选民人均		总计转移[a]	选民人均		
共和党							
1992	3.4	0.11	10	6.8	0.05	40	33
1996	16.3	0.52	8	63.5	0.43	42	20
2000	67.5	1.14	13	74.0	0.56	37	48
2004	30.2	0.51	15	13.3	0.09	35	69
民主党							
1992	3.5	0.11	10	18.7	0.13	40	16
1996	20.7	0.66	8	68.8	0.46	42	23
2000	61.9	1.04	13	63.8	0.48	37	49

① 政党的全国委员会经常向一个州政党提供软性捐款，以换取该州政党的硬性捐款。硬性捐款在联邦选举中更有价值。州政党通常在这种交易中获得溢价，从而获得额外的软性捐款。

续表

	摇摆州		N	非摇摆州		N	分配到摇摆州的百分比
	总计转移[a]	选民人均		总计转移[a]	选民人均		
2004	36.3	0.61	15	11.3	0.08	35	76

资料来源：联邦选举委员会，2005。

注：摇摆州2004年的数据来自选举日两个月前热线报道的民调数据；摇摆州是两个主要政党候选人之间预测相差5%或更少的州。

a. 转移总数以2004年美元计算，单位为百万美元。

不管原因是什么，表6-2显示了一个令人担忧的潜在趋势。非摇摆州的选民越来越被政党全国委员会忽视。2000年，在非摇摆州，两党总共为每个选民转移了1.14美元。2004年，在这些州获得的政党转移资金下降到只有0.17美元。上一次全国性政党向非摇摆州转移资金如此之少是在1992年，当时各政党的资金只有2004年的1/3。严重偏颇的资源分配的一个后果是，非摇摆州的选民无法被动员——当然不是像密歇根或俄亥俄州这样的传统摇摆州的动员选民的方式，这一点我在本章后面会讲到。

政党为赢得选举团的支持，通常会战略性地分配资源，把重点放在拥有最多选举人票的摇摆州。[①] 根据翰·奥尔德里奇（John Aldrich）的说法，杰克逊时代的大众党成立之初起，这种性质的选择性政党建设就很典型。

诸如马丁·范布伦（Martin Van Buren）等共和党领导人把重点放在那些组织成本最低、竞争可能最激烈的州[②]。由于联邦政党结构权力下放，具有鼓励短期选举的倾向，全国委员会没有动机投资表现不佳的州，因为这些州的选举结果可能要过许多年才能得到（Aldrich，1995；Herrnson，1988）。尤其是国

[①] 例如，对获得选票业务的一些实地研究表明，政党似乎在摇摆州广泛地动员选民（Magleby, 2002；Magleby, Patterson and Monson, 2005）。还有证据表明，总统竞选委员会通过在选举人选票丰富的边缘摇摆州投放电视广告（Goldstein and Freedman, 2002）和竞选访问（Shaw, 1999, 2003）来推行选举团战略。

[②] Van Buren和他的民主党同僚们高度战略性的选择在1828年的选举之前在各州建立政党。他们试图首先在最便宜、利益可能很大的地方组织起来（例如，新英格兰与政治结构和竞争激烈的中部各州），避开南方和西部，因为在那儿他们的非正式政治组织成本更高，而且这些州无论如何很可能最终会投票给Jackson anyway（Aldrich，1995：116）。

会政党,他们眼光更加短浅,几乎只投资于立即能获得回报的边缘竞争(Cantor and Herrnson,1997;Damore and Hansford,1999)。[①] 因为国会委员会的管理结构是这样的,他们缺乏与州和地方政党的正式联系,他们缺乏强有力的激励措施(通过地方压力)来支持各州的政党建设,特别是在没有竞争的地区。

虽然许多密切关注选举的专家认为,政党全国委员会会推行选举团的战略,但据我所知,还没有系统的研究能从经验上证明这一点。更重要的是,研究还没有测试出除了赢得选举团以外,其他因素是否能激发政党全国委员会向各州分配资源。政党全国委员会是否有兴趣支持那些组织力量薄弱的州?他们是否在战略上计划在人口迅速增长的州或新移民的数量不断增加的拉丁裔选民那里获得这些"争夺对象"的支持?

为了探讨这些问题,我分析了美国各州政党的投资模式。我对民主党全国委员会和共和党全国委员会的资金转移进行了回归分析,这些解释变量衡量了选举团的策略和投资于该党薄弱或未来有可能赢得支持的地区,如落基山脉州。表6—3列出了从1992年到2004年每个选举周期的OLS回归估计数,预测了全国委员会向其各州的转移。[②] 因变量为政党全国委员会转移到50个州政党的数据。[③]

表6—3 政党全国委员会对州政党组织转移支付的回归预测(2004年美元,千元)

共和党(RNC)	1992年	1996年	2000年	2004年
选举团战略				
摇摆州状态	172.7** (2.79)	435.0 (0.87)	1,848.8* (2.30)	1,156.3** (3.20)
选举人票数	−8.0 (1.20)	126.4** (5.74)	83.9 (1.22)	<14.1 (0.71)
摇摆州_EV	28.4** (3.91)	−54.0 (<0.81)	434.1** (4.02)	274.5** (4.90)

---

① 参见 Leyden and Borrelli(1990)的一些相反的证据。

② 我还尝试了一个合并的有固定效应的模型证实了这两个假设。但并没有提供政策如何逐年变化的见解。

③ 所有关于政党转移的数据都是从联邦选举委员会收集的,并按2004年美元进行调整。这些转移包括硬性捐款和软性捐款,除了2004年,当时政党全国委员会不能再使用软性捐款。共和党全国委员会和民主党全国委员会也在非总统年份进行转移,通常是为了支持州长候选人。但为了使分析更清晰,我只关注了该党竞选总统候选人的几年。

续表

共和党(RNC)	1992年	1996年	2000年	2004年
前总统竞争	1.0 (0.26)	−39.1 (<1.03)	41.2 (0.80)	22.2 (1.11)
党建/支持				
南部	10.6 (0.16)	−123.7 (0.27)	−1,955.6* (2.18)	110.7 (0.30)
落基山脉	−36.2 (0.43)	−215.8 (0.41)	−828.7 (0.85)	336.4 (0.84)
以前的转移额(千元)	1.2** (5.73)	2.9** (3.30)	0.6 (1.75)	0.1 (1.54)
控制变量				
参议院	−105.7 (0.55)	−94.3 (0.23)	25.6 (0.02)	405.3 (1.09)
州长	−127.0 (0.72)	374.5 (0.55)	16.9 (0.02)	162.6 (0.35)
众议院	43.3 (1.07)	342.5 (1.68)	427.8 (0.78)	−6.3 (0.03)
人口密度	−0.2 (1.64)	−1.8* (2.67)	−1.1 (0.66)	0.6 (0.99)
软性捐款状态	58.7 (1.18)	336.5 (0.87)	−910.1 (1.23)	−481.4 (1.54)
常数	−92.3	4 533.3	−1 170.3	−1 656.8
观察值	50.0	50.0	50.0	50.0
R方	0.8	0.8	0.8	0.8

民主党(DNC)	1992	1996	2000	2004
选举团战略				
摇摆州状态	−71.4 (0.66)	1,146.3 (1.69)	186.3 (0.24)	1,298.7** (4.72)
选举人票数	10.3 (0.73)	91.9 (1.91)	<84.7 (1.56)	<13.5 (1.05)
摇摆州_EV	−26.0 (2.00)	259.3* (2.69)	102.8 (0.93)	151.2** (3.90)
前总统竞争	6.9 (0.92)	34.1 (0.69)	<8.5 (0.18)	15.0 (1.01)
党建/支持				
南部	356.1** (2.84)	<1 485.2* (2.37)	<1 077.8 (1.28)	−281.8 (1.00)
落基山脉	76.8 (0.51)	−677.6 (0.94)	−633.4 (0.70)	317.8 (1.04)
以前的转移额(千元)	0.9** (2.98)	1.1 (1.25)	1.8** (6.68)	0.2** (4.73)

续表

民主党(DNC)	1992	1996	2000	2004
控制变量				
参议院	−87.8	49.0	161.6	44.8
	(0.26)	(0.09)	(0.11)	(0.16)
州长	−227.9	<1 181.0	<140.6	<1 720
	(0.71)	(1.29)	(0.14)	(0.49)
众议院	186.2*	264.0	<544.1	35.1
	(2.26)	(0.97)	(1.07)	(0.25)
人口密度	0.0	−1.8	−0.6	0.2
	(0.04)	(1.92)	(0.40)	(0.38)
软性捐款状态	16.7	449.7	<1 236.4	−38.7
	(0.19)	(0.85)	(1.83)	(0.17)
常数	−551.5	<1 588.8	1 670.2	<1 251.5
观察值	50.0	50.0	50.0	50.0
R 方	0.8	0.7	0.8	0.9

注：括号中 t 统计量的绝对值。* 在 5% 时显著，** 在 1% 时显著。

这些结果在一系列不同的模型中具有很强的稳健性，证明了政党全国委员会在控制其他因素不变的情况下，追求高效的选举团战略的传统智慧。在过去 2000 年和 2004 年的两次选举中，共和党全国委员会似乎比民主党全国委员会更有效率，这也支持了我的理论，即共和党是一个更加集中、自上而下的组织。换句话说，共和党全国委员会的员工可以做出行政决定，这些决定不受像民主党全国委员会官员经常面临的选区政治的影响。

为了说明这些要点，我将重点放在表 6—3 最后一列中的结果，即 2004 年的选举。在一个平均选举人票数（11 张）的州，该模型预测，如果该州被认为是一个摇摆州，共和党全国委员会就将额外转移 1 156 300 美元。更重要的是，全国选举委员会为该州每增加一张选举人选票提供 274 500 美元的增量。类似地，该模型预测民主党全国委员会向摇摆州转移 1 298 700 美元。在这些相同的摇摆州，每增加一张选举人选票，将增加 151 200 美元。因此，双方都在追求一个选举团战略，共和党全国委员会比民主党全国委员会更有效率。尽管仅凭一张选举人票，共和党全国委员会和民主党全国委员会之间的差距不大，但对拥有更多选举人票的州来说，其实质性影响是有意义的。在一个典型的摇摆州，如俄亥俄州，拥有 20 张选举人票，该模型预测，共和党全国委员会将转移 3 626 800 美元，而民主党全国委员会将转移 2 559 500 美元，相差超过100万美元。

共和党全国委员会在其目标上没有超过民主党全国委员会的唯一一次选举是在1996年的克林顿-多尔选举期间。回想起来，似乎有一个很好的解释。正如新闻报道，民主党提名人比尔·克林顿（Bill Clinton）的选举领先，而共和党全国委员会明智地选择将部分资源投入众议院选举，以帮助共和党国会候选人（Apple, 1996: 1）。1996年的另一项分析（此处未显示），其中包括"精明的共和党人"或"精明的民主党人"的众议院竞选变量，结果表明共和党全国委员会在1996年中采取了一种防御策略，在每一场倾向共和党的众议院竞选中，再向各州额外提供34.2万美元。这似乎是对民主党压倒性优势可能危及共和党众议院候选人选举的一种理性应对，共和党人在参加选举时稍受青睐。正如预期的那样，RNC从选举团转向众议院选举的能力表明，共和党的专业人士保留了修改计划的灵活性，以使政党利益最大化。

民主党全国委员会在2000年未能有效分配资源，这是怎么回事？考虑到这次总统选举势均力敌，民主党人没有像1996年共和党全国委员会那样，把资金投入国会竞选。在那次选举中，民主党全国委员会似乎纯粹根据他们在上一次（1996年）选举中向各州提供的资金数额分配资金。民主党在2000年未能修正其策略，可能是导致民主党提名人艾伯特·戈尔无法赢得多数选票的原因，尽管他赢得了普选。横截面分析表明，民主党全国委员会在2004年大力改进了其选举团策略，以支持其提名人约翰·克里。

从这一基本模式来看，几乎没有证据表明政党全国委员会使用其财富来发展长期的机会。

例如，两党似乎都没有向南方各州（民主党落后）或落基山脉（人口激增）地区拨付额外资金，以提升政党在这些地区的选举前景。民主党全国委员会只有在1992年才在南部投入了较多资源。在那次选举中，民主党认为，身为南方人的比尔·克林顿可以赢得南部各州的支持，他也做到了。然而，在下一轮选举中，该党实际上减少了向南方各州提供的资源，而且自1992年以来没有做出任何支持南方政党的努力。

共和党人也没有向南方提供额外的资金，可能是因为预期到他们的候选人在南部各州的表现都很好。民主党提名人艾伯特·戈尔在2000年没有赢得任何一个南部州,虽然他来自田纳西州。① 尽管有党派精英谈论在落基山脉州建立政党,但没有证据表明,两党的全国委员会为此向这些州提供资金。先前的模型(此处略过)也没有显示出政党在移民或黑人比例高的州加强系统性战略。

然而,两党都依据他们前一个选举周期来给他们的州组织提供补贴。例如,该模型预测,民主党全国委员会在2000年每转移一美元,民主党州委员会在2004年就将会获得0.23美元。民主党全国委员会在以前的选举周期中表现相似。事实上,当他们有软性捐款时,他们会显得更加慷慨。在1996年每给一美元的基础上,他们在2000年又多给了1.80美元。在1992年和1996年的选举中,共和党人根据先前的拨款向各州政党提供资金,尽管这一策略在随后的选举中停止了。总的来说,结果表明,政党全国委员会,特别是民主党全国委员会,为各州政党提供持续的支持,而不会考虑他们在选举团战略的重要性。然而,在《跨党派竞选改革法案》和软性捐款禁令下,政党全国委员会在向州政党转移资金方面就不那么慷慨了。

五、《跨党派竞选改革法案》对州政党的影响

《跨党派竞选改革法案》对政党有什么额外的影响?为了更好地回答这一问题,有必要对州政党的活动进行观察。如前所述,在联邦选举中,政党的全国委员会的资金大力支持了州政党的活动。各州政党的竞选活动的变化清楚地表明了对《跨党派竞选改革法案》的适应。如表6—4所示,各州政党在联邦选举中不再把钱花在媒体上。2004年,《跨党派竞选改革法案》对软性捐款的禁令,完全取消了以前通过州政党为议题广告提供资金的策略。相反,各州政党尤其是共和党强调动员选民。在2004年,各州共和党在选民动员活动上花费了7 100万美元(大部分是直接邮寄的形式),比2000年的选举增加了近3 000万美元。然而,民主党的增长却没有那么大。

---

① 另外,似乎两个政党都没有在拉丁美裔人数或非洲裔人相对较多的州增强它们的希望。这个模型早期版本测试了全国委员会是否向选民比例较高的州转移额外资金。变量对非洲裔人和拉丁美洲人来说并不重要。

表6—4　两党在州层面上的竞选活动开支,1992—2004(以2004年美元计)

	媒体	动员与基层	管理	未识别的	总开支
共和党					
1992	1	10	43	3	57
1996	31	20	64	5	120
2000	106	42	113	7	268
2004	1	71	122	4	198
民主党					
1992	3	16	49	4	72
1996	90	20	67	8	185
2000	152	55	117	35	359
2004	3	62	108	6	179

资料来源:联邦选举委员会的数据,由作者整理。

总的来说,由于联邦政党不再为媒体支出转移资金,各州在联邦选举中的支出总额下降了。共和党州政党的非媒体部分支出从2000年的1.62亿美元增加到2004年的1.97亿美元。然而,对于民主党来说,这一支出从2.07亿美元下降到1.76亿美元。从这个意义上说,《跨党派竞选改革法案》对民主党不如对共和党那么友好。

鉴于先前关于选举团策略的讨论,我们知道在摇摆州和非摇摆州之间,政党开支存在差异。在竞选资金改革之后,这些差异会有多大程度的扩大或缩小?

答案是,在改革后的选举中,这两种州之间的差距显著扩大。摇摆州的民众体验到的政治竞选方式,比以往任何时候都多,非摇摆州的民众几乎无法想象。虽然在密歇根和俄亥俄等地的选民被政治信息和联系淹没,但在"容易获胜"的州,如纽约、密西西比州或加利福尼亚,几乎看不到竞选广告或接到与总统选举有关的电话。

在《跨党派竞选改革法案》出台之前,比较摇摆州和非摇摆州的政党支出,均等性非常显著。图6—4和图6—5显示了州政党在所有非摇摆州和摇摆州中,为每个合格选民花费了多少。这些数字不包括媒体支出。他们提供了一个相对清晰的画面,说明两党如何投资于广泛的获得选票的工作。例如,在1996年,两党在每个合格选民身上花费了大约0.40美元,不管这个州是否被认为是竞争性的。2000年,两党都大幅增加了对各州每位合格选民的支出。

事实上,民主党在非摇摆州的每名合格选民的支出略高于在摇摆州(这或许可以解释为什么戈尔赢得了普选,但输了选举团)。另外,2000年共和党人在摇摆州的每名合格选民比在非摇摆州多花了0.35美元,尽管后者的支出比上一届选举增加了60%。

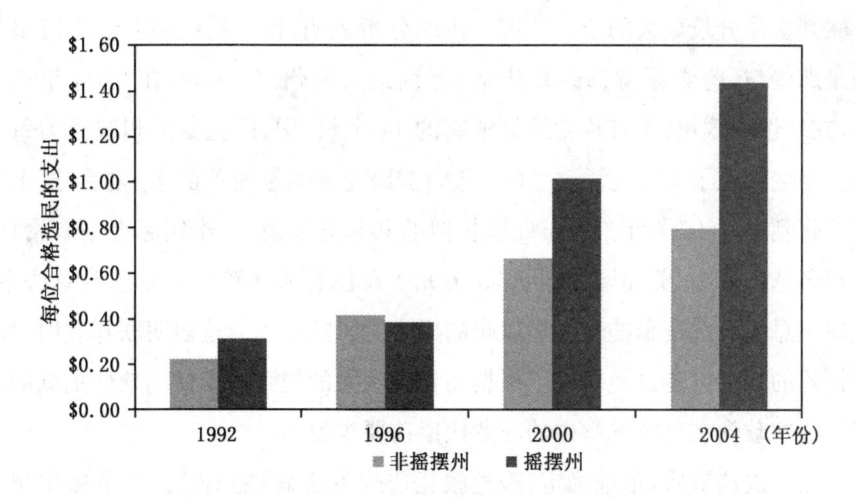

图6—4 共和党全国委员会在非摇摆州和摇摆州的非媒体开支对比

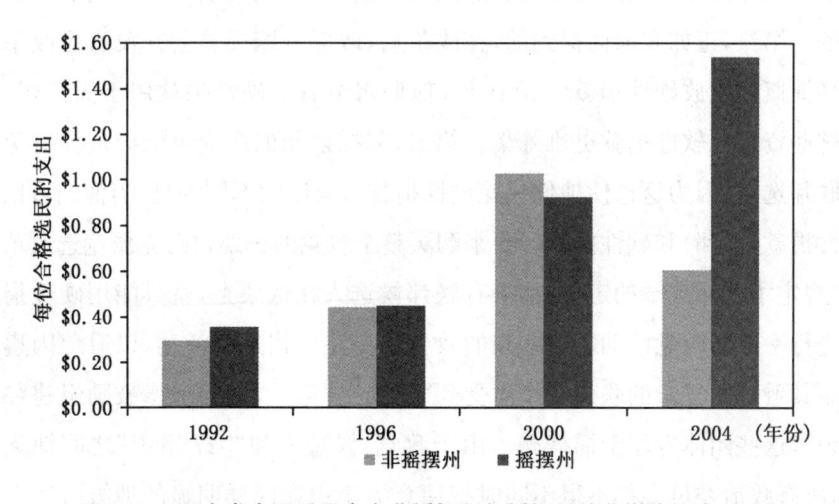

图6—5 民主党全国委员会在非摇摆州与摇摆州的非媒体开支对比

在竞选资金改革后,两党在2004年将更多的资金集中在摇摆州上。不足为奇的是,《跨党派竞选改革法案》下的软性捐款禁令并没有阻止两党在竞争激烈的州进行支出,但它确实影响了非摇摆州的支出。2004年,共和党增加了非摇摆州的开支(也许是为了确保布什赢得普选),但是与摇摆州的差距越来越大。对于民主党来说,情况更糟。在摇摆州,政党对每名合格选民的支出从 0.92 美元猛增至 1.54 美元,而在非摇摆州,则从 1.02 美元骤降至 0.60 美元。

《跨党派竞选改革法案》的影响似乎伤害了政党,尤其是在州竞选资金与新联邦法律分歧最大的地方。进一步的分析表明,民主组织中开支下降最快的是那些与《跨党派竞选改革法案》差别最大的州。[1] 例如,在 2000 年选举中,在软性捐款州(没有政党筹款限制的 14 个州)中,民主党的州政党为每一个合格选民花了 1.14 美元。2004 年,在《跨党派竞选改革法案》之后,这个数字下降到了 0.46 美元。对于处境相似的共和党来说,支出实际上略有增加,从每名选民 0.64 美元增加到 0.73 美元。总体看来,《跨党派竞选改革法案》对缺乏总统竞选资金的软性捐款州的民主党影响最大。这表明联邦政府对软性捐款的禁令可能已经伤害了根据州竞选法案的规则习惯使用软性捐款的各州。这些政党在总统选举中的花费比以前要少得多。

在一次选举后,很难确定《跨党派竞选改革法案》是不是扩大了摇摆州和非摇摆州之间差距的主要原因。然而,有三个因素使得改革的影响似乎是可能的。第一,正如我前面提到的,在改革后,政党全国委员会并没有像改革前那样慷慨地发放硬性捐款。2004 年,他们将节省的硬性捐款用于摇摆州,因为这些资金比软性捐款更难筹集。第二,非摇摆州的政党可能会选择避免参与联邦选举,因为这迫使他们只花硬性捐款。与以前不同的是,当他们可以用硬性捐款(联邦)和软性捐款(州)来购买整个政党的选票,《跨党派竞选改革法案》规定了联邦选举的定义,如果有联邦候选人在选票上,就只能用硬性捐款来进行一般的政党活动。这些州的政党只专注于州选举活动,以避免因遵守限制其融资的复杂的联邦法律而受到"惩罚"。第三,新的法律鼓励组建"527 组织",这些团体专注于摇摆州。由于政党、候选人和"527 组织"之间缺乏协调,所有政治委员会都不得不同时把注意力集中在同样明显的地方。所有这些行为的共同作用,使竞选活动比以前的选举更加集中在美国的一小部分州。

这种对政治参与的影响似乎非常清楚。如果政党继续把资源集中在摇摆

---

[1] 这里没有介绍这种分析,但是结果已经在 La Raja,2006a:57—74 中给出。

州,则许多州的选民将无法在总统选举中被动员起来。缺乏资源也可能阻止这些州的党派人士不愿意通过州政党组织协调竞选活动,让个别候选人或立法核心小组独立地开展竞选活动。资源贫乏的州政党所造成的真空,使得个别现任者和利益集团更容易发挥影响力,并阻碍积极分子为候选人拉票而建立广泛联盟。然而,有些人会认为,获得软性捐款无助于在美国建立强大的政党组织。这是一个公平的问题,我接下来要谈到这个问题。

六、软性捐款能增强政党力量吗?

在《跨党派竞选改革法案》改革之后,一个无法忽略的问题是,如果没有软性捐款,那么政会变得更强还是更弱? 一个强大政党有很多方面,包括他有能力赢得选举、控制立法机构、鼓励成员投票的团结,以及在选民中产生党派忠诚的能力。我在这里的讨论主要限于政党组织在竞选活动中的能力。可以肯定的是,强大的政党组织可以加强政党的其他方面,特别是如果政党领导人能够为普通党员和选民提供有选择性的好处。正如我在前面的章节中所讨论的,资源依赖关系很重要。权力和影响力在某种程度上是由于政治行动者之间不平等的相互依赖性关系,即一个群体对另一个群体获得关键资源的依赖程度。对于美国政党来说,通过对提名过程的渐进式改革,对其关键资源——投票权的控制被取消了。因此,与其他国家的政党相比,美国政党组织对个人候选人的影响力不足。

尽管美国政党的实力相对薄弱,但仍有可能衡量出,他们是否因为财富增加了力量,从而影响了竞选活动。一个强大的政党组织不仅仅是一个资金充裕的政党组织。可以想象,它们可能只是银行账户。更确切地说,财富必须转化为各种各样的竞选活动,从招募候选人到帮助他们进行竞选活动,这可能会改变政治竞赛的结果。政党的活动在不同时期时间和不同级别的选举中都具有潜在的决定性作用,因此它应该被视为一个强大的组织。① 鉴于在一场选

---

① 因此,一个"夜间活动"的 527 组织,例如播放伤害总统候选人约翰·克里的电视广告的"Swift Boat Veterans for Truth"组织,可能有助于获得一次性胜利,但他们很难被认为是一个强大的组织,因为他们在竞选活动中缺乏持续的存在。"Swift Boat Veterans for Truth"的成功更多地体现在少数政治企业家在特定情况下的明智策略的影响,而不是一个能够长期影响政治事件的强大组织。

举中有许多因素在起作用,证明政党组织在特定选举中具有决定性作用是一项艰巨的任务。但是,评估政党实力的一种方法是衡量该组织是否进行了那种通常会带来选举成功的竞选活动。这就是我在下面的讨论中所展示的。

在《跨党派竞选改革法案》通过之前的辩论中,对于软性捐款在政治竞选中扮演的角色有相当大的分歧。对《跨党派竞选改革法案》的支持者来说,两党只是将软性捐款输送到个别候选人竞选中的渠道,这些资金通过该组织传递,而不会给该党留下任何持久的利益。对于反对软性捐款禁令的人来说,软性捐款有助于加强正式组织,为其提供了在非选举年继续运作的资源,并扩大传统政党活动的范围,如招募和发展选民名单。在这一节中,我会为后一种论点提供证据,证明软性捐款有助于加强政党力量。在《跨党派竞选改革法案》下,软性捐款的损失是否会削弱两党,还有待在即将到来的选举中观察。但是,认为政党只是软性捐款的空容器的说法是完全不正确的。

在下面的分析中,我考察了政党软性捐款支出与政党竞选活动水平之间的关系——不包括电视或广播。如果政党不把软性捐款用于党建活动——例如招募候选人、组织志愿者、收集选民数据、帮助候选人参加竞选活动——那么他们所花费的数额和活动水平之间应该不存在相关性。然而,如果软性捐款支出与传统政党活动密切相关,那么软性捐款似乎对党的组织产生了有益的影响。

由于缺乏关于全国政党长期活动的数据,因此很难分析软性捐款和政党活动之间的关系。取而代之的是,我利用了一百多个州共和党和州民主党在软性捐款支出和组织活动方面的差异。我的假设是,在联邦选举中花费更多的软性捐款的州,比那些花费少的州更强大、更活跃。关于更强,我的意思是这些政党在竞选活动、候选人招募、官僚机构的规模和范围等方面超过了其他政党。[①]

为了检验这种关系,我把有关政党财政的数据和关于党的活动的调查结

[①] 当然,除了钱,还有几个因素可以加强政党组织。例如,Key(1956)认为政治竞争会刺激政党组织的壮大,他认为南方组织发展乏力与一个政党的主导地位直接有关。在一些州,由于政治文化上对政党比较宽容,而在其他州,反政派偏见反映在对政党组织的限制性法律和使选举无党派的努力上(Mayhew,1986)。一个政党的当代力量也很可能与它过去几年的实力息息相关。昔日的辉煌赋予了它传统和资源,以及新的发展机会。

果相结合。① 这些数字告诉我们一些关于政党组织是否真的在内部开展工作,或者他们是雇佣顾问来做这些事。可以想象,政党只是候选人的幌子。在这种情况下,他们购买单个候选人请求的服务,而不是为集体政党目标战略性地投资。有什么证据表明政党利用自己的财富来加强组织,而不是仅仅为候选人服务买单?

为了评估政党的活动,我在2000年12月至2001年6月之间向一百个主要州政党的执行董事发出了一份包含15个问题的调查问卷。② 调查询问了有关政党对候选人的政党服务、招募活动以及政党基本情况。③ 作为分析党的活动的框架,我借鉴了政党转型研究(PTS)的工作(Cotter et al. ,1984),运用了"政党组织力量"的概念。这项研究工作中,研究者调查了1960年至1980年的现任和前任州政党的主席。根据他们对有关政党活动问题的答复,他们制定了衡量政党力量的标准。④ 他们的因素分析提出了政党组织力量的三个维度:规划(对候选人的服务广度)、招募(候选人招募活动的广度)和官僚(组织复杂性指标,如工作人员、非选举年度预算和常设总部)。表6—5提供了关于州政党活动的信息,它是按照政党组织力量的这三个维度组织起来,用来作为评估政党在项目、招聘或官僚机构方面投资程度概念框架。

表6—5   两党在州层面上的竞选活动(1964—2000年)

	共和党	民主党
	1964 1969 1974 1980 2000	1964 1969 1974 1980 2000
纲领性的活动		
进行民意调查(%)	33　59　63　62　70	12　48　52　19　47

---

① 100个州政党的财政数据都是从联邦选举委员会获得的,联邦选举委员会要求各级政党提交与联邦竞选活动有关的任何活动的报告。

② 这些调查内容简短,通过电子邮件或传真发送,以最大限度地提高答复率。大约一半的政党通过电子邮件答复,另有15个政党通过传真答复,答复总数达到65个。后来的电话答复使得答复总数上升到94个,接受调查的政党共有100个。

③ 回复调查的方法非常简单,仅需一封电子邮件答复或两页传真,完成时间不超过3至5分钟。即使是对最弱的组织,填写调查报告的负担也很轻。

④ 政党转型研究(PTS)向27个样本州的共和党和民主党前主席(1960—1978年)发放了调查问卷。还向54个州的现任州主席(1978—1980年)发送了调查问卷,其中27个是1960—1978年原始样本的一部分。

续表

	共和党					民主党				
	1964	1969	1974	1980	2000	1964	1969	1974	1980	2000
提供竞选培训(%)	63	82	92	93	96	47	80	67	82	77
执行竞选研究(%)	29	53	60	78	85	24	52	41	37	77
招募活动										
招募候选人(%)	83	88	90	89	98	82	72	78	44	77
为众议院竞选人捐款(%)	63	65	70	64	55	47	48	56	35	47
机构支持活动										
非大选年的员工人数	2.1	5.6	5.2	9.0	6.8	2.5	4.2	8.7	5.5	5.2
非大选年的机构预算(千元)	185	144	192	492	1 010	49	83	121	182	561
领取薪水的主席(%)	29	32	35	37	19	6	44	26	39	38
常设总部(%)	83	94	98	96	100	77	84	96	85	100
N	24	34	48	27	47	17	25	27	27	47

资料来源：1964—1980 年的数据来自州政党组织，1960—1980 年：(美国)(机器可读数据文件)Cornelius P. Cotter(主要调查者)。1960—1974 年的数据来自于对一些州的抽样调查并包括对 27 个样本州卸任政党主席的采访。2000 年的数据来自作者调查。

表 6-5 的结果表明，随着政党组织的财富增加，如今的政党组织比过去 30 年更强大。我将 2000 年的调查数据与政党转型研究(PTS)从 1964—1980 年收集到的数据进行了比较。[①] 鉴于 2000 年调查的简洁性，能进行这种比较的指标只有少数几个。然而，在一系列的追求中，共和党和民主党的组织在今天的竞选活动中始终比过去更加活跃。研究结果正如我之前所说的，政党组织在现代运动中已经变得越来越重要。此外，他们利用《联邦选举法案》制度，包括对软性捐款的补贴，来建立更强大的组织。

[①] 当这个调查在 1978—1980 年进行时，政党转型研究(PTS) 在 1964—1974 年的数据是基于往届政党主席的回忆形成的，因此这些数据必须谨慎看待。尽管如此，但这些数据提供了一个罕见的经验基准，用以判断政党在一段时间内的健康状况。关于 2000 年的数据，有一些注意事项。首先，由于人们认为实现较高的答复率很重要，2000 年的调查只提出了 15 个问题，因此所采用的衡量政党活动的指标要比《联合国反腐败法》所探讨的要少得多。因此，这些指标提供了一个粗略的政党实力的近似值，然而，有一个迹象表明，2000 年的衡量标准是有效的，它与政党转型研究(PTS)在 1980 年报告的政党组织力量得分高度相关(约 0.5)。显然，过去更强大的政党仍然是今天的强党。

尤其是共和党,在过去几十年里,在大多数衡量政党实力的指标上都表现出了显著的进步。例如在规划方面,2000年有70%的共和政党组织设计并进行了民意测验,从1964的33%开始稳步增长。① 提供竞选研究的组织的数量从1964年的29%增加到2000年的85%。2000年抽样调查的几乎每个共和政党组织都声称培训了竞选人员,这一比例在1964年的63%相比有了明显增加。同样,招募候选人的组织比例从1964年的83%上升到2000年的近100%。

就官僚能力而言,可以用各政党在非选举年的预算来衡量,此时政党不会由于竞选高潮而增加临时人员。共和党在非选举年的预算从2000年开始大幅增加,人员规模也在膨胀。② 衡量2000年共和政党组织实力下降的唯一标准是他们是否给该党主席发薪水。与过去相比,更多的共和党党主席似乎只是志愿者或只领取津贴。考虑到1980年至2000年政党工作人员人数略有下降,带薪主席人数的下降是出乎意料的。担任政党主席的执行董事在政党管理中扮演了比过去更重要的角色,这将使主席可以兼职履行荣誉职责和筹款。

民主党的组织发展更不平衡,但2000年是表现最活跃的一年。组织在1980年之前似乎一直在增长,后来在几个领域都开始下降。在2000年,组织活动度已经增加至先前在1974中达到的最大水平。尚不清楚民主政党组织水平在1980年开始下降的原因,特别是共和党没有类似的下降。一个可能的解释是,民主党人在水门事件后,预测到了里根总统的胜利。他们控制了国会参众两院,以及大多数州议会和州长职位。民主党人认为没有必要建设政党全国委员会组织,尤其是在一个候选人似乎完全控制自己竞选活动时。多数党中的民主党在职人士可以控制自己的资源,开展自己的连任竞选活动,他们认为没有什么理由培养下一批候选人。按照这种逻辑,共和党作为少数党,更有动力建立一个集合资源和招募候选人的集体企业。事实上,共和党在大多数方面做得都比民主党要多。2000年,更多的共和政党组织开始招募候选

---

① 在回答有关政党组织是否参加某项活动的问题时,政党转型研究(PTS)的研究人员认为,如果党主席在调查中简单地勾选了该党参与了这项活动,则回答为"是"。在我的调查中,如果执行董事用"有时"或"经常"回答一个关于执行某项活动的问题,那么我的回答是"是"。

② 这些预算反映了报给联邦选举委员会(FEC)的数字,这些总数不包括各政党在州选举的间歇期里花了多少钱。

人、培训竞选人员和开展竞选研究。

20世纪80年代共和党和民主党在政党建设上的差异也反映了南方发生的明显的党派变化。20世纪60年代,在保守的民主党人几乎控制所有的公众部门时,共和党人开始了政党建设进程。虽然民主党在政治上占据主导地位,但政党结构却很薄弱,因为几乎没有真正的党派竞争来刺激政党组织(Key,1956)。在20世纪60年代,共和党意识到了机会,开始在组织方面进行反击。民主党直到20世纪80年代中期才开始建立自己的组织。

值得注意的是,自20世纪80年以来,民主党人更多地参与了招募工作,这可能是对共和党在全国各州议会取得成功的应对策略。显然,与过去相比,民主政党组织在非选举年有更好的人员配备和更大的预算。在初选过程中,他们也比共和党更积极,更有可能在允许初选的州获得预选支持,并在初选中为受青睐的候选人提供党内资源。这些党派差异根源于政党传统和各自选区的社会基础。由于民主党代表着一个更加多元化的联盟,其初选可能比共和党更具对抗性(Polsby,1983)。民主党领导人可能会比共和党更频繁地选择在初选中站队,以确保在大选中出现一个可行的中间派候选人,而不是一个来自党内意识形态选区的候选人。共和党人似乎回避了在初选中选择候选人的问题,因为他们招募的人更多。对于共和党来说,选择过程在初选之前就开始了,他们会鼓励最受欢迎的人竞选行政长官,并且积极地劝阻其他人。与民主党相比,潜在候选人下台的意愿再一次反映了共和党人的恭敬文化。

从预算和人员水平可以看出,共和党拥有比民主党更强大的组织能力。平均而言,共和党在非选举年份的预算超过100万美元,而民主党人则在56万美元左右。共和党每个州平均有6.8名工作人员,而民主党则有5.2名工作人员。几乎所有的政党都有永久的总部,所以除了在两次选举之间都有一个地方办事处外,这里也没什么好说的。[1] 民主党唯一超越共和党的一项措施是他们会给党主席支付薪水,这再次说明,政党的社会基础不同,共和党倾向于吸引商界精英兼职担任主席,而民主党则更多地依赖于专职人员担任政党主席。

---

[1] 这并不总是真的。政党转型研究(PTS)说,在20世纪50年代至60年代,政党事务有时是在临时办公室或政党主席的家中进行的。

第六章　竞选财务改革与政党竞选支出

与之前的研究结果一致,这些数据表明共和党比民主党更注重组织建设(Green,1994;Kayden and Mahe,1985)。虽然两党之间的差异不大,但若干方面依然存在分歧。事实上,民主党有少数几个活动超过了共和党——例如利用协调的竞选活动,进行预选背书,以及向受欢迎的候选人提供初选服务——这些措施可以减少民主党联盟中固有的分裂性。

政党活动在多大程度上与软性捐款支出有关?为了全面衡量政党组织力量,本书进一步分析了支出与组织活力的关系。我将调查数据中的活动得分合并为一个政党实力指数(考虑到对特定调查问题的回应缺失,我也做了一些小的调整)。[①] 该指数强弱均有,最低得分为罗得岛民主党 0.125 分,最高得分为佛罗里达共和党 0.625 分(有关两党及其得分的列表,请参见附录)。根据这些分数,按照四分位将参与调查的州政党的组织力量进行分类:弱、较弱、较强和强。然后,我利用州在 1992 年和 2000 年选举之间花费的软性捐款量,将这些四分位数的强度与每一个四分位数的州政党的平均开支进行比较。我没有将在广播媒体上的支出包括在内,因为这并不是传统的政党活动,它只是全国委员会利用州政党作为渠道来赞助电视竞选广告。

图 6-6 显示了政党实力四分位数的平均软性捐款支出。结果是惊人的。它们证明软性捐款支出与政党的实力高度相关。强势政党的平均花费是弱势政党的五倍。事实上,软性捐款支出与政党实力呈线性关系。多花 200 万美元,就能将政党从弱势提升至较弱势;再增加约 120 万美元,政党可以进入中等强势类别;另外再增加 500 万美元,政党将跻身于强势党派行列。在附录中注意到,无论是大的还是小的州都可以在图谱的两端找到,所以它不仅仅是一个州规模的问题。简而言之,政党花的软性捐款越多,他们的活动就越多。

研究结果表明,金钱在政党活动中起着重要作用。在 20 世纪 90 年代,政党支出增加到了前所未有的水平,部分原因是软性捐款筹集。虽然这些额外支出大部分用于议题广告,但有相当一部分投入了传统的党务工作,包括选民动员、基层工作和一般的组织维护。从 20 世纪 60 年代以来,对组织活动的各

[①] 我创造了这个指标在所有变量中检测的二元关系,在 Cotter(1984)等人发展的政党组织力量的每一个维度内,我把相关变量纳入了对政党组织力量的总体衡量。我将每个变量转换为 0~1 的范围,并取所有得分的平均值,以尽量减少政党对某一特定问题不做出回应的影响。

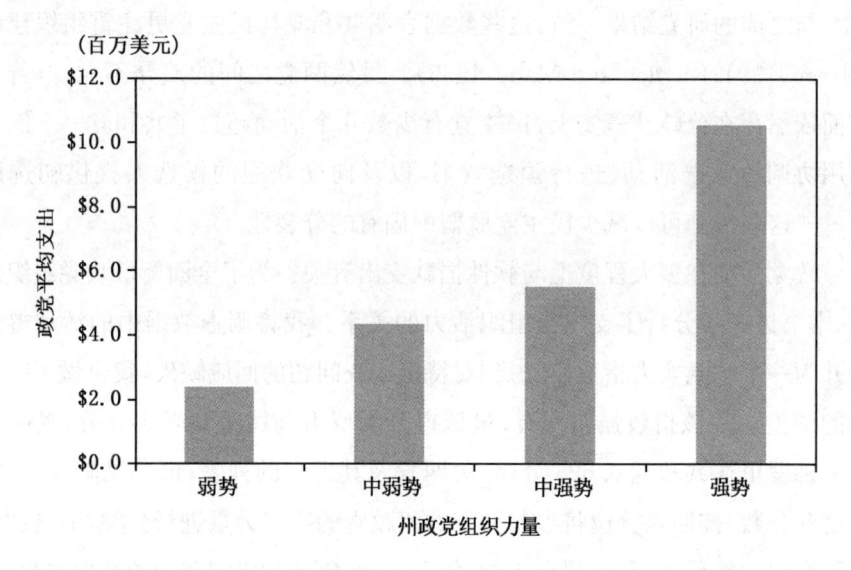

资料来源:联邦选举委员会,作者调查。

图6-6 州政党组织力量和平均软性捐款非媒体支出(1992—2000年)

个阶段的检查表明,今天的政党和过去40年一样强大。由于这一增长大多发生在一个政党控制资金增长的时期,软性捐款帮助加强政党组织是非常合理的。花钱最多的政党往往更加活跃。与开支较低的政党相比,他们更经常地招聘和培训候选人,并且在淡季有更大的官僚机构。项目活动的结果好坏参半,但这可能反映了一个事实,即许多人均支出高的州往往不那么专业化,因此,候选人需要较少的竞选服务。

总的来说,这些模式表明,虽然政党资金通常从全国性组织流出,通过州组织来帮助总统候选人,但它也有助于在美国各州建立政党。在一个如此依赖现金而非劳动力的竞选环境中,金钱至关重要的观点或许并不令人惊讶。但这一发现的真正意义在于,它清楚地表明,政党不仅仅是候选人委员会的中转机构。他们同时利用自己的筹款能力创建稳定、复杂的组织。

七、结 论

本章论证了四个发现。第一,自20世纪70年代以来,全国政党相对于候选人的地位发生了巨大的变化。随着总统竞选成本和时间加大,超过了单个候选人管理这一过程的能力,政党组织开始发挥更大的作用。在过去,由于竞选活动是短期活动,候选人就可以满足筹集和组织自己竞选活动的最低要求。但随着竞选活动的复杂性和不确定性的增加,国家层面上的政党组织变得至关重要。从20世纪70年代开始,共和党全国委员会开始建立更强大的中央机构。民主党全国委员会在20世纪80年代采用了这一策略,双方通过利用竞选财务法规来加快政党运作,这项法律允许他们用软性捐款为政党运作提供资金。

尽管可以获得软性捐款,但在1974年和1979年的《联邦选举法案》修正案中,政党仅仅是从制度化的角色中获利。1974年,当《联邦选举法案》对候选人和利益集团施加实际捐款限制时,政党成为筹集和消费资金的重要场所。1979年,《联邦选举法案》免除了政党对总统候选人的限制,鼓励两党在基层组织开展竞选活动。虽然《联邦选举法案》是一种典型的渐进式改革,在许多其他方面限制了政党活动,但它却不经意地为两党扩大其组织的可能性开辟了道路。

第二,政党资金已经集中在了联邦层面上。从历史角度看,政党全国委员会组织财富和影响力的增加标志着一个重要的转变。在美国历史的大部分时间上,政党全国委员会只不过是临时的筹款活动。到了20世纪60年代,以地方和州政党影响力为基础的旧秩序正濒临消亡,产生了一个将候选人作为竞选核心的新秩序。然而到了20世纪90年代,政党全国委员会成为总统候选人的共同推动者。他们利用组织的资金和技术专长来协调选民的投票活动。尤其值得一提的是,他们一直高效地将资源投放到关键的摇摆州,以赢得选举团。总的来说,共和党全国委员会似乎更好地推动了选举团策略,即使差异并不大。当然,尽管政党竞选经费的合理分配可能提高赢得关键战场竞争的可能性,但并不能保证选举成功(正如总统竞选的结果所表明的那样)(Holbrook and McClurg,2005)。这些发现证实了一些关于政党在选举中的行为的传统智慧,并加强了对执政党模式的支持。这些发现证实了一些关于政党在选举中的行为的传统智慧,并加强了对执政党模式的支持。这种行为已经在之前的国会竞选委员会中得到证实。这些结果表明,政党全国委员会在总统竞选中也有同样的表现。然而，政党全国委员会仍然是国家组织的重要捐助者，即使在对选举团制度并不重要的州也是如此。虽然政党全国委员会似乎没有在高增长的州建立政党全国委员会长期战略，但他们在一定程度上补贴了每个州政党。

第三，也是关键发现，金钱能够使政党更强大。与传统观点不同的是，软性捐款并不简单地与个人候选人的支持挂钩。它使政党组织能够开展更多的传统活动。可以肯定的是，两党在候选人的广播交流上花了大量的钱。考虑到美国政党一直都是务实的组织，广播广告是任何一位总统竞选成功的关键因素，如果他们不那么做，那才令人惊讶。然而，政党并不仅仅是候选人的银行账户。这里显示的数据表明，大部分资金都花在了政党活动上。此外，政党全国委员会还利用他们的资金来加强各州政党与候选人之间的党派联系。即使是《跨党派竞选改革法案》禁止了政党软性捐款之后，政党建立强大、稳定的竞选组织的动机也没有减弱，各政党尤其是共和党人，可能会扩大他们的业务。这里提出的一个问题是，两党是否更专注于在摇摆州建立组织，而不是分散财富。来自2004年的证据表明，他们将资金更加集中在这些摇摆州。

第四，两党已经用可预见的方式适应了《跨党派竞选改革法案》，这与之前的竞选资金改革相呼应（见前一章）。在《跨党派竞选改革法案》下，他们投入巨资通过直接邮寄和互联网从小额捐赠者那里筹集更多的资金。他们还分散了党派活动——共和党人做得较少——鼓励在正式政党结构之外成立独立委员会，这些委员会可以花政党和候选人不能花的钱。与过去一样，共和党在正式的政党基础设施上的投入资金持续多于民主党，这种模式反映了他们不同的政治文化、社会基础和资源。

重要的是，新法律似乎并没有改变政党在支持候选人的广播广告上花费的金额，尽管它确实改变了他们的消费方式。一些非党派的"527组织"——一些由前政党成员成立的组织——通过赞助电视广告支持总统候选人。据估计，"527组织"在2004年选举期间投放了1.12亿美元的广告。[①] 与此同时，一个名叫"美国团结"的"527组织"至少花费了8 500万美元来帮助在摇摆州

---

① 见响应政治中心，http://www.opensecrets.org/527s/ 527cmtes.asp? level = E&cycle = 2004。

动员民主党选民。① 政党组织,特别是民主党全国委员会,"独立地"宣传他们的候选人。② 根据联邦选举委员会的数据,民主党全国委员会在独立支出上花费了大约1.12亿美元,而共和党全国委员会在独立支出上只花费了大约2 000万美元。另外还有4 600万美元花在支持本党总统候选人的一般性广告上(Corrado,2005)。因此,似乎是当代政治竞选的战略要求而不是竞选财务法规,影响了政党和候选人的支出。换而言之,《跨党派竞选改革法案》的实际效果——如1907年的《蒂尔曼法案》、1925年的《反海外腐败法》法案、1940年的《哈奇法案》和1947年的《史密斯-康纳利法案》一样——都是将党派内政治支出的重心从政党转移到意识形态的利益集团。这样的做法导致透明度和责任感变得低下,政党贡献限制了不切实际,协调规则也阻碍了政党与候选人和联盟团体之间的合作——至少公开地合作。

《跨党派竞选改革法案》似乎也促使州政党做出不同反应。在摇摆州,共和党和民主党一直保持着平等的地位,至少在每个选民身上花费的钱是差不多的。但《跨党派竞选改革法案》似乎在摇摆州和缺乏总统竞选竞争的州之间拉开了一个巨大的差距。这一差距对于民主党来说尤其大,民主党与前一届选举相比,支出明显下降。虽然民主党在摇摆州的资源很丰富,但似乎忽视了非摇摆州。事实上,这种忽视正是各党主席强烈要求霍华德·迪恩担任民主党全国委员会主席的原因之一。在迪恩竞选领导职位时,他承诺帮助重建各州政党(Balz,2005b)。

目前只经过了一个选举周期,人们无法确定《跨党派竞选改革法案》对政党的长期影响。至少,《跨党派竞选改革法案》似乎为之前的一些趋势增加了动力。从积极的方面来看,政党增加了对选民动员的投资,特别是在摇摆州。尽管这一趋势早在《跨党派竞选改革法案》之前就出现了,但由于禁止议题广告,新法律可能会鼓励两党更多关注基层活动。从消极的一面来看,民主党方面的大量资金被推到了正规系统之外的"527组织",或者独立于总统候选人,

---

① 见响应政治中心,http://www.opensecrets.org/527s/527 events.asp? orgid=10。
② 独立支出是指在没有与候选人协调的情况下进行的竞选活动。最高法院裁定联邦选举委员会(FEC)诉 科罗拉多州联邦竞选选委员会(Colorado Federal Election Campaign Committee)(2000)中指出,只要政党独立于其候选人之外使用资金,就不能限制他们的支出数额。

而不是与竞选委员会协调使用。

　　这些独立的竞选活动在《跨党派竞选改革法案》之前就已经存在,但越来越多的使用使得选民更难知道是谁赞助了政治广告,尤其是那些负面广告(Hernson,2004:115—121)。候选人可以声称,他们不应为针对对手的负面广告负责,因为他们无法控制支持他们的独立组织。如果选民不喜欢政治广告的语气,他们该向谁负责呢?在某些情况下,平行的竞选组织可能会伤害到他们喜爱的候选人,因为他们不能与之合谋活动。一个后果是,候选人的信息可能会变得混乱,或者选民可能会因为一个与候选人无关的政治广告或电话而迁怒于候选人。

　　无论平行的竞选活动对候选人是否有利,它们都增加了竞选环境的复杂性,使选民更难理解政治信息。这些平行的竞选活动也增加了执行竞选财务法规的问题,因为人们并不总是清楚谁应该对政治活动负责。令人遗憾的是,《跨党派竞选改革法案》对政党不切实际的限制,可能会进一步使平行竞选活动制度化,尤其是对民主党人而言。下一章将深入研究《跨党派竞选改革法案》对美国政党的长期潜在影响。

第七章 《跨党派竞选改革法案》的长远影响

　　本书的中心目的是了解竞选资金改革的来源，以及这些改革对美国政党组织的影响。本研究通过考察20世纪初以来的政治改革历史，拓宽了分析的视野。在此过程中，我试图阐明在美国几十年来的竞选活动中，各政党所一贯采取的改革和应对方式。我相信，这些模式有助于阐明当代政治融资体系改革的动机和后果，并说明为什么美国人一直不满意我们为民主支付成本的方式。

　　一个值得注意的发现是，美国的改革方式——禁止主义和反组织主义——在过去的一百年里几乎没有改变。法规通常包含对政治融资的限制，这些限制低得不切实际，使得除了最老练和最富有的参与者之外，所有人都难以组织政治融资。在一个吸收了进步思想规范、强调以候选人为中心的政治体制下，政党作为关键中介机构的作用已被削弱。举例来说，这些规定并没有通过强制两党争取更广泛的选民联盟来鼓励他们紧密合作，与此相反，它们鼓励了党派人士和意识形态派系的动员之间竞选的分裂。

　　几十年来，政党全国委员会对各种改革的反应方式几乎也没有变化。植根于强大的联邦制和三权分立的宪法体系，政党全国委员会的制度化一直很弱，而且易受影响。但随着美国政治变得越来越国有化，各政党并没有实现同样的变化。自从1907年的《蒂尔曼法案》以来，尽管联邦政府在美国人的生活中变得越来越重要，但之后的每一波改革浪潮都削弱了政党全国委员会组织总统选举的能力。

　　随着竞选活动时间的延长、技术成本的激增以及选民忠诚度的不确定性的增加，20世纪70年代的政治环境给予了两党在竞选中扮演新角色的机会。

尽管1974年对《联邦选举法案》的修正案是一项以候选人为中心的改革，但它对包括候选人和劳工利益集团的其他政治行为者施加了可执行的约束，这项法案也给政党留下了一席之地。各政党利用这一机会，在一定程度上通过利用备受指责的软性捐款，扩大了影响力，但仍在严重依赖利益集团竞选资源的候选人身后扮演着重要角色。最近的一次改革是2002年的《跨党派竞选改革法案》，它符合以往改革的模式。由于对软性捐款的禁止和对政党如何与其他党派合谋的限制，它迫使全国性的政党组织在竞选资源和选举工作上更加依赖候选人和外部利益集团。这种动力机制降低了党派活动的透明度，加强了政治捐助者与候选人之间的直接联系。然而，正如我在这一章中所解释的那样，另一种将政党置于政治筹款中心的方法有可能削弱现任者，这些现任者作为个人政治企业家，一直花费大量时间直接从利益集团和说客那里寻求政治资金。

本书提出的一个核心观点是，先前对改革的解释缺乏对这些法律背后的动机的理解。这些先前的叙述分成了两个阵营：公共利益观点和理性选择观点。这些方法未能充分解释改革立法何时以及为什么会获得通过。公共利益视角将改革视为外生的：超党派的行动者将自己置身于政治进程中，迫使不情愿的党派人士做出必要的改变。然而，这一论点在很大程度上依赖于丑闻所起的作用，以诱使那些不听话的人跟随改革。正如这里所示，历史记录中很少有证据表明，丑闻在竞选资金改革中发挥了重要作用。

相比之下，理性选择的观点认为，政治行为者都是自私的，但这个观点忽略了派系斗争的拉扯，而派系斗争是引起具体改革的重要因素。大多数报告都试图证明，政治改革的动机是讨好执政党，或者保护现任者。但我认为，一个党派内的某个派系可能会煽动改革，因为他们认为自己的利益受到了选举资源流向同一党派内其他派系的威胁。受到威胁的派系把竞选改革提上议程，以削弱其他派系的资源优势。

从这一点来看，党派领导人的作用至关重要。他们必须决定是支持改革派，还是冒着改革派被联合政府疏远的风险拒绝他们的要求。为了保持其政党联盟的团结，政党领导人必须在支持某个派系赞成的改革与政党集体利益之间取得平衡。如果一个政党的领导人认为，按照严格的要求进行的改革既

第七章 《跨党派竞选改革法案》的长远影响

能满足改革派的要求,又能使自己的政党在与反对党的竞争中获得优势,那么改革就会成功。

我的论点基于资源依赖理论。不同派系所拥有的可以使政党成功的关键资源,决定了他们对整个政党的影响程度。这些资源当然包括金钱,但也包括团队成员、专业知识和意见领导能力。作为骑墙派和进步传统的继承者的改革派,通常想要减弱现金相对于他们拥有的更丰富的其他资源的重要性。通过这样做,他们可以提高自己在党内的地位。

因此,竞选财务法规是非常重要的。根据规则的限制来提高或降低某种资源的相对价值。限制大额捐款的规定,往往有利于拥有大量会员的组织,而这些会员可以提供大量小额捐款或选票。限制候选人和政党竞选广告的规定,往往有助于那些擅长吸引新闻媒体关注或自行实施草根战略的团体。

在改革的后果方面,以前大多数的论述要么忽略了资金规则对政党的影响,要么声称政党很容易适应任何摆在他们面前的法规。与之相反,我认为改革已经影响了政党的运作方式,甚至在多数人认为是第一次真正有效的改革——1974年对《联邦选举法案》的修订之前。本研究通过时间上的回顾,观察对于严格限制政党财务的改革的反应模式。这些法律中的大多数削弱了政党组织选举的能力,并给予候选人和利益集团更大的影响力。

在探索原因和结果的过程中,本研究涉及了更广泛的问题,即哪些人可能会因特定类型的改革而获得或失去影响力。这也有助于解释为什么不同的政党或者利益集团支持或反对某项改革。在下一节中,我将利用这些发现来预测政党及其盟友将如何适应最近和未来的改革。我还建议以可能有利于选举系统的方式改进竞选资金法。但首先我要总结一下这本书的主要发现。

一、主要发现

(一)分散的政治融资制度起源于骑墙派时代和进步时代的反党派文化

与通过公务员法、直接初选和选票改革等其他削弱政党的改革相比,竞选资金改革是次要的,但它同样是改变政党政治文化使命的一部分。在19世纪之交的各州逐渐演变成一种长期持续的监管模式，其强调的是禁止政策，尽量减少流向政党的资金。对捐款上限、支出上限和其他资金限制的强制实施，使得国家和州一级的政党难以积累可能使其在竞选中发挥强劲作用的资源。早期的法律破坏了问责制，使政治资金从基础广泛的政党流向利益集团和候选人。

产生于改革者的反党派情绪的竞选财务法规，是政党全国委员会迟迟未能成为稳定竞选组织的原因之一。这些法规强化了地方主义，助长了全国委员会的软弱（这一发现在1950年得到美国政治科学协会政党委员会的承认，当时他们建议制定法律来刺激政党资金的集中）。可以肯定的是，由于美国宪法的设计，美国政党一直是权力下放的组织。但是，在资金成为越来越重要的资源、国家政治与美国人的生活越来越息息相关的时候，对政党资金的监管就成了伤害全国性组织的一项额外约束。

进步改革者把反腐败作为改革的中心目标，这与推动《跨党派竞选改革法案》的当代改革者类似。这一目标推动了"阳光法"的实施，从而使政治资金对选民透明。矛盾的是，财政透明度也被同样由进步激发的限制竞选开支的努力所破坏，这项政策鼓励政治角色将资金分散到众多名字模糊的政治委员会中。

认为这些法规源于对防止腐败的一心一意的假设，模糊了进步主义领导的竞选资金改革这一更广泛议程。这些法规的主旨是试图塑造公民在政治上的选择方式，同时防止政客进行交换。为了不让政党和候选人随意花钱，早期的州法律非常详细地规定了允许支出的种类。这些法规中，有些是出于防止威胁和贿赂选民，但另一些则反映了更广泛的清理竞选活动的计划。通过压制党内竞选活动，进步人士希望选民能够通过报纸和政府赞助的宣传手册来了解候选人。消极的竞选活动不被鼓励，试图唤起党派忠诚的充满感情色彩的策略也不被鼓励。简而言之，进步人士认为，削减政治支出的法律将对政治参与和政治讨论的质量产生有益影响。

这些围绕竞选的早期政策是非常严格的，即使改革者并不一定拥护改革派的反党派目标，它也形成了一个模板，塑造了后来的所有改革（包括《跨党派竞选改革法案》）。这是一个历史制度主义者的论点，也就是说，最初的政策以

第七章 《跨党派竞选改革法案》的长远影响

及支持它们的规范将继续影响着政治改革的方式,即使其他方法可能更适合当代政治。早在 1907 年的《蒂尔曼法案》中,美国国会和许多州的政府就启动了一项特别的禁止政治金钱问题的"解决方案"。时至今日,以反腐为重点的改革语言和监管策略都反映着 20 世纪初第一波竞选资金改革的浪潮。

早期改革者更广泛但不那么透明的目标依然存在。除了打击腐败这一共同主题之外,我们注意到不同政治时期在塑造政治竞选的言论和行为方面存在着一致性。例如,《跨党派竞选改革法案》在选举前几周禁止广告,并要求候选人在竞选广告中说"我批准这个广告"的这一措施,反映了当代的改革努力与骑墙派和渐进改革者在消除喧闹、低俗的党派表演上有很大的相似之处。许多支持《跨党派竞选改革法案》的人认为,限制软性捐款在议题广告的支出将减少政治广告的数量并且增加基层的活动。与此同时,由于候选人可能不愿意出现在这样的广告中,所以联邦候选人的"我批准这个广告"这一条款将阻止负面广告的出现。到目前为止,这些说法都没有得到研究证实(Franz, Rivlin and Goldstein,2006:141—160)[①]。

竞选资金改革只是使民主政府更加理性的进步计划的一部分。这是一次试图通过基于政党的资源来挫败杰克逊式政党政治的尝试。这一策略反映了改革者的中产阶级偏见。破坏政党的法律提高了他们作为受过教育的公民的地位,这些公民拥有足够的资源参与政治。在进步主义的世界观中,理想的公民能够独立地做出政治判断,而不是作为某个特定社会群体的一员,无论是一个政党还是一个利益集团。这种世界观的问题在于,它使那些拥有资源较少的公民处于不利地位。改革削弱了政党动员消极选民的能力,让美国公民个人承担了寻找政治信息的责任。限制竞选资金的法规揭示,人们对集体行动的障碍在过去和现在都理解不足。这同样适用于筹集政治资金的努力。尽管

---

① 职业改革者还认为大力反对像威斯康星生命权委员会这样的议题组织在 30 至 60 天的选举窗口期通过非联邦基金(软性捐款)为广告支付,他们认为这些虚假的广告的目的是影响选举而不是游说政策(Wertheimer,2006)。可这种情绪揭示了一种信念,即倡导活动应该——也可以——与竞选活动分离开来,而事实上,这些政治活动往往是不可避免地交织在一起的。以这样认为,就像在麦康奈尔诉联邦选举委员会案中,大法官克拉伦斯·托马斯建议的,对竞选之前任何演讲的限制应该受到严格的审查,因为它可能是政治宣传或者是对政客的尖锐批评,因为正是在这些选举责任和关注的高度时刻,《第一修正案》得到了最充分和最紧迫的应用。托马斯在 2003 年"麦康奈尔诉联邦选举委员会案中引用了 1971 年 Monitor Patriot Co. 诉罗伊案"中的判决。

进步派希望政治可以由众多小捐助者的捐款来资助,但认为非意识形态和联合的美国政党可以在没有富裕赞助人的大量捐款注入的情况下生存是不现实的。

(二)党派之争促进了改革的发生

当政治精英们的政党或派系将因为改革比对手更有优势时,他们便会支持改革。共和党和民主党都利用了进步主义模式,援引了有利于自己一方的禁令。鉴于民主党在筹集政治资金方面一直处于劣势,他们通常倾向于对各政党实行严格的财政限制,比如他们在 21 世纪初对《蒂尔曼法案》和《反海外腐败法》的热情支持。相比之下,共和党人更倾向于阻止民主党从工会等外部团体获得实物支持。例如,1943 年的《史密斯-康纳利法案》以 1907 年的《蒂尔曼法案》为先例,禁止工会的政治捐款和开支。最近,在《跨党派竞选改革法案》的影响下,共和党人试图压制对民主党人有利的"527 组织",尽管事实上,共和党人曾在阻止《跨党派竞选改革法案》通过的努力中支持把政治支出作为言论自由(Edsall,2006c)。

这种关于改革的描述挑战了当前主流的观点,即改革者站在党派进程之外。事实上,这种超党派框架本身就是受到了一种进步观点的启发,认为一些行动者超脱于利益集团政治之上。改革者和其他团体一样,通过限制政治资金的来源和使用法律,以在党派联盟内获得影响力。进步派改革者——后来也被称为"进步派"——的主要政治力量是他们拥有的法律、知识和专业技能,随着政党大捐赠者的作用减弱,这些技能对政治家来说变得更加有价值。

因此,改革者应该被视为两党中某个派系的成员,这些派系试图塑造赋予他们更大政治影响力的规则。例如,南方人在 1943 年支持能够削弱工会在党内的影响力的《史密斯-康纳利法案》。最近,民主党意识形态自由派人士对《跨党派竞选改革法案》的支持最为强烈,他们希望消除企业利益和其他支持中间派政策的团体的影响。在《跨党派竞选改革法案》的框架下,企业的软性捐款不再流向政党。政党更依赖于两种富有的意识形态捐赠者,一种是向"527 组织"捐款的富有的意识形态捐赠者,另一种是向候选人、政党委员会和倡导组织捐款的小型、意识形态高度敏感的捐赠者。少数反对《跨党派竞选改革法案》的温和民主党人不希望政党如此依赖意识形态成员团体。通过这种方式,《跨党派竞选改革法案》改变了民主党联盟内部的权力平衡,使其倾向于左翼意识形态团体,远离工会、少数族裔和中间派。

(三)早期选举制度改革对政党产生的影响重要且持久

认为早期的改革不能强制执行,并不等于说它们对改变人们行为没有任何作用。这些法律鼓励采用特定策略进行实验,其中一些策略随着时间的推移逐渐制度化。例如,1883年的《彭德尔顿法案》使得政党从向政府官员讨要资金变成依赖企业赞助商。1907年的《蒂尔曼法案》禁止企业基金,迫使各政党寻找富有的个人捐赠者。阳光法案,比如1910年的《反海外腐败法》(FCPA),鼓励政党寻找小额捐赠者(尽管这些努力几十年来都是徒劳的)。

1940年《哈奇法案》规定了捐款限额时,各政党必须加倍努力争取小额捐款。用小捐助者来资助政党运作的必要性导致了一些破坏性的策略,比如负债(只有用大的捐款才能偿还),以及建立合法的独立实体来接受大笔捐款[①]。政党在支付竞选费用上的无能,助长了以候选人为中心的竞选体系的发展,这一体系强调了候选人在资助和组织自己竞选活动中的作用。20世纪40年代,罗斯福总统作为新兴的以候选人为中心的体制的代表,在他的"千人俱乐部"的赞助下,通过"大事件"大力参与筹款活动。富有的捐赠者受到了总统的酒宴款待。通过总统俱乐部,罗斯福在政党结构之外建立了自己的金融支持体系,这种做法至今仍为总统候选人所用。

在支出方面,竞选财务法规促进了利益集团运行的平行竞选大活动的发展。例如,《哈奇法案》将政党全国委员会支出的上限设定在300万美元,低得可笑,因此两党都在各州成立了准政党委员会,以合法独立的实体形式筹集资金。为了应对政党活动受到的限制,政党活动人士根据职业和社会团体组织

[①] 有趣的是,在最近一项以禁止为灵感的改革中,英国的政党也面临着同样的困境,这项改革是英国自1883年《腐败和非法行为法》以来,第一部以严格限制为主的竞选财务法规。120多年来,美国各大政党在政党融资方面没有受到重大限制,如今它们面临着严格的限制以及政治融资的公开,导致了它们承担了前所未有的选举债务。1883年英国的《腐败和非法行为法案》(Corrupt and Illegal Practices Act)限制了候选人,但没有对政党施加限制,这是一种监管策略,其效果与美国体制相反。英国的政党成为组织和资助选举的主要机制,它们主要依赖工会(工党)和企业(保守党/托利党)的大笔机构捐款。见Ghaleigh,2006:35—56;参见BBC新闻,2006。

捐助者，为总统竞选筹集资金。在民主党方面，这些团体经常独立于官方政党运作，而倾向共和政党的团体则更有可能与政党组织同步行动。

另一项削弱政党的法律是 1943 年的《史密斯-康纳利法案》，该法案禁止工会通过政党组织进行竞选活动。根据这项法案，工会不能直接向政党和候选人捐款，也不能与他们同步活动。相反，他们运作着被称为政治行动委员会的独立实体，这使他们能够独立于政党及其候选人使用资金。因此，《史密斯—康纳利法案》为 20 世纪 80 年代《联邦选举法案》颁布后政治行动委员会的蓬勃发展奠定了基础。通过详细说明哪些组织可以向候选人提供资金，竞选财务法规使新兴的竞选实践制度化。正如联邦选举委员会将政治行动委员会的作用制度化一样，《跨党派竞选改革法案》也可能将"527 组织"和"501c 组织"的作用制度化，这些组织独立地开展竞选活动，但与候选人和政党并行。

(四)各政党采用不同的适应性战略来应对改革

在新的竞选资金限制下，两党都在寻求更多的小额捐款者，同时利用法律漏洞通过新方法来保护大额捐款。这些漏洞通常涉及在监管范围之外设立筹款委员会。两党对竞选资金改革的这种反应是 21 世纪多次重复的模式。

然而，在其他方面，各党派对改革的适应方式也有所不同，这取决于其联盟中成员团体提供给它们的资源。在新法律下，共和党人倾向于尽可能集中组织活动，而民主党人则倾向于允许利益集团进行附带活动和并行竞选。

共和党人更容易协调和合作，因为党内意识形态的多样性不像民主党人那样强烈。在政党内部，对于手段和目的有更多的共识，这减少了与试图维持组织凝聚力相关的成本。在文化上，共和党人也倾向于对领导阶层表现出更多的顺从，这使得该党更容易集中决策。可以肯定的是，自从罗斯福新政以来，共和党人在多数时候都是少数派，因此他们有更大的动机通过一个中央政党组织工作，以此作为重获多数席位的一种方式。但即使在"新政"之前，当共和党人控制多数并占有白宫时，他们也比民主党人更善于利用中央集权的等级制度，集中筹集资金。

面对新的改革，民主党人比共和党人更倾向于分散竞选活动。鉴于联合政府的松散性质，民主党发现很难将政党结构集中起来。党内的分歧与强烈的地方主义、民族忠诚、狭隘的城市机器以及独立工会的力量有关。考虑到这种派系组合,民主党在地方竞选是有意义的,至少比共和党更有意义。

分散或碎片化的竞选活动的竞选财务法规适合民主的组织方式。事实上,民主党联盟的成员往往更希望拥有一个软弱的全国性政党组织,这样它就不会干涉地方竞选活动;政党的全国性形象可能会损害候选人在南部和落基山脉州的前景。相反,民主党候选人比共和党人更依赖个人选区和利益集团的支持。分散的竞选活动从资源上来说效率低下,但对于一个拥有更广泛联盟的政党来说,它在很多方面更加有效。因此,竞选财务法规的分散效应是民主党的一项战略优势。对政治资金的严格限制使共和党人效率低下,他们通常缺乏扩大党派基础设施的利益集团为他们的候选人竞选。

政党对《跨党派竞选改革法案》的反应符合以往的模式。两党都在寻找更多的小捐助者,并继续通过准独立组织使用软性捐款。民主党人比共和党人更善于利用后一种策略,因为他们历来更喜欢在党派结构之外进行竞选活动。相比之下,共和党人继续比民主党人更多地投资于党的基础设施建设。这些不同的行为说明,各方集体行动的成本是不同的。两党依靠各自选区不同的资源来追求竞选目标。

(五)金钱加强了政党在选举中的独立作用

一些人认为,政党只不过是为候选人筹集政治资金的空容器,而这一发现对他们的核心主张提出了挑战和质疑。根据参议员约翰·麦凯恩(John McCain)的说法,软性捐款使两党成为特殊利益资金的"渠道"。麦凯恩说,通过接受这笔钱,两党"使自己变得无关紧要,他们应该回去加强他们的基层"(Edsall,2003)。

然而,政党并不仅仅是候选人的衍生。共和党的大部分资金,包括软性捐款,都用于维持在华盛顿和各州的强大组织,尤其是共和党方面的组织。这些资金通过直接邮件、电话征求和拉票来加强与选民的联系。全国委员会利用资金来加强与各州政党和候选人的党派联系。

政党努力为自己塑造一个更大的角色——一个独立于候选人的角色——根源于不断变化的政治环境,这种环境使得政党在当代选举中越来越重要。

新的竞选环境有利于采取强有力的组织方式动员基层选民,也有利于采取以候选人为中心的战略,帮助总统候选人通过电视、广播、有线电视和互联网传播信息。如果总统选举的选民继续两极分化,未决定参选的人数仍然很少,那么两党将在未来几年更加强调动员选民。

从历史的角度看,政党全国委员会的集中协调程度是一个重要的转变。事实上,在美国历史的大部分时间里,全国委员会只不过是临时的筹款活动,其特点是高层领导不力,与总统候选人之间的竞选协调很少。早期的竞选财务法规阻碍了政党在总统竞选中发挥更大作用。我认为,如果早期的竞选资金法没有将选举资源转移给候选人和利益集团,全国委员会可能会在联邦选举中更早出现,成为更强大的参与者。在电视广告变得越来越重要的选举环境中,以前的法律给予无党派人士提供了相当大的优势。

在过去的几十年里,政党对总统竞选的作用,是通过在州层面的总统提名人产生之前加强基层竞选建设而逐渐变得日益关键。虽然我不认为这个政党的新角色是《联邦选举法案》对竞选财务法规有利的直接结果,但这些规则确实有帮助。通过限制非政党行为者(候选人和利益集团)的资金,并为各政党确立了一个永久性的融资角色,《联邦选举法案》制度化了各政党的重要作用。随着总统公共资金体系的崩溃,政党全国委员会巩固了自己的独特地位。由于能够获得软性捐款,他们能够在党代会前的休会期间通过竞选广告帮助总统候选人竞选,同时在选举日确定和动员选民。

在《跨党派竞选改革法案》制度下,各政党在总统选举中即使不能占主导地位,也应保持核心地位。然而,《跨党派竞选改革法案》给了外部组织一个特别的优势,如"527组织"和"501c组织"。虽然这些团体在《跨党派竞选改革法案》之前就参与了选举,但新的改革提高了它们作为竞选组织的价值,因为它们可以用软性捐款资助竞选活动和支付组织基础设施(办公空间、技术、选民档案等),而政党则不能。因为对协调行动的严格限制,《跨党派竞选改革法案》不鼓励这些团体与政党密切合作。《跨党派竞选改革法案》与之前的改革一样改变了党派之间的关系。现在,更多的竞选工作将在正式政党结构之外进行。

二、《跨党派竞选改革法案》制度下的政党未来

《跨党派竞选改革法案》将对政党在未来选举中的作用产生什么影响？如果历史可以借鉴的话，两党将加大寻找小捐助者的力度，同时通过名义上独立的团体为大捐助者寻找渠道。利益集团将在直接竞选中发挥更大的作用。与以往的竞选资金改革一样，《跨党派竞选改革法案》加速了美国政治竞选的趋势。其中最重要的趋势是：(1) 政党之间的意识形态分化加剧；(2) 竞选活动以外的活动增多；(3) 老牌政治机构与业余或新成立的政治团体之间的资源不对称加剧。在即将到来的选举中，各政党将以多种方式应对《跨党派竞选改革法案》。

(一) 政党们将会更依赖意识形态的捐助者

《跨党派竞选改革法案》通过取消企业和工会出于经济（物质）原因而产生的软性捐款，向各政党施加压力，要求它们更多地依赖意识形态支持者。这些支持者向"527组织"或"501c组织"提供小额的硬性捐款和大额的软性捐款。对民主党来说，这些政治贡献者主要是世俗的自由主义者，他们拥护堕胎合法化、环保主义、同性婚姻和其他社会自由事业。对于共和党人来说，新法案带来的变化不会那么戏剧性。共和党人将继续从那些在社会问题上持温和立场的亲商人士那里获得捐款。不过，他们将更多地依赖宗教保守派等意识形态团体来帮助组织和动员选民。

从公民参与的角度来看，加紧努力寻找小捐助者是一项积极的发展，尽管我们不应期望太多。毕竟，尽管2004年大选创下了小额捐款人的纪录，但美国人向总统竞选捐款的比例仍保持在个位数。[①]《跨党派竞选改革法案》的一个目标是迫使各政党寻找更多的小捐助者来弥补损失的软性捐款，并扩大捐

---

① 国家统计局的统计数据是非常严格的，从世界各地搜集到的统计数据来看，美国有10%的人口曾为政治捐款。这个数字很可能被夸大了。根据响应政治中心的数据，只有0.3%的美国人在2004年的选举中捐款超过200美元。捐款低于这个数额的数字很难评估，因为这些捐款不需要向联邦选举委员会报告。详情见www.crp.org。

助者的多样性(Mann,2002)。从这个意义上说,《跨党派竞选改革法案》是成功的。尽管小额捐款人人数的上升趋势早于新法律,但该法律确实促进了小额捐款人人数的激增。根据响应政治中心(Center for Responsive Politics)的数据,民主党全国委员会通过收集低于250美元的个人捐款,共筹集了约1.7亿美元的捐款,在民主党从所有渠道筹集的4.045亿美元中占42%。四年前,民主党全国委员会从所有渠道筹集了大约2.6亿美元,包括软性捐款捐赠者(Balz,2005a)。这是一项了不起的成就,许多专家和经验丰富的政治专业人士都对两党的表现感到惊讶。

总的来说,个人捐赠者仍然是一个社会经济精英群体;他们在教育、年龄和财富方面都远高于全国平均水平。一项研究表明,2004年的捐助者情况与之前的选举很像(Graf et al.,2006)。2004年一个重要的不同之处在于,使用互联网的小额捐款人(捐款金额低于200美元的捐款人)比之前的竞选活动包含了更多的年轻人。可以肯定的是,无论以什么标准来衡量,小额捐赠者都仍然是富有的,但民主政治的健康迹象应该是任何政治参与者的扩大。

另外,强调小额捐款对政党并非完全是好事。更多地依赖小额捐款意味着可能得更多地依赖意识形态截然不同的捐助者。小额捐赠者可能收入或年龄稍低,但像大多数党派捐赠者一样,他们倾向于在意识形态上处于自由—保守的极端(Francia et al.,2005)。事实上小捐助者比大捐助者更意识形态化。例如,在向共和党总统候选人乔治·W. 布什捐款的人中,捐款金额在100美元以下的小额捐款人中有70%的人表示,他们的捐款动机是这位候选人的保守主义或出于社会或道德问题驱使,而捐款金额在500美元及以上的大额捐款人中,这一比例为57%。在给民主党候选人约翰·克里的捐款人中,52%的小额捐款人表示,他们之所以捐钱是因为克里的自由主义,而50%的大额捐款人则是出于同样的原因——差距可以忽略不计。对所有克里捐款人最常见的解释是对布什的愤怒:77%的小额捐款人和82%的大额捐款人都提到了这个原因(Graf et al.,2006)。由于意识形态或愤怒的捐赠者的基础更大,政党必须通过在热点问题上发出危言耸听的呼吁来抓住他们。除非各政党奉行这一战略,否则它们将失去这些捐助者,促使他们转而支持只在单一问题上致力于特定的意识形态立场的各种利益集团。

第七章 《跨党派竞选改革法案》的长远影响

政党对意识形态捐助者的高度关注,创造了一种相互强化的动力机制。潜在的捐助者会对意识形态的诉求做出回应,这一事实鼓励政党在一些问题上强调强硬的非中间派立场。通过捐款,意识形态捐赠者认为他们与政党利益密切相关,这意味着他们将要求政党领导层负责维护其意识形态的纯洁性。通过直接邮件和互联网进行的募捐具有去人情化的特点,因此两党必须推销尖锐的信息,来吸引潜在捐赠者的注意。这种策略迫使政党变得更具对抗性,因为在核心意识形态问题上的妥协会被支持者视为背叛[①]。

向"527组织"提供巨额软性捐款的人也将对政党施加压力,要求其遵守标准意识形态。这些之前给政党提供软性捐款的大捐款人的动机是政策目标。《跨党派竞选改革法案》并没有减少他们捐款的动机。相反,他们找到了其他渠道来推动他们的事业。在许多方面,"527组织"给了这些捐款人更大的自由裁量权来宣传他们的事业——他们不必与其他政党联盟成员妥协(Birnbaum,2003)。相反,他们通过对"527组织"的捐款,主要的软性捐款捐赠者有机会通过资助他们所选择的议题来影响政治议程。

相比之下,企业捐赠者不会向"527组织"提供软性捐款。他们对政党的软性捐款是为了获取利益,而不是为了追求选举目标。因此,他们很少有动力与527组织合作。对于《跨党派竞选改革法案》的支持者来说,这是真正的成功:有物质动机的捐赠者不再开软性捐款支票。改革者对经济利益的强烈偏见反映了一种进步主义传统。在民主国家,谨慎对待,使富有的经济利益不破坏政治平等的原则无疑是明智的。然而,要从拥有物质激励的团体那里减少政党资源也是有代价的。通过过滤经济利益,政党更加依赖那些纯粹的大捐赠者。1962年,詹姆斯·Q. 威尔逊将业余活动家与职业活动家进行了分类比较。与其他旨在使政党更加民主的改革一样,《跨党派竞选改革法案》给予政策活动家更多的权利,而非实际利益。

长期来看,随着不根据通货膨胀进行调整的政治行动委员会捐款的价值

---

① 苏格兰哲学家大卫·休谟(David Hume)认识到,基于利益、原则或情感的政党之间的区别非常重要。他的分类与威尔逊(1962)所描述的三种"激励"直接相关:物质激励、目的激励和团结激励。休谟(2007)认为基于利益的政党更可能是温和的和愿意妥协的,而基于原则的政党,甚至基于情感的政党,则可能会被吸引到"非常疯狂,非常愤怒"的境地。

减少,大小意识形态捐助者的重要性应该会增加。根据《跨党派竞选改革法案》,政治行动委员会是唯一不与生活费用增长挂钩进行捐款的团体。当然,政治行动委员会是由商业利益主导的。因此,这些年来,政党和候选人在未来几年将更加依赖于以意识形态为导向的资金。

从比较的角度看,美国捐助者之间不断变化的动力机制尤其令人感兴趣。美国和欧洲的政党在资源依赖和竞选行为方面正在趋同。美国的政党正变得越来越意识形态化,越来越多的志同道合的会员会通过缴纳会费支持他们。与此同时,欧洲政党似乎不那么以成员身份为导向,也不那么意识形态化,尤其是当他们更多地依靠政府补贴来维持自身地位时(Ewing and Issacharoff,2006)。此外,欧洲政党的竞选活动正朝着美国政党的方向发展,它们变得更像专业的竞选组织。欧洲各政党的竞选活动也越来越多地围绕着该党领导人的个性展开,而不是围绕以政策为基础的主题。① 我认为,美国和欧洲的竞选财务法规助长了政党制度的融合。在美国,对政党捐款来源和规模的限制使得政党更加依赖意识形态上的派系。相比之下,在欧洲,向政党提供公共补贴的趋势似乎使得欧洲国家的政党组织对其意识形态支持者的依赖有所减少(Landfried,1994)。

有一种普遍的假设认为,让民主党更依赖"基础"的小捐助者,将使该党更强大(参见约翰·麦凯恩之前的引用),而依赖大捐助者将使该党变得更弱。但这个解释很大程度上取决于一个人对强大政党组织的定义。如果一个人对一个政党的看法是,它应该对其意识形态上的积极分子负责,那么,一个强调小党派捐款的竞选资金系统可能会鼓励这种动态。但是,这种强势政党的一个缺点是,失去忠实信徒的依赖,使得该党在本国一些地区的选举中更难竞争,而这些地区的选民对政党全国委员会的意识形态倾向于左派或右派。其结果是美国许多州出现了一党制。

---

① 根据一项研究,欧洲政党已经越来越多地使用技术,从"销售"政党平台转向美国式的"营销"活动,这意味着找到特定群体想要听到什么。它们描述了西方政党的三大发展,这些发展与美式政党组织有着惊人的相似之处:(1)竞选机构更加集中和专业化;(2)政党更加了解公民的意见和要求;(3)政党领袖形象在竞选中起着突出的主导作用。伴随这些转变的是政党忠诚度的下降和地方政党组织重要性的下降,进而公民倾向于将自己置于单一问题的利益集团之中(Farrell and Webb,2000:118—223)。

一个强党所必须具备的另一个条件是,它必须具备在全国范围内竞争的资源和灵活性。这并不是说这个政党什么都不代表,而是说它的支持来自一个足够广泛的精英团体联盟,这些精英团体受到各种各样的激励——意识形态的、物质的和团结的。当资源来自具有不同支持动机的精英阶层时,就能使政党在选民和全国范围内维持不同的支持。就目前情况来看,超过三分之一的选民拒绝加入任何一个政党,部分原因是两党立场越来越"纯粹"。矛盾的是,限制较少的竞选资金体系可能会使这两个主要政党较少依赖思想极端的支持者,出现越来越多的类中间独立选民,使得任何一党都不能轻易在某一地区获得成功(Nye,Zelikow and King,1997)。

(二)政党将会更依赖经纪人

另一种经过时间考验的小额筹资策略是,依靠经纪人在个人和专业网络中从许多个人那里收集的捐款。经纪人在政界已经存在很长时间了。在20世纪早期,他们被称为"掘金者"(money-diggers)(Pollock,1926)。如今,他们被称为"捆扎者"(bundlers)。无论如何称呼,这些筹款者对政治竞选都至关重要,尤其是在捐款受到限制的情况下。通过利用他们的捐赠网络,经纪人将资金全部输送给候选人和政党。由于《跨党派竞选改革法案》重新强调了缴款限额,经纪人在融资选举中变得更加重要。

政党严重依赖两种经纪人:游说者和候选人本身。第一类政党经纪人是游说者,当然,游说者在政府面前代表着有着不同利益的客户。游说者在敦促客户为选定的候选人和政党捐款方面处于有利地位,这是一种影响政策的更广泛战略。自从《跨党派竞选改革法案》通过以来,游说者们需要参加比以往任何时候都要多的募捐活动。"到处都有募捐请求,我都快忙死了",游说家、众议院拨款委员会前主席罗伯特·L. 利文斯通(Robert L. Livingstone)说。另一位知名律师事务所的游说者说,"筹集硬美元的压力要大得多。在此之前,你可以找一个客户来给你一笔软性捐款。你没有软性捐款就没有出口"(Justice,2004)。值得注意的是,2006年的游说改革没有包括对游说筹款的限制。原因很明显:游说者是两党和候选人筹款网络的重要组成部分。

第二类政党经纪人是候选人。总统候选人和国会官员都是如此。候选人都有自己的赞助人——朋友和忠诚的政治支持者,政党利用他们,通过使用候选人捐赠者名单或通过候选人委员会将资金转移给政党委员会。在《跨党派竞选改革法案》制度下,候选人的经纪角色大大增加,尤其是在候选人委员会向第三方账户转账没有法律限制的情况下。从候选人转移到政党委员会的资金总额在2004年比2002年增加了44%(从2 930万美元增加到4 210万美元)(Dwyre and Kolodny,2006:42)。

在2006年的选举中,国会政党领袖向党员们暗示,他们需要比以往更多地支持政党。在过去的十年里,国会竞选委员会的主席要求其成员根据自己的级别和在国会中的权力,提供特定数额的捐款。2004年,众议院民主党普通党员的党费从1万美元增加到2万美元,委员会主席和其他领导人的党费从5万美元增加到10万美元(Carney,2004:2170—71)。对于众议院的共和党人来说,也有类似增幅。在参议院,民主党参议院竞选委员会(DSCC)领导人乔恩·科尔津(新泽西州民主党)要求参议院民主党人从他们的个人政治行动委员会或竞选委员会中捐赠5万美元。除此之外,他还通过打电话和参加聚会等方式,要求再筹集10万美元(预计领导人将捐款10万美元,另外还将筹集25万美元)。与此同时,政党领导人奔走于全国各地,出席的筹款晚宴比以往任何时候都多。众议院议长丹尼斯·哈斯特尔特(伊利诺伊州共和党)和南希·佩洛西(加利福尼亚州民主党)为候选人不停地奔走。两党的普通众议员都认为这两位领导人对弥补软性捐款禁令做出了极大贡献(Carney,2004:2170—2271)。

在总统选举中,依靠候选人获得党内资金也至关重要。当政党提名者在大选中分享公共资金时,他们同意不花费任何超过拨款(以2004年的美元计算为7 500万美元)的资金。预算限制使得被提名者在大选前将从全国筹集到的大量私人资金转移到全国委员会和州委员会。例如,2004年,克里竞选团队向民主党州组织捐款4 000多万美元。布什团队在10月大选前转移了1 130万美元(Federal Election Commission,2005b)。然而,如果政党提名者在大选中退出公共资金系统——这看起来是会的——候选人将很少有动力把他们私人筹集的资金的一部分给政党,因为候选人将被合法地允许全部花掉这些钱。矛盾的是,《跨党派竞选改革法案》让候选人更容易筹集私人资金(因为个人捐款上限从

第七章 《跨党派竞选改革法案》的长远影响

2 000美元提高到4 000美元),从而导致了公共资助项目的失败。

在2008年,与支持总统竞选委员会的捆扎者网络相比,候选人转移对两党来说将不那么重要。由于许多捐款人将会在总统竞选中"透支",他们将会被候选人鼓励去支持有单独捐款限制的政党。个人捐赠者每年最多可向政党捐款2.5万美元(如果他们向所有联邦政治委员会的捐款不超过10万美元的话)。同时为候选人和政党做捐赠,为捐赠者赢得更高的地位。布什的"战队"为他的委员会筹集了20万美元,如果他们再为共和党全国委员会筹集10万美元,他们就将被称为"超级战队"(Kaplan,2004)。同样,克里的支持者为他的委员会筹集了10万美元,如果他们能再为民主党全国委员会筹集25万美元,就能获得"受托人"的荣誉称号。随着2008年大选的临近,赌注似乎更高了。希拉里·克林顿的竞选组织已经设定了一个100万美元的早期目标,以使"捆扎者"成为支持者的最高梯队(Healy and Zeleny,2007)。

对政治体系来说,更多地依赖捆绑策略有隐性成本。首先,国会议员们花费比以前更多的时间来筹集资金,因为他们必须参加更多由他们的筹款人赞助的活动。据民主党全国委员会前主席马丁·弗罗斯特(Martin Frost)说,党员们被政党领导人要求为该党筹集额外资金的请求吓跑了:"我不确定他们是否完全理解政党对软性捐款的依赖程度,我想他们现在意识到,我们中的一些人的生活确实因此而更加困难了"(Carney,2004:2170)。用于筹款的时间显然会占用立法活动的时间。它还往往将议员与其他议员隔离开来,使他们无法开展社交活动,也为加强国会而培养个人关系。

由于现任者给政党提供了更多的资金,他们觉得有必要为他们的竞选委员会筹集更多的资金来取代这些资金。事实上,他们已经越来越多地向政治行动委员会求助,以增加资金筹措。这些政治行动委员会曾经只是少数雄心勃勃的领导人的领域,现在已经成为标准做法,而且领导人经常鼓励成员发起它们(Carney,2004:2170—2171)。候选人可以得到高达5 000美元的捐款。在《跨党派竞选改革法案》之后,成员们放松了对领导政治行动委员会的限制,允许自己对政治行动委员会有更多的控制权(Bolton,2003)。[①] 自1998年以

[①] 此前,议员们不得不被限制对委员会的领导,例如,只能担任名誉主席。然而,新规则给了他们更多的自由裁量权来管理这些委员会。现在大约有150名国会议员领导着政治行动委员会。

来,领导层政治行动委员会的数量几乎翻了一番,从 120 个增加到 2006 年的 234 个。① 这样的政治行动委员会在未来肯定会很受欢迎,因为它们可以用来为政党和候选人捐款,以及支付许多相关的竞选费用,包括筹款和旅行。②

《跨党派竞选改革法案》使得政客与捐赠者的联系比以前更加紧密。这些捐款人可能不是软性捐款的超级大领主,但他们肯定是少数能支付得起 5 000 美元或更多支票的富人。政客们也被拉近了与捆扎者的距离,这些捆扎者往往是政治圈内人,拥有广泛的个人和职业关系网,可以筹集资金。最后,《跨党派竞选改革法案》增强了筹款作为一种领导技能的重要性,使那些拥有强大捐款人网络的政客在竞争国会或政党高层职位时具有优势。

尤其是国会政党,越来越依赖候选人来筹集资金。但是候选人的钱是有附加条件的。在任者有权要求政党资助特定的竞选,包括他们自己的竞选。候选人对政党决策的影响可能会妨碍该组织进行长期投资,因为候选人倾向于关注下次选举的短期目标——主要是他们自己的目标。民主党全国委员会主席霍华德·迪恩试图在民主党目前薄弱的州建立政党组织时,遇到了很大的困难,这就是一个明显的例子。国会领导人嘲笑他,因为他们对迪恩没有把所有的资金投入即将到来的关键众议院选举中很不喜欢(Edsall,2006a)。可以肯定的是,与民主党参议员竞选委员会或民主党国会竞选委员会(DCCC)相比,民主党全国委员会及其专业人员更能不受现任国会议员要求其改变政治策略的压力,因为民主党全国委员会得到了全美各州积极分子的广泛支持,而他们对这些人负有责任。但即使是像霍华德·迪恩这样的民主党全国委员会领导人,也必须牺牲长期投资,以帮助州和地方候选人,甚至未来的总统候选人,而国会议员只关心下次选举。

(三)政党竞选将不那么协调

《跨党派竞选改革法案》通过阻止政党、候选人和利益集团之间的公开合

---

① 数据取自响应政治中心:http://www.opensecrets.org/pacs/industry.asp?txt=Q03&cycle=2006。

② 2007 年第 110 届国会通过的新道德法似乎使政治行动委员会变得对成员更加重要,因为游说者不能再为旅行和活动买单。相反,游说者可以向具有领导地位的政治行动委员会(leadership PAC)捐款,然后由该委员会为成员做这些事情买单。

作,进一步分裂了政党体系。在发达民主国家中,美国的选举已经是最分散、最无主题的了。我们对联邦制和权力分立的宪法设计,以及对有组织政党角色的矛盾的政治文化,都促成了这一点。但政党是我们最有效的民主机构,可以形成基础广泛的联盟,为全国各地的竞选活动带来一定的政策连贯性。美国式的竞选活动往往是两位主要候选人在地方议题和个人特点上的一对一较量。竞选资金改革只会助长这种熵权倾向,以牺牲政党和广大公众的利益为代价,给予候选人和狭隘利益集团额外的影响力。

尽管美国的政党全国委员会从未像欧洲的政党那样强大,但它们的重要性一点也不少。近几十年来,各政党全国委员会采取了前所未有的措施,通过整合资源、发展政党主题、与各州和结盟团体密切合作,来协调各党派与其他阶层的努力。这种自上而下的努力加强了两党之间的联系,在一个密西西比的民主党人仍然可能比佛蒙特州的共和党人更倾向于右翼的联邦体系中,这是一个不小的成就。

《跨党派竞选改革法案》的反补贴法,旨在防止软性捐款流入竞选活动,却从这种积极的发展倒退到党派合作。为了防止规避,这部法律在有兴趣合作追求党派目标的团体和个人之间建立了严格的隔离墙。一旦监管网络出现漏洞,就必须堵住漏洞,以确保监管框架无懈可击。任何合法获得和使用非联邦基金(软性捐款)的组织,如果它与政党全国委员会或联邦候选人有联系,就会受到怀疑。由于联邦候选人恰好出现在选票上,这一腐败理论的基本逻辑不太可能被用于证明联邦对地方选举活动的监管是合理的。

两党内部的合作是冒险的。任何联邦选举活动,即使是支持州和地方的候选人的活动,也必须用硬性货币或莱文基金(Levin funds)支付。莱文基金是一个由参议员卡尔·莱文(Carl Levin)提出的,只要政党的资金是独立筹资的,就允许州政府和地方政党在动员基层投票者花费不超过一万美元时使用硬性捐款或软性捐款基金。各州政党如果在竞选中不涉及联邦候选人,各州就有办法解决。否则,他们在筹集和使用资金时必须遵守联邦竞选资金规定。

问题的关键在于,五分之四的州的法律已经部分或全部超过了《跨党派竞选改革法案》的限制。11个州对政党捐款没有来源或规模上的限制;18个州有来源限制,但不限制来自个人和/或政治行动委员会的捐款;还有12个州限制了来源和规模,但它们没有《跨党派竞选改革法案》那么严格。其余9个州的资源和规模限制与联邦法律相当(La Raja,2003:107)。在这些主要依靠非联邦资金的州中,大多数州的政党领导人认为,对新法律最满意的解决方案是竞选一个不包括联邦候选人的政党。正如一位州领导人所说:"我们都害怕花'错'钱。"这对地方委员会来说确实是个问题,因为他们往往只花很少的钱。他们害怕违反法律,触犯法律的所有要求,所以他们选择不参与联邦选举,或者避免与可能花错钱的团体合作(Phillips,2004)。

相反,全国委员会和联邦候选人与州和地方政党密切合作的动力减弱了。取而代之的是全国委员会现在把决策制定和支出集中在华盛顿(Bauer,2006:105—120)。这种行为反映了人们害怕与使用软性捐款的州合作而违反法律。此外,政党全国委员会很少有动力向州提供资金,特别是在非摇摆州。在过去,软货币(对全国性政党来说更容易筹集)并没有集中在摇摆州,而是更均匀地分布在各州政党之间。各州政党也将无法依靠联邦官员为地方政治活动筹集资金。即使联邦候选人可以出现在聚会活动上,也不能争取非联邦资金。[①]

由于非党派团体可能会继续在《跨党派竞选改革法案》下筹集和花费软性捐款,我们很可能会看到党派活动的分裂和分散,变成由候选人、利益集团和党内不同派系进行的独立竞选活动。竞选活动的这种分裂给选民带来了整理信息的额外负担,从而降低了选举过程的透明度。可以肯定的是,《跨党派竞选改革法案》要求公开政治资金的程度比以前更大,但透明度的目标被政党竞选结构之外的竞选融资动机削弱了。事实上,《跨党派竞选改革法案》的反规避法令鼓励了党派人士在政党结构之外使用假名进行运作,使用比如"美国团结在一起"和"美国家庭伙伴关系"这样难以理解的名字。这些改革非常信任选民有能力区分积极参与联邦选举的许多不同外部团体,这使得透明化的目标难以实现。当大多数软性捐款的控制权掌握在政党手中时,追踪财务活动就更容易了。

《跨党派竞选改革法案》通过给予外部团体相对于政党在资助政治活动方

[①] 《跨党派竞选改革法案》严格限制了政党全国委员会参与协调计划的范围,第323(a)条规定,联邦公务员、候选人、政党及其代理人不得"在联邦选举中索取、接受、直接、转移或花费任何软性捐款"。

面的优势，增加了外部竞选的动机。即使联邦竞选需要硬性捐款，日常开销也可以用软性捐款来支付。MoveOn.org 是一个成功的典型例子，它们可以接受软性捐赠来资助其核心业务，同时通过互联网接受小额的硬资金捐赠，用于在联邦竞选中播放电视广告。当政治行动委员会的捐款变得不那么有价值时，商业利益集团可能会通过他们的贸易协会来模仿这些策略。在 2008 年的选举中，倾向共和党的团体，如全国独立企业联合会和美国税收改革协会，可能会选择更积极地处理外部支出，而不是让民主党团体主导广播电视。

遗憾的是，政党不再是政治运动的召集组织。任何使用软性捐款的无党派组织都不能与政党和候选人协调活动。政党也不能为诸如全国有色人种促进会（National Association for the Advancement of Colored People）或基督教联盟（Christian Coalition）这样的联盟组织转移或索取软性捐款。通过这种方式，《跨党派竞选改革法案》放松了与主要大众成员团体的联系，这些团体参与了党派间的动员投票（GOTV）运动。

相反，各党派将组成以州为基础的政治行动委员会或联邦 527 和 501c 组织，以单独开展政治竞选活动。预计到 2008 年，党内人士已经在开发新的以营利为目的的竞选工具，赋予他们与其他党派成员协调的合法权力（Edsall，2006b）。这些以营利为目的的实体可能成为政党组织事实上的协调机制，取代正式政党组织的传统职能。至少在民主党方面，他们将主要负责收集选民信息，并制定各州的竞选计划。为了不触犯法律，他们可能会以相对便宜的价格把这些计划"出售"给其他党派团体。① 在这些计划的基础上，党羽们将追求战略的各个组成部分。通过这种方式，民主党人部分解决了《跨党派竞选改革法案》造成的协调障碍。

在即将到来的选举中，我们可以期待各团体能够适应这些新的竞选做法。随着团体在竞选资金法中找到避风港来追求他们的选举目标，外部竞选活动将变得制度化。就像《联邦选举法案》推动了政治行动委员会的发展（在 20 世纪 70 年代之前，政治行动委员会只被工会利用），《跨党派竞选改革法案》将使"527 组织""501c 组织"和竞选活动的政治行动委员会（相对于仅捐款的政治

---

① 这些关键信息来自 2006 年 4 月 11 日对一位要求匿名的全国竞选策略师的采访。

行动委员会)成为更受欢迎的竞选工具。随着传统政治行动委员会的影响力减弱,这些组织将变得更加重要。随着时间的推移,组织将转向捆绑操作和直接形式的选举支持。即使是通常厌恶风险的商业组织,也会在与意识形态团体争夺立法议程控制权时,设法更多地参与其中。

不协调的是,《跨党派竞选改革法案》也在各政党和他们自己的候选人之间制造了更大的裂痕。通过实施更严格的协调规则和消除对政党的软性捐款,《跨党派竞选改革法案》加强了政党对独立支出的偏好。早在麦康奈尔诉联邦选举委员会案(2003)之前,反补贴的逻辑就已经形成了一种奇怪的竞选环境,在这种环境中,政党可能会选择不与自己的候选人协商的情况下花钱。在最高法院对"科罗拉多共和党联邦竞选委员会诉联邦选举委员会"(科罗拉多 I)一案的判决中,法院认为,当政党独立于其候选人行事时,不存在特殊的腐败案件。现在,政党可以无限制地花钱——就像候选人和利益集团一样——来影响选举,只要他们不与候选人协调。

麦康奈尔法院在《跨党派竞选改革法案》案上做出裁决,推翻了一项条款,该条款要求各党派在独立支出和代表候选人协调支出之间做出选择。实际上,法院表示,双方都可以做到。但这并不能解决根本的问题,即竞选资金系统正在迫使同一组织的成员之间产生分裂——即使是在使用硬性捐款时——并要求他们做出不诚实的行为。事实上,麦康奈尔的决定维持了一种荒谬的局面:一群负责独立竞选的党内官员,必须发誓对与这位候选人共事的其他党内官员保持沉默。在国会竞选活动中,帮助共和党筹集资金的同一位候选人也可能是政党资金的受益者,而这些资金的使用与他的竞选活动"无关"。这种情况很难使竞选资金系统拥有更大的透明度。

三、对政治体系产生了更广泛的影响

除了对政党组织的直接影响外,《跨党派竞选改革法案》等竞选财务法规对政党制度还有更广泛的影响。积极的一面是,定期加紧管制的努力加强了禁止滥用政治资金的重要规范。不管立法的具体内容如何,国会愿意规范竞选活动的事实表明了一种广泛的共识,即政府应该确保政治中的金钱不会破坏政治体系的完整性和合法性。通过这些改革,一种道德标准得到强化,即政治家不应接受贿赂或受竞选捐款的影响。

《跨党派竞选改革法案》鼓励的另一个重要规范是公民参与。这类法律支持了这样一个原则,即选举的资金不应该只从美国收入最高的1％的公民那里获得。至少,改革的花言巧语有助于美国人清晰表达理想,以此来衡量政治领导人的行为,评估国家的公民健康状况。

实际上,像《跨党派竞选改革法案》这样的强有力的竞选资金法阻止了政治体系中的广泛滥用,即使它们不能防止偶尔出现的流氓违反法律。当法律得到真正执行的支持时,政客们更有可能认真对待它们。避免因违反竞选资金法而造成的负面影响,通常足以让候选人在竞选过程中保持诚实。限制政治献金的法律也可以保护一些团体和个人免受那些对获得巨额献金感兴趣的政客的勒索。在这种情况下,《跨党派竞选改革法案》让人想起1883年的《彭德尔顿法案》,该法案保护公职人员不受强迫向政党捐款。《跨党派竞选改革法案》也采取类似的方式,阻止政客向企业捐赠者施加压力,要求他们为竞选活动捐赠数百万美元。因此,《跨党派竞选改革法案》有几个方面值得赞扬,其中最重要的是阻止政客向与政策决定的结果有重要利害关系的团体勒索政治捐款。

首先,总的来说,像《跨党派竞选改革法案》这样的法律对政治体系有着有害的后果。虽然《跨党派竞选改革法案》并不是造成这些问题的主要原因,但它却使这些问题更加恶化。首先,《跨党派竞选改革法案》强化了两大政党之间的两极分化,因为《跨党派竞选改革法案》更倾向于出于政策目标的捐赠者,而不是出于物质目标的捐赠者。后者为两党意识形态的分歧提供了一些"镇静剂"。现在,各党派必须比以往任何时候都更多地动员问题派系来筹集资金,这一策略肯定会让它们进一步远离中间立场。

其次,《跨党派竞选改革法案》的反补贴规则助长了政治运动中信息的不连贯性和低效率。候选人对支持组织所制作的广告内容几乎没有控制权。事实上,利益集团有动机用他们喜欢的议题来设定竞选议程。在国会竞选活动中,信息和议题主题的多样性问题将特别尖锐,因为外部团体认为,他们可以用更少的资源做出更大的改变。

即使团体想要协调信息和竞选活动，他们仍然受到不协调规则的阻碍。其实际结果是，各集团将其资源集中在同一个地方。矛盾的是，选举最终会花费更多的钱，而竞选活动却变得更专注于摇摆州或激烈的国会竞争中的同一组排他选民。例如，在2004年的总统选举中，民主党就没有对资源进行重大调整。所有团体，包括"美国联合起来"（ACT）、州政党和总统竞选活动，都把目标对准了倾向民主党的选民最集中的城市中心。虽然这个政党在这些地方赢得了很大的胜利，但他们忽视了远郊和农村的选民。布什的竞选团队在这些地区轻松获胜，因为那里几乎没有民主党的身影。据"美国联合起来"（ACT）的组织者汤姆·林登菲尔德（Tom Lindenfeld）说，中心城市以外的潜在克里选民没有接触到电台广告、竞选活动或候选人访问。此外，动员投票（GOTV）的游说活动组织不力。林登菲尔德说："我们在工作时假设，如果你在2000年投票给戈尔，你就不会在2004年投票给布什。我们错了，在之后的焦点小组中，我们了解到农村和远郊县的选民不喜欢被忽视"（2006）[①]。这意味着，如果民主党及其盟友把他们的资源分散到这些被忽视的地区，这些选民就可能会投给克里。

政治竞选中资源的低效和不平衡流动与我所认为的《跨党派竞选改革法案》的最大问题有关：它只是解决了错误的问题。也就是说，它没有解决资源的贫富差距。事实上，它使问题变得更糟。当前竞选资金制度的主要问题不是腐败，而是资源分配的不公平。

例如，国会的挑战者很少有足够的资金使选举更具竞争性。自20世纪80年代以来，挑战者的相对地位一直在恶化。从图7—1可以看出，现任者和挑战者之间的筹资差距一直很大。现任总统的平均收入通常是挑战者的三倍。这一差距在1996年急剧扩大，从那时起，在任者和挑战者之间的平均资金差距已经超过50万美元。《跨党派竞选改革法案》似乎使问题变得更糟。2004年，现任者与挑战者的筹资比例首次超过四比一。在任者平均比挑战者多筹到84.2万美元。

公平的问题并不局限于个别的国会候选人。第三方与主要政党进行竞争

[①] 他的结论是基于对俄亥俄州选举后重点群体的观察得出的。

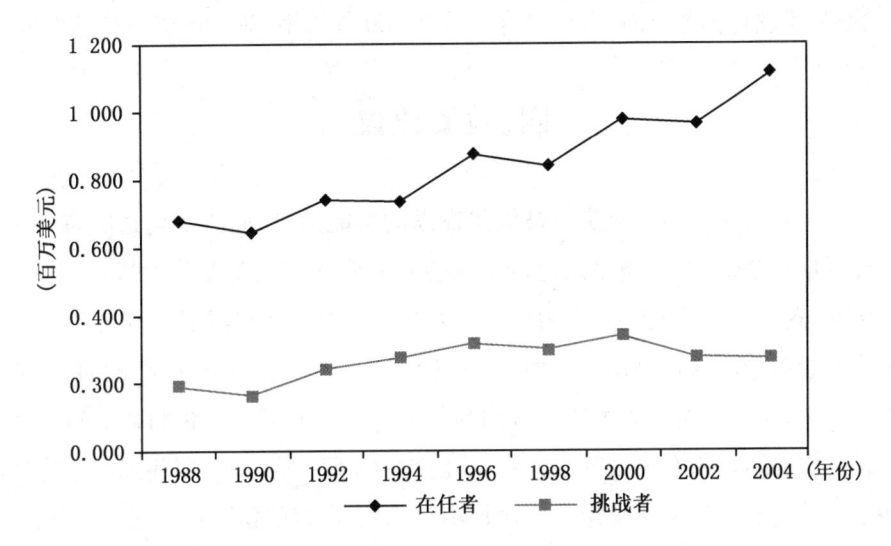

资料来源：联邦选举委员会(2005)。

图 7—1　1988—2004 年美国众议院大选的平均收入（以 2004 年美元计算）

时总是面临着很大的资金筹集困难。偶尔会有第三方候选人出现，抢走其他政党的一些选票。罗斯·佩罗在 1992 年和 1996 年就是这样。但是佩罗是一个百万富翁，他可以为自己的竞选活动提供资金。理论上，第三方候选人可以得到几个有钱的赞助人的支持，而不是单独资助竞选。在《跨党派竞选改革法案》的规则下，这也不再可能。根据现行规则，即使是罗斯·佩罗也不能为每一次选举提供超过 6 万美元的资金来资助改革党。其结果是，即使在公众似乎愿意接受第三方政策的情况下，第三方组织竞选活动的难度也很大。只有能够自筹资金的候选人才有能力在总统选举中赢得大量选票。当然，另一种选择是公共基金。但是，公共基金对建立政党组织几乎没有帮助，因为这些钱直接给了总统候选人。

也有与选民有关的公平问题。越来越多的政治竞选集中在少数几个州或国会选举上，因此许多美国人很难被动员起来在选举中投票。正如我在前一章所指出的，政党在这方面没有作为。例如，在 2004 年，全国委员会将 75％ 的资金转移给了 15 个州的政党！随着锚定选民的新技术的出现，各政党在竞选经费的集中上变得"过于高效"。他们不愿分散财富，而是倾向于积累资金进行投掷比赛。由于"软性捐款"更容易在非摇摆州筹集，《跨党派竞选改革法案》取消了软性捐款,使得各州政党更难参与联邦选举,只会让事情变得更糟。

四、政策建议

由于竞选资金改革充满了被党派操纵的可能性,因此改变竞选融资体系的建议应该是适度的、循序渐进的。国会共和党人最近加紧了对"527组织"的限制,这符合历史模式。因为民主党人在竞选中广泛利用了"527组织",共和党人想要削弱这些团体。然而,就在几年前,共和党人还试图阻止由民主党人支持的《跨党派竞选改革法案》,因为他们认为它侵犯了言论自由。这些为追求党派利益而来来回回的小冲突往往会造成不稳定,只有那些拥有丰富资源的人才能适应这种不稳定。规模较小、不那么富有的集团将发现,它们很难驾驭不断变化的规则。更重要的是,选举规则的频繁变化降低了制度的合法性,使其成为"其他方式的政治"的另一个舞台。

那些希望改变竞选资金体系的人也必须改变改革的言辞。改革者们必须让其他目标更加突出,而不是继续把一个世纪以来的重点放在反腐败上。在一个重视联邦制和言论自由的"漏洞百出"的政治体系中,反腐败的逻辑本质上是自掘坟墓。有这么多的途径让公民参与政治,用法律来阻止金钱进入政治根本是痴心妄想。反腐言论所要求的监管策略依赖于捐款限制和反规避规则,这些规则只会激励人们通过政治委员会创建和引导资金,以规避限制。

当资金从政党和候选人手中被挤出时,追踪资金的过程变得更加不透明。通过增加对资金筹集、协调和支出的限制,执行反补贴法规变成了一个无止境的堵塞漏洞的过程。从宪法的角度来看,这些法律不断地与第一修正案的自由调情,试图在与选举相关的活动(受管制)和以问题为导向的言论(不受管制)之间这条危险道路上穿行。然而,理性和经验表明,问题和运动是密不可分的。在选举前的几个月里,公民们最关注的是政治和政策,然而法律却试图在这段时间严格限制政治信息的传播。最终,这些法律对减少腐败或其表象几乎没有起到什么作用,但它们通过将某些形式的言论指定为"竞选"来侵蚀公共领域,这引发了一系列的政治法规。正如大法官安东宁·斯卡利亚(An-

第七章 《跨党派竞选改革法案》的长远影响

tonin Scalia)在他对麦康奈尔的异议意见中指出的那样:"果汁不值得榨。"①

反腐的理由导致了对政治资金的吝啬,这与选举成本的现实完全不一致。改革运动促使佛蒙特州等州努力将对众议院候选人的捐款限制在每位捐赠者200美元以下。在选举费用要高得多的马萨诸塞州,这一限额为500美元。最高法院在"尼克松诉缩小密苏里州政府政治行动委员会(2000)"一案中,支持对众议院候选人的捐款限制在250美元,因为他们认为这个上限还没有达到以下这种情况,即"太低从而使得政治协会无法发挥作用,导致候选人的声音无法引起任何注意,从而使得捐款变得毫无意义"。

然而,这些过低的捐款限制,迫使政客们将其职业生涯的很大一部分用于筹集增量资金,而经验丰富的观察人士认为,这些增量只不过是一笔小数目。筹集小额钱款的艰难,几乎保证了政客们在如何使用资金时也会有节俭和利己的动机。政治竞选活动很少会被迫触及关键地区或摇摆州那些对获胜至关重要的具有高度选择性的核心选民。在一个只有一半选民在总统选举中投票的政体中,应该以一个更广泛的视角来理解金钱在政治中作用,并以此制定选举法。要激发更多选民对选举产生兴趣,需要更有力的竞选活动,而不是更少的。

这本书的一个主要观点是,禁止竞选资金的做法阻碍了大型调解组织(如政党)的发展,这些组织本可以在招募候选人和让志愿者参与政治方面发挥更积极的作用。由于捐款相对较少,政党组织仍是一个脆弱的实体,占主导地位的依然是仅看短期前景的个人候选人。在资金匮乏的情况下,政党的主要目的是筹集资金,为候选人提供低成本的竞选服务。②严格的规章制度导致这些组织成为西德尼·米尔科斯和我在别处提到的"僵化的行政党派",进一步脱离基层(La Raja and Milkis,2004)。美国最大的民间和志愿组织——如红十字会、救世军和美国女童子军——承担着重要的公共任务——如果只依靠小额捐款的话,则是无法维持下去的。我们不应该期望美国的政党在没有重大贡献的情况下也能成为有效的组织。

---

① 斯卡利亚法官对《跨党派竞选改革法案》第三和第四章表示同意,对《跨党派竞选改革法案》第一和第五章表示异议,对《跨党派竞选改革法案》第二章的判决部分表示同意,部分表示异议。
② 国会各党派已大幅裁员,全国共和党竞选委员会(NRCC)的员工从90人减少到50人,削减开销,增加电话营销和直接邮件。他们比以往任何时候都更专注于筹款(Carney,2004:2170)。

与其围绕反腐目标制定法律,还不如加强对公平的强调。竞选财务法规的设计应改善各团体之间政治资源的平衡。为了实现更大的公平,法律应该坚持两个首要原则。首先,保持简单。现行法律异常复杂,对弱势群体的政治活动造成了寒蝉效应。一个简单性的测试是,业余人士或志愿者能否在不依赖选举律师的情况下学会遵守这些规则。要达到这个阶段应该不难,尤其是如果执法机构开发出类似于让许多美国人自己报税的会计软件的话。但是,即使有软件技术的帮助,也应该制定规则,尽量减少经验、时间和专业知识有限的人的行政和法律负担。

其次,竞选财务法规应该基于这样一种理解:各个团体拥有不同的政治资源。因此,法律应该最大限度地使各团体在选举中利用其独特的资源。与限制合法活动范围的禁止主义做法相反,未来的法律应鼓励人们利用所拥有的各种资源积极参与选举。这种策略将使系统中对团体(如商业公司)的偏见最小化,这些团体可以赞助组织来支付游说和建立政治行动委员会的间接费用(Gais,1996)。一个鼓励用各种资源积极参与的竞选资金体系应该减少该体系中的党派偏见。正如这里所指出的,民主党人倾向于更多地依赖盟友团体的实物支持,而共和党人则倾向于通过政党组织进行竞选活动。改革应该允许民主党人与结盟团体一起竞选,同时允许共和党人把精力集中在党内结构上。与其试图否定当事人的相对优势,法律应该允许他们利用各自的优势。这种方式还将为第三方提供机会。以下以政党为中心的建议支持这些原则。

(一)允许向政党全国委员会提供高达 10 万美元的软性捐款

尽管许多人认为将软性捐款合法化是改革的倒退,但认为这是对现行体系的改进的理由也很充分。首先,允许政党筹集一些软性捐款,将减少党派人士建立影子政党委员会以规避当前禁令的动机。此外,允许政党使用软性捐款,使他们能够更多地与目前使用软性捐款的团体协调竞选活动,如各州政党和利益集团。这种协调将使竞选活动围绕竞选主题更有凝聚力和统一。10万美元的上限也适用于联邦,因为它不会迫使以州为基础的政党组织将其竞选活动联邦化。相反,他们可以在竞选中支持州和联邦候选人。

对"软性捐款"设定上限,也可以让大捐赠者在一定程度上免受政党领导

第七章 《跨党派竞选改革法案》的长远影响

人和候选人要求其捐款数百万美元的压力,同时也减轻了候选人为该党筹集硬性捐款的压力。值得注意的是,绝大多数的软性捐款捐赠者(超过90%)的增量捐款数额大大低于10万美元。其中许多捐款来自没有政治行动委员会的当地独立企业(Apollonio and La Raja,2004:1134—1154)。这些企业的所有者通过他们的公司进行小额捐款,只是因为这比用他们的个人收入进行政治捐款更便宜。

为了解决反腐败问题,这10万美元可能从几个方面进行调整。首先,只允许政党全国委员会(DNC和RNC)筹集软性捐款,国会竞选委员会则不可以。后者往往只关注个别的竞选活动,而不是一般性的政党活动。国会竞选委员会把软资金用在有针对性的竞选广告上,而不是用于政党建设。事实上,在党内筹款活动中筹集软资金的国会议员在竞选连任时经常直接受益于这些资金。当议员们为自己的竞选活动筹集党内软性捐款时,交换条件的出现无疑更加明显。法律没有理由不能赋予政党全国委员会更多的特权,这些委员会在州和地方层面服务于更广泛的利益。它将鼓励在几个赞助者之间进行组织和协调。当然,国会可能不能对政党全国委员会和国会委员会设定不同限制。三权分立为国会议员建立自己资金充足的竞选委员会提供了强大的动力(Kolodny,1998)。根据我关于党派分歧的理论,国会中的民主党人尤其不愿走这条路,因为他们不太可能与民主党全国委员会中的派系和睦相处。相比之下,经常参与国会选举的共和党全国委员会则与共和党竞选全国委员会(NRCC)和共和党参议员全国委员会(NRSC)有着更为密切的联系。

其次,10万美元上限的另一个变化是只允许在非选举年进行软性捐款筹集。这应该会减少在选举季募集大笔捐款的狂热,因为政客们似乎会不顾一切地为政治竞选注入资金。在非选举年,政党更有可能投资于组织建设(例如,扩大选民档案,招募候选人,制定长期竞选计划),或者可以通过法律禁止在广播活动中使用软性捐款。可以肯定的是,有了软性捐款,就可以腾出硬性捐款来进行更多的广播,但这种禁令会降低软性捐款的价值,因为这些资金不能完全取代所有的竞选活动。

最后,任何改革都应该考虑如何刺激非摇摆州的竞选支出。为此,该法案可能允许各政党(在州法律允许的情况下)向上次总统选举中差距较大的州

(例如,差距超过 10 个百分点)投资"软性捐款"。实际上,可以允许软性捐款进入大多数分析师认为不可能赢得的州。这一规则可能刺激对经常被政党全国委员会忽视的州进行更多的投资,并鼓励长期的政党建设。

(二)大幅提高政党协调支出的上限

目前限制竞选协调的规则鼓励政党独立于候选人进行工作。现在,各政党在正式的政党委员会之外,建立独立的竞选活动,以"独立"支出。法律应该鼓励政党与候选人紧密合作,而不是强迫产生这些分歧。法律应该允许许多接受公共资金的有争议的候选人。事实上,通过允许政党更慷慨地支持他们的候选人,他们更有可能参与总统的公共资金计划。然而,即使是在现行过时的公共资金体系下,如果候选人知道他们可以与政党密切合作并从政党支出中受益,那么他们参加竞选的动机也会增加。

在国会选举中,对协调支出设置更高上限更有意义。考虑到竞争性选举的成本,目前的限制低得不切实际。为了鼓励政党支持更多的挑战者,法律应该对第一次参加国会的候选人更加慷慨。例如,各政党应该为第一次参选的竞选人无限制地投入协调资金。这一政策将抵消现任者所拥有的一些令人敬畏的优势(尽管这一规则不太可能在国会获得通过,但它帮助了挑战者)。允许对不同的候选人进行不同的限制是否符合宪法是一个悬而未决的问题。然而,这样做的逻辑类似于鼓励首次购房者进入房地产市场的政策。我们的选举制度应该鼓励那些资源较少的潜在候选人投身选举政治。鼓励参与而不是阻碍候选人进入的规则,将有助于促进政治竞争和问责制。

(三)让政党在总统大选中控制公共资金的发放

现行的总统公共财政体系已经崩溃。因为它的限制太大了,没有哪个主要候选人愿意接受公共基金。大选结束后,约翰·克里坚称,接受公共资金是他在竞选中犯下的最大错误。[①] 他一直担心竞选资金会用完,因此他在回应

---

① 在 2006 年 4 月 9 日接受美国全国广播公司"与媒体见面"节目的采访时,这位马萨诸塞州参议员说:"我认为最大的错误可能是没有脱离联邦资金,这样我们就可以控制我们自己的信息。"参见美联社 2006 年报道。

第七章 《跨党派竞选改革法案》的长远影响

布什竞选团队的政治广告时犹豫不决。因为民主党受到了协调支出上限的限制，克里不能指望民主党全国委员会代表他做出回应。只要现行制度还在，候选人在初选或大选中都没有接受公共资金的动机。具有讽刺意味的是，《跨党派竞选改革法案》没有包括改善公共融资系统的条款，也没有同时把对候选人的硬捐款从1 000美元增加到2 000美元，从而减少了对总统候选人接受公共资金的激励。

公共资助系统需要对候选人更加慷慨和灵活。此外，正如我所建议的，各政党应该能够用私人资金帮助他们的候选人。现行制度的一个问题与公共资金的延迟发放有关，因为候选人要到全国代表大会之后才能收到资金。他们必须熬过大会前几个月开始的过渡期。对于失去权力的政党来说，这段漫长的过渡期尤其困难。现任总统在初选中通常没有对手，这使他可以节省竞选资源。然而，挑战者们已经经历了一个艰苦的提名过程，他们通常会试图在他们将会赢得提名的时候重新补充他们的竞选资源。当挑战者的防守被攻破时，对手有一个绝佳的机会来攻击他们。2004年，各党派和外部团体试图在执政间隙通过广播广告来为克里辩护。但这样的反应仍然使挑战者处于不利地位，特别是如果联盟团体被禁止与候选人协调策略的话。候选人需要灵活性，以便在竞选的关键时刻动用资源，但公共资金体系迫使他们要等到全国代表大会。

对于时间问题，有一个相对简单的解决方案。该法案应该让全国委员会决定何时向大选候选人发放资金。如果某位候选人在3月之前锁定了这笔资金，政党在与候选人磋商后，可能会选择在那个时候接受这笔资金，而不是等到全国代表大会召开。把这个问题留给政党解决，可以避免在时间安排和资金接收的细节上纠缠不休。它迫使党内成员与候选人和结盟团体一起商讨策略。这条规则应该对挑战党有帮助，因为被提名人在全国代表大会前的过渡期不会急需资金。在这一时期，利益集团和影子政党开始主宰电视广播。相反，候选人可以从大选的公共资金注入以及与政党合作协调竞选策略的灵活性等方面获得丰富的资源。赋予政党在资金发放上的决策权，也使它们在政治竞选中拥有更大的影响力，让公共资金体系略微偏离以候选人为中心的偏向。

要实施这三项提议，就需要改变人们对竞选资金的普遍看法。这些建议挑战了关于金钱在政治中角色的传统假设，这些假设可以追溯到骑墙派和进步派时期。无论是好是坏，竞选资金改革法都充满了这种进步主义精神，强调个人主义、专业知识和无党派的"教育"政治。改变当前改革方式的困难在于许多美国人已经接受了进步主义的策略。改革的选择受到禁止在政治中使用金钱的强大准则，以及在竞选中严重依赖政党组织的深层次矛盾心理的限制。虽然这些规范可以追溯到建国之初，但它们在进步时代通过规定被制度化了。当把金钱问题放在政党的背景下考虑时，选民不太可能赞成为这些组织提供慷慨的资金。根据盖洛普民意测验，就在《跨党派竞选改革法案》法案通过之前，绝大多数美国人（69%）赞成限制个人或团体对政党全国委员会的捐款数额（Jones, 2002）。

总的来说，受进步主义启发的改革可以为选举制度带来很多好处。在国家层面上，很少有国家拥有如此完善的资金来源披露制度。另外，进步的方法建立在关于集体行动的性质，和政党在选举制度中的作用这些假设上，这些假设是错误和有严重后果的。进步主义倾向于把政治中的金钱视为罪恶的根源，而事实上，情况要复杂得多。一种新的方法要求我们更多地考虑财富的分配，而不是将其排除在政治之外。分散财富的一个要素必须是承诺通过以政党为中心的竞选财务法规来加强政党。

《跨党派竞选改革法案》的悲剧在于，一套简单得多的改革或许可以实现反腐败目标，而不必用削弱政党体系的复杂规则来加重体制负担。目前的制度只是鼓励企业绕过这个体系，并确保那些拥有丰富资源和专业知识的企业能够通过错综复杂的规则进行管理。复杂的法律提高了参与政治的成本，也缩小了可以请愿或参与选举的利益集团的范围。通过保持法律相对简单和最大化选举资源的多样性，更多的团体有机会通过政党的透明中介来影响政治进程。与此同时，法律应该保持足够的灵活性，允许互联网等新技术参与美国政治。遗憾的是，许多改革者的本能是认为这些新的竞选形式绕过了体制的漏洞，从而规范了这些新的竞选形式。这种禁止的做法不仅是徒劳的，而且会损害健全的民主政治。

这种做法也未能提高公众对竞选资金体系的信心。一项有说服力的调查显示，随着时间的推移，公众认为在《跨党派竞选改革法案》通过之前和之后，竞选财务法规几乎没有什么不同。如图7－2所示，对国家竞选资金体系不满的美国人的比例几乎与改革前的56%持平。2007年，在经历了《跨党派竞选改革法案》领导下的两次联邦选举之后，大多数美国人仍然对该体系持严重怀疑态度。

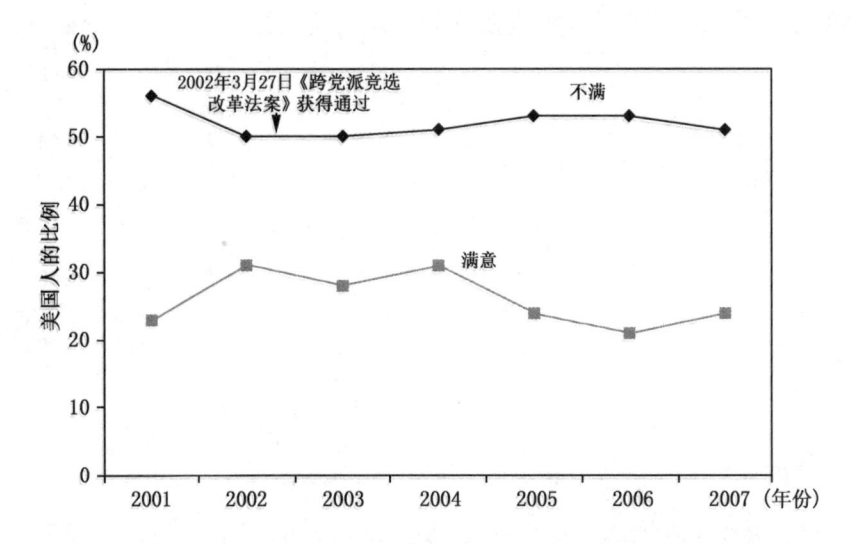

资料来源：来自盖洛普民意测验的数据，不同年份"美国人对国家状况的了解"。

图7－2　2001—2007年对国家竞选财务法规的满意度

我的观点并不是说我们应该取消对政治资金的监管。这种分析也不应被认为是一种削弱改革政治制度事业合法性的努力。事实上，远非如此。通过指出改革的党派性质，我只是建议公众及其代表更清楚地了解改革背后的复杂动机。如果党派之争确实起着重要作用，那么我们应该警惕改革"整个体系"的宏大计划。

更重要的是，政治改革应该更好地适应美国政治体系的复杂性和漏洞。由于不可能堵住所有的漏洞，我们应该认识到"足够好"有时是最好的政策，特别是当严格的控制威胁到自由、平等和政治竞争等重要的民主价值时。随着改革在国家一级开始酝酿，应该保持一种平衡和现实主义意识。美国许多州的新提案都在某些方面模仿了《跨党派竞选改革法案》。还有一些则专注于提供公共资金。对各州的政策制定者来说，明智的做法是，从过去联邦层面的竞选资金改革经验中吸取教训，并考虑一下让政治委员会背负错综复杂的规则，从而负担给政党体系带来的成本。

  我们今天的联邦竞选财务法规是早期进步式改革的长期产物，这些改革多年来形成了一种明确的政党调整模式。这些调整中有许多对政党或整个选举制度都不利。展望未来，随着围绕如何最好地承担民主的成本的政策辩论的继续，我们必须对新改革的潜在后果表示极其关注。

后 记

围绕2008年总统选举的事件比以往更早地出现在公众舞台上。总统候选人一直试图通过宣传他们在辩论、竞选演讲和筹款方面的成功来制造新闻。早期的公开竞选有几个原因：白宫的空缺席位引发了两党对提名的争夺；初选早在2008年1月就开始了，这意味着候选人不能依靠在艾奥瓦州和新罕布什尔州的胜利为以后的竞选造势；不受欢迎的总统和伊拉克战争鼓励政治精英和感兴趣的公民期待下一个白宫的主人。所有这些因素结合在一起，使得对政治献金的追逐对总统候选人来说尤为重要。以历史标准来衡量，他们目前所筹集到的资金数额是非同寻常的。

无论候选人在2008年的选举中表现如何，与2004年的选举相比，各政党在筹资和支出资金方面都处于劣势。首先，和过去不同的是，最高级别的总统候选人都不太可能参与总统的公共资金体系，这意味着他们都将与政党激烈竞争竞选资金。其次，最高法院在2007年"联邦选举委员会诉威斯康星州生命权案"中裁定，政府不得禁止公司或工会在选举前几天用软性捐款播放议题广告。这一裁决使得富有的捐赠者比以前更容易向利益集团提供软性捐款，这些利益集团将在整个选举期间播放议题广告，而不是向政党捐款。

总的来说，这两个决定——回避公共资金和最高法院的裁决——并没有改变本书的论点。事实上，它们使这些问题更加突出。如果有什么区别的话，那就是《跨党派竞选改革法案》削弱政党作用和试图禁止软性捐款的徒劳，应该随着竞选活动的展开而越来越明显。

遗憾的是，《跨党派竞选改革法案》加速了摇摇欲坠的公共资金体系的崩溃,如果得到支持,则可能会弱化竞选资金体系最糟糕的特征。通过将个人捐款限额从1 000美元提高到2 000美元(并将其与通货膨胀挂钩),候选人没有动力坚持使用公共基金,因为公共基金是有上限的,他们知道自己可以通过私人捐款筹集到更多的资金。通过这种方式,金钱竞赛没有变得更少,而是变得比以前更重要。具有讽刺意味的是,《跨党派竞选改革法案》的目的是减少富有的捐赠者和候选人之间的金钱交换。然而,对硬性捐款的追逐强化了这种联系,因为它使人们有必要花更多时间与能够筹集竞选所需资金的富有捐赠者和捆绑者交谈。涉及捆绑者的丑闻将会定期曝光,就像商业高管徐诺伦(Norman Hsu)的丑闻一样。徐诺伦后来被证明卷入了加州的一起欺诈案,他为民主党候选人筹集了100多万美元。

在《跨党派竞选改革法案》制度下,选举又回到了以候选人为中心的制度,这种制度在20世纪80年代达到了顶峰。由于无法获得软性捐款,两党将严重依赖其总统提名人的资金。可以肯定的是,民主党全国委员会和共和党全国委员会一直在筹集资金,但他们在之前的选举中落后于自己的步伐,远不如候选人在资金筹集方面取得的成功。一旦提名人选被选定,而且候选人在民主党全国委员会或共和党全国委员会安置了自己的工作人员,资金将更容易流向政党。在这一点上,那些给候选人"超额"的捐赠者的捐款将被引导到政党,政党可以开始在各州动员选民方面进行必要的投资。但是,竞选基础设施的后期激增,意味着国家和各州的政党再一次将当前竞选的短期需要置于政党运作的长期投资之前。

就像之前的联邦竞选法案一样,《跨党派竞选改革法案》很容易受到法院裁决的影响,因为法院裁决会拆解旨在阻止政治委员会绕过软性捐款禁令的"封堵漏洞"法规。最近最高法院的裁决,联邦选举委员会诉威斯康星生命权案,为评估公司或工会是否可以在选举前花钱做政治广告设立了一个新的标准。根据《跨党派竞选改革法案》规定,在初选前30天和大选前60天,如果广告中提到了选票上的联邦候选人,则所有有此类广告都将被禁止。然而,新的裁决认为,只有在"该广告除了呼吁投票支持或反对某一特定候选人之外,没有其他合理解释的情况下,才禁止此类广告"。因此,利益集团有权在下列情况下发布广告:(1)广告内容是基于问题而出现的,即广告反映了该集团所采取

后记

的立法立场,并敦促公众采取同样立场;(2)广告内容缺乏竞选活动的典型成分,即没有提及选举、候选人、政党或挑战者,也没有就候选人的性格、资格或是否适合担任公职表明立场。

实际上,威斯康星州的生命权的裁决使得用软性捐款播放政治广告变得容易得多。可以肯定的是,许多组织会选择使用硬性捐款做"独立广告",以避免与《跨党派竞选改革法案》发生冲突。然而,与党派、企业或劳工利益密切相关的意识形态组织将利用法院的裁决向候选人施压,要求他们解决自己的问题。这些组织将利用他们的言论自由权利,与候选人和政党争夺选民的注意力,制造出政治信息的大漩涡,这可能不利于选民选择候选人。

总体而言,在2008年的选举中,政党很可能会受到两方面的挤压。一方面,他们比以往任何时候都要与候选人争夺硬性捐款,因为候选人不想参与公共基金项目。另一方面,他们要与利益集团竞争,这些利益集团吸引着富有的捐赠者,愿意用软性捐款资助政治广告和其他竞选活动。

从更大的角度来看,像《跨党派竞选改革法案》这样收紧竞选资金的法律,表明我们没有从历史中吸取教训。这样的法律意味着对在美国进行政治竞选所需要付出的代价被极大地低估,尤其是对总统竞选所需要的资金。大多数美国人认为政客们为竞选活动筹集的资金是"下流的",而实际上更有可能是"小钱"。由于很难摆脱竞选不应该花费很多钱的幻想,国家继续实施法律对政治做微小的调整,而不是去真正的改变。因此,候选人、政党和利益集团找到了绕过法律的办法——继续犬儒主义地循环下去。在考虑我们如何为民主支付价格的问题上,我们需要更大程度的现实主义。未来,在制定竞选财务法规时,可以更多地着眼于创建一个对不富裕的候选人公平的制度,支持政党等重要的民主制度,并鼓励更多的政治竞争和参与。

附录　政党组织实力评分

	共和党				民主党		
排名	州	得分	四分位数	排名	州	得分	四分位数
1	佛罗里达	0.625	4	1	加利福尼亚	0.575	4
2	田纳西	0.600	4	2	密歇根	0.575	4
3	密歇根	0.575	4	3	佐治亚	0.575	4
4	华盛顿	0.575	4	4	华盛顿	0.575	4
5	明尼苏达	0.550	4	5	印地安那	0.575	4
6	宾夕法尼亚	0.550	4	6	亚拉巴马	0.525	4
7	印地安那	0.550	4	7	宾夕法尼亚	0.525	4
8	加利福尼亚	0.525	4	8	肯塔基	0.525	4
9	马萨诸塞	0.525	4	9	路易斯安那	0.500	3
10	新墨西哥	0.525	4	10	艾奥瓦	0.500	3
11	夏威夷	0.500	4	11	新墨西哥	0.500	3
12	俄亥俄	0.500	4	12	明尼苏达	0.500	3
13	佐治亚	0.500	4	13	南卡罗来纳	0.500	3
14	马里兰	0.500	4	14	北卡罗来纳	0.475	3
15	康涅狄格	0.500	3	15	俄亥俄	0.475	3
16	亚拉巴马	0.500	3	16	威斯康星	0.475	3
17	南卡罗来纳	0.500	3	17	缅因	0.475	3
18	威斯康星	0.475	3	18	堪萨斯	0.475	3
19	新泽西	0.475	3	19	得克萨斯	0.450	3
20	特拉华	0.475	3	20	密苏里	0.450	3
21	俄勒冈	0.475	3	21	纽约	0.425	2

续表

共和党				民主党			
排名	州	得分	四分位数	排名	州	得分	四分位数
22	阿拉斯加	0.475	3	22	科罗拉多	0.425	2
23	俄克拉何马	0.450	3	23	新泽西	0.425	2
24	犹他	0.450	3	24	俄克拉何马	0.400	2
25	亚利桑那	0.450	3	25	俄勒冈	0.400	2
26	密西西比	0.450	2	26	马萨诸塞	0.375	2
27	科罗拉多	0.450	2	27	蒙大拿	0.375	2
28	内华达	0.450	2	28	爱达荷	0.375	2
29	肯塔基	0.450	2	29	阿拉斯加	0.375	1
30	北达科他	0.450	2	30	佛蒙特	0.375	1
31	内布拉斯加	0.425	2	31	特拉华	0.375	1
32	阿肯色	0.425	2	32	西弗吉尼亚	0.375	1
33	南达科他	0.425	2	33	亚利桑那	0.350	1
34	罗德岛	0.425	2	34	怀俄明	0.350	1
35	密苏里	0.400	2	35	伊利诺伊	0.350	1
36	北卡罗来纳	0.400	2	36	弗吉尼亚	0.325	1
37	堪萨斯	0.400	2	37	北达科他	0.325	1
38	爱达荷	0.400	2	38	内布拉斯加	0.300	1
39	纽约	0.400	2	39	康涅狄格	0.275	1
40	伊利诺伊	0.375	2	40	田纳西	0.250	1
41	西弗吉尼亚	0.375	1	41	马里兰	0.225	1
42	佛蒙特	0.325	1	42	内华达	0.225	1
43	缅因	0.325	1	43	阿肯色	0.200	1
44	路易斯安那	0.250	1	44	夏威夷	0.175	1
45	蒙大拿	0.200	1	45	密西西比	0.150	1
				46	罗得岛	0.125	1

注：四分位数：=4 表示强势，=3 表示中强势，=2 表示中弱势，=1 表示弱势。

参考文献

微信扫描二维码查阅参考文献

译丛主编后记

财政活动兼有经济和政治二重属性，因而从现代财政学诞生之日起，"财政学是介于经济学与政治学之间的学科"这样的说法就不绝于耳。正因为如此，财政研究至少有两种范式：一种是经济学研究范式，在这种范式下财政学向公共经济学发展；另一种是政治学研究范式，从政治学视角探讨国家与社会间的财政行为。这两种研究范式各有侧重，互为补充。但是检索国内相关文献可以发现，我国财政学者遵循政治学范式的研究中并不多见，绝大多数财政研究仍自觉或不自觉地将自己界定在经济学学科内，而政治学者大多也不把研究财政现象视为分内行为。究其原因，可能主要源于在当前行政主导下的学科分界中，财政学被分到了应用经济学之下。本丛书主编之所以不揣浅陋地提出"财政政治学"这一名称，并将其作为译丛名，是想尝试着对当前这样的学科体系进行纠偏，将财政学的经济学研究范式和政治学研究范式结合起来，从而以"财政政治学"为名，倡导研究财政活动的政治属性。编者认为，这样做有以下几个方面的积极意义。

1. 寻求当前财政研究的理论基础

在我国学科体系中，财政学被归入应用经济学之下，学术上就自然产生了要以经济理论作为财政研究基础的要求。不过，由于当前经济学越来越把自己固化为形式特征明显的数学，若以经济理论为基础就容易导致财政学忽视那些难以数学化的研究领域，这样就会让目前大量的财政研究失去理论基础。在现实中已经出现并会反复出现的现象是，探讨财政行为的理论、制度与历史的论著，不断被人质疑是否属于经济学研究，一篇研究预算制度及其现实运行的博士论文，经常被答辩委员怀疑是否可授予经济学学位。因此，要解释当前的财政现象、推动财政研究，就不得不去寻找财政的政治理论基础。

2. 培养治国者

财政因国家治理需要而不断地变革，国家因财政治理而得以成长。中共十八届三中全会指出："财政是国家治理的基础和重要支柱，科学的财税体制是优化资源配置、维护市场统一、促进社会公平、实现国家长治久安的制度保障。"财政在国家治理中的作用，被提到空前的高度。因此，财政专业培养的学生，不仅要学会财政领域中的经济知识，也必须学到相应的政治知识，方能成为合格的治国者。财政活动是一种极其重要的国务活动，涉及治国方略；从事财政活动的人有不少是重要的政治家，应该得到综合的培养。这一理由，也是当前众多财经类大学财政专业不能被合并到经济学院的原因之所在。

3. 促进政治发展

18—19世纪，在普鲁士国家兴起及德国统一过程中，活跃的财政学派与良好的财政当局，曾经发挥了巨大的历史作用。而在当今中国，在大的制度构架稳定的前提下，通过财政改革推动政治发展，也一再为学者们所重视。财政专业的学者，自然也应该参与到这样的理论研究和实践活动中。事实上已有不少学者参与到诸如提高财政透明、促进财税法制改革等活动中，并事实上成为推动中国政治发展进程的力量。

因此，"财政政治学"作为学科提出，可以纠正当前财政研究局限于经济学路径造成的偏颇。包含"财政政治学"在内的财政学，将不仅是一门运用经济学方法理解现实财政活动的学科，也会是一门经邦济世的政策科学，更是推动财政学发展、为财政活动提供指引，并推动中国政治发展的重要学科。

"财政政治学"虽然尚不是我国学术界的正式名称，但在西方国家的教学和研究活动中却有广泛相似的内容。在这些国家中，有不少政治学者研究财政问题，同样有许多财政学者从政治视角分析财政现象，进而形成了内容非常丰富的文献。当然，由于这些国家并没有中国这样行政主导下的严格学科分界，因而不需要有相对独立的"财政政治学"的提法。相关研究，略显随意地分布在以"税收政治学"、"预算政治学""财政社会学"为名称的教材或论著中，当然"财政政治学"（Fiscal Politics）的说法也不少见。

中国近现代学术进步的历程表明，译介图书是广开风气、发展学术的不二法门。因此，要在中国构建财政政治学学科，就要在坚持以"我"为主研究中国财政政治问题的同时,大量地翻译西方学者在此领域的相关论著,以便为国内学者从政治维度研究财政问题提供借鉴。本译丛主编选择了这一领域内的68部英文和日文著作,陆续予以翻译和出版。在文本的选择上,大致分为理论基础、现实制度与历史研究等几个方面。

本译丛的译者,主要为上海财经大学的教师以及该校已毕业并在外校从事教学的财政学博士,另外还邀请了其他院校的部分教师参与。在翻译稿酬低廉、译作科研分值低下的今天,我们这样一批人只是凭借着对学术的热爱和略略纠偏财政研究取向的希望,投身到这一译丛中。希望我们的微薄努力,能够成为促进财政学和政治学学科发展、推动中国政治进步的涓涓细流。

在本译丛的出版过程中,胡怡建老师主持的上海财经大学公共政策与治理研究院、上海财经大学公共经济与管理学院的领导与教师都给予了大力的支持与热情的鼓励。上海财经大学出版社的总编黄磊、编辑刘兵在版权引进、图书编辑过程中也付出了辛勤的劳动。在此一并致谢!

刘守刚　上海财经大学公共经济与管理学院
2023年7月

"财政政治学译丛"书目

1. 《财政理论史上的经典文献》
   理查德·A.马斯格雷夫,艾伦·T.皮考克 编 刘守刚,王晓丹 译
2. 《君主专制政体下的财政极限——17世纪上半叶法国的直接税制》
   詹姆斯·B.柯林斯 著 沈国华 译
3. 《欧洲财政国家的兴起 1200—1815》
   理查德·邦尼 编 沈国华 译
4. 《税收公正与民间正义》
   史蒂文·M.谢福林 著 杨海燕 译
5. 《国家的财政危机》
   詹姆斯·奥康纳 著 沈国华 译
6. 《发展中国家的税收与国家构建》
   黛博拉·布罗蒂加姆,奥德黑格尔·菲耶尔斯塔德,米克·摩尔 编 卢军坪,毛道根 译
7. 《税收哲人——英美税收思想史二百年》(附录:税收国家的危机 熊彼特 著)
   哈罗德·格罗夫斯 著 唐纳德·柯伦 编 刘守刚,刘雪梅 译
8. 《经济系统与国家财政——现代欧洲财政国家的起源:13—18世纪》
   理查德·邦尼 编 沈国华 译
9. 《为自由国家而纳税:19世纪欧洲公共财政的兴起》
   何塞·路易斯·卡多佐,佩德罗·莱恩 编 徐静,黄文鑫,曹璐 译 王瑞民 校译
10. 《预算国家的危机》
    大岛通义 著 徐一睿 译
11. 《信任利维坦:英国的税收政治学(1799—1914)》
    马丁·唐顿 著 魏陆 译
12. 《英国百年财政挤压政治——财政紧缩·施政纲领·官僚政治》
    克里斯托夫·胡德,罗扎那·西玛兹 著 沈国华 译
13. 《财政学的本质》
    山田太门 著 宋健敏 译
14. 《危机、革命与自维持型增长——1130—1830年的欧洲财政史》
    W.M.奥姆罗德,玛格丽特·邦尼,理查德·邦尼 编 沈国华 译
15. 《战争、收入与国家构建——为美国国家发展筹资》
    谢尔登·D.波拉克 著 李婉 译
16. 《控制公共资金——发展中国家的财政机制》
    A.普列姆昌德 著 王晓丹 译
17. 《市场与制度的政治经济学》
    金子胜 著 徐一睿 译
18. 《政治转型与公共财政——欧洲1650—1913年》
    马克·丁塞科 著 汪志杰,倪霓 译
19. 《赤字、债务与民主》
    理查德·E.瓦格纳 著 刘志广 译
20. 《比较历史分析方法的进展》
    詹姆斯·马汉尼,凯瑟琳·瑟伦 编 秦传安 译
21. 《政治对市场》
    戈斯塔·埃斯平-安德森 著 沈国华 译
22. 《荷兰财政金融史》
    马基林·哈特,乔斯特·琼克,扬·卢滕·范赞登 编 郑海洋 译 王文剑 校译
23. 《税收的全球争论》
    霍尔格·内林,佛罗莱恩·舒伊 编 赵海益,任晓辉 译
24. 《福利国家的兴衰》
    阿斯乔恩·瓦尔 著 唐瑶 译 童光辉 校译
25. 《战争、葡萄酒与关税:1689—1900年间英法贸易的政治经济学》
    约翰 V.C.奈 著 邱琳 译
26. 《汉密尔顿悖论》
    乔纳森·A.罗登 著 何华武 译
27. 《公共经济学历史研究》
    吉尼伯特·法卡雷罗,理查德·斯特恩 编 沈国华 译
28. 《新财政社会学——比较与历史视野下的税收》
    艾萨克·威廉·马丁阿杰·K.梅罗特拉 莫妮卡·普拉萨德 编 刘长喜 等译,刘守刚 校
29. 《公债的世界》
    尼古拉·贝瑞尔,尼古拉·德拉朗德 编 沈国华 译
30. 《西方世界的税收与支出史》
    卡洛琳·韦伯,阿伦·威尔达夫斯基 著 朱积慧,苟燕楠,任晓辉 译
31. 《西方社会中的财政(第三卷)——税收与支出的基础》
    理查德·A.马斯格雷夫 编 王晓丹,王瑞民,刘雪梅 译 刘守刚 统校
32. 《社会科学中的比较历史分析》
    詹姆斯·马汉尼,迪特里希·鲁施迈耶 编 秦传安 译
33. 《来自地狱的债主——菲利普二世的债务、税收和财政赤字》
    莫里西奥·德莱希曼,汉斯—约阿希姆·沃思 著 李虹筱,齐晨阳 译 施诚,刘兵 校译

34.《金钱、政党与竞选财务改革》
    雷蒙德·J.拉贾 著 李艳鹤 译
35.《政治、税收和法治》
    唐纳德·P.雷切特,理查德·E.瓦格纳 著 王逸帅 译
36.《有益品文选》
    威尔弗莱德·维尔·埃克 编 沈国华 译
37.《美国财政成规——一部兴衰史》
    比尔·怀特 著 马忠玲,张华 译
38.《牛津福利国家手册》
    弗兰西斯·G.卡斯尔斯,斯蒂芬·莱伯弗里德,简·刘易斯,赫伯特·奥宾格,克里斯多弗·皮尔森 编
    杨翠迎 译
39.《西方的税收与立法机构》
    史科特·格尔巴赫 著 杨海燕 译
40.《财政学手册》
    于尔根·G.巴克豪斯,理查德·E.瓦格纳 编 何华武,刘志广 译
41.《18世纪西班牙建立财政军事国家》
    拉斐尔·托雷斯·桑切斯 著 施诚 译
42.《美国现代财政国家的形成和发展——法律、政治和累进税的兴起,1877—1929》
    阿贾耶·梅罗特 著 倪霓,童光辉 译
43.《另类公共经济学手册》
    弗朗西斯科·福特,拉姆·穆达姆比,彼得洛·玛丽亚·纳瓦拉 编 解洪涛 译
44.《财政理论发展的民族要素》
    奥汉·卡亚普 著 杨晓慧 译
45.《联邦税史》
    埃利奥特·布朗利 著 彭骥鸣,彭浪川 译
46.《旧制度法国绝对主义的限制》
    理查德·邦尼 著 熊芳芳 译
47.《债务与赤字:历史视角》
    约翰·马洛尼 编 郭长林 译
48.《布坎南与自由主义政治经济学:理性重构》
    理查德·E.瓦格纳 著 马珺 译
49.《财政政治学》
    维特·加ич帕,桑吉·古普塔,卡洛斯·穆拉斯格拉纳多斯 编 程红梅,王雪蕊,叶行昆 译
50.《英国财政革命——公共信用发展研究,1688—1756》
    P.G.M.迪克森 著 张珉璐 译
51.《财产税与税收争议》
    亚瑟·奥沙利文,特里 A.塞克斯顿,史蒂文·M.谢福林 著 倪霓 译
52.《税收逃逸的伦理学——理论与实践观点》
    罗伯特·W.麦基 编 陈国文,陈颖湄 译
53.《税收幻觉——税收、民主与嵌入政治理论》
    菲利普·汉森 著 倪霓,金赣婷 译
54.《美国财政的起源》
    唐纳德·斯塔比尔 著 王文剑 译
55.《国家的兴与衰》
    Martin van Creveld 著 沈国华 译
56.《全球财政国家的兴起(1500—1914)》
    Bartolomé Yun-Casalilla & Patrick K. O'Brien 编 匡小平 译
57.《加拿大的支出政治学》
    Donald Savoie 著 匡小平 译
58.《财政理论家》
    Colin Read 著 王晓丹 译
59.《理解国家福利》
    Brain Lund 著 沈国华 译
60.《债务与赤字:历史视角》
    约翰·马洛尼 编 郭长林 译
61.《英国财政的政治经济学》
    堂目卓生 著 刘守刚 译
62.《日本的财政危机》
    莫里斯·赖特 著 孙世强 译
63.《财政社会学与财政学理论》
    理查德·瓦格纳 著 刘志广 译
64.《作为体系的宏观经济学:超越微观—宏观二分法》
    理查德·瓦格纳 著 刘志广 译
65.《税收遵从与税收风气》
    Benno Torgler 著 闫锐 译
66.《税收、国家与社会》
    Marc Leroy 著 屈伯文 译
67.《保护士兵与母亲》
    斯考切波 著 何华武 译
68.《国家的理念》
    Peter J. Steinberger 著 秦传安 译